AVANT-PROPOS

Ce recueil de textes est conçu pour permettre aux élèves de Premières et de Seconde de **s'entraîner efficacement aux sujets I** (texte argumentatif) **et II** (commentaire littéraire) qui sont proposés à l'épreuve anticipée de français du baccalauréat. On trouvera donc ici un ensemble de **100 textes argumentatifs** et de **100 textes pour le commentaire littéraire** car ces sujets I et II, souvent retenus par les candidats au moment décisif du choix, doivent être préparés avec régularité tout au long de l'année.

L'intérêt premier de ce recueil est de proposer un ensemble de textes très variés et représentatifs de la littérature, de la pensée et des différents genres depuis la Renaissance jusqu'à nos jours.

Les textes se trouvent **classés par thèmes**, ce qui permet d'avoir un **ensemble d approches organisées chronologiquement** concernant tout particulièrement les problèmes de société, la représentation du monde et la création artistique. De nombreux textes ont été sélectionnés dans la mesure où ils se répondaient étroitement, selon un effet d'écho (ou de miroir), ce qui permet de proposer des **groupements de textes** au sein d'un même chapitre. Un index général étend la recherche thématique sur l'ensemble de l'ouvrage.

Dans les tableaux synoptiques, on trouvera des indications sur le degré de difficulté de chaque texte, ce qui permettra une utilisation de l'ouvrage **dès la Seconde et dans l'ensemble des sections de Première**.

Enfin, les **questions** qui accompagnent chaque texte permettent de saisir dans quel esprit il faut aborder ces épreuves. Les questions se rapportant au texte argumentatif suivent de façon assez étroite celles qui sont posées au baccalauréat, tandis que les questions se rapportant au commentaire littéraire engageront l'élève à « réagir » sans lui imposer un cadre contraignant. L'ouvrage pourra ainsi être utilisé en cours de français, le professeur complétant et modulant les questions en fonction de ses desseins pédagogiques spécifiques et en fonction du niveau de sa classe.

Indispensables à la préparation de l'écrit, ces *200 textes* se présentent donc comme un **outil de travail**, mais aussi, étant donné la qualité littéraire des textes retenus, comme un **moyen de formation** et un ouvrage de **culture générale**.

Les auteurs

SOMMAIRE

BAC FRANÇAIS

200 textes pour s'entraîner

Lucien GIRAUDO
Georges MONTANELLI

Le texte argumentatif

Le commentaire littéraire

NATHAN

ISBN 2.09.182057-1

auteurs et œuvres	genre	étude de texte	difficulté	thème	groupement de textes	page
1 **Montesquieu**, *Lettres persanes*, 1721	lettre	C. litt.	••	L'Europe vue par un étranger	2, 4, 5, 7, 10, 16	15
2 **Voltaire**, *Discours aux Welches*, 1764	discours	Arg.	•••	Origines de la France	1, 4, 5, 7, 10, 20, 21	16
3 **Balzac**, *La Fille aux yeux d'or*, 1835	roman	C. litt.	••	Images de Paris	1, 5, 15	18
4 **Hugo**, *Actes et paroles*, I, 1849	discours	Arg.	••	Les États-Unis d'Europe	1, 2, 5, 7	19
5 **Nerval**, *Lorely*, 1852	récit de voyage	C. litt.	•	Passage d'une frontière	1, 2, 16, 18	21
6 **Daudet**, *Contes du lundi*, 1873	récit	C. litt.	•	Paysage et gastronomie	3, 15, 17	22
7 **Hugo**, *Actes et paroles*, IV, 1878	discours	Arg.	••	Lumière de la France	8, 9, 13	23
8 **Zola**, *Lettre à la France*, 1898	lettre ouverte	Arg.	•••	L'Affaire Dreyfus	7	25
9 **Jaurès**, *Discours à la jeunesse*, 1903	discours	Arg.	••	Le modèle français	4, 7, 10	27
10 **Valéry**, *Regards sur le monde actuel*, 1931	essai	Arg.	•••	Richesse et différences	2, 20, 21	29
11 **Céline**, *Voyage au bout de la nuit*, 1932	roman	C. litt.	••	La Grande Guerre	17	31
12 **Malraux**, *La Condition humaine*, 1933	roman	C. litt.	••	Intérêts français en Asie	14, 19	32
13 **Alain**, *Les Saisons de l'esprit*, 1938	essai	C. litt.	•••	Former des esprits libres	4, 7	33
14 **Senghor**, *Hosties noires*, 1948	poésie	C. litt.	••	L'empire colonial	12, 19	35
15 **Breton**, *La Clé des champs*, 1952	prose poétique	C. litt.	••	Un lieu parisien	3	36
16 **Butor**, *La Modification*, 1957	roman	C. litt.	•••	Réseau ferroviaire	18	37
17 **Gracq**, *Un balcon en forêt*, 1958	récit	C. litt.	•	Drôle de guerre	11	38
18 **Le Clézio**, *Désert*, 1980	roman	C. litt.	••	L'univers de la gare	16, 20, 21	39
19 **Duras**, *L'Amant*, 1984	roman	C. litt.	••	Une Française en Asie	12	40
20 **Braudel**, *Identité de la France*, 1986	texte historique	Arg.	••	Problème de l'immigration	10, 21	41
21 **Morin**, « Les Couleurs de la France » *Le Nouvel Observateur*, 1996	article de journal	Arg.	••	Le processus d'intégration	2, 10, 20	43

II Culture et modernité

auteurs et œuvres	genre	étude de texte	difficulté	thème	groupement de textes	page
22 **Tocqueville**, *De la démocratie en Amérique*, 1835	essai	Arg.	•••	Presse et démocratie	23, 24	45
23 **Balzac**, *Illusions perdues*, 1843	roman	Arg.	••	Méfaits de la presse	22, 24	47
24 **Hugo**, *Actes et paroles*, II, 1862	discours	Arg.	••	Liberté de la presse	22, 23	49
25 **Vallès**, *L'Enfant*, 1879	roman	C. litt.	••	L'image du livre	5, 26, 28, 33, 34	51
26 **Valéry**, *Regards sur le monde actuel*, 1931	essai	Arg.	•	Avenir de l'écrit	25, 33, 34, 35	52
27 **Barthes**, *Mythologies*, 1957	essai	C. litt.	•••	L'image cinématographique	34	54
28 **Guéhenno**, *Sur le chemin des hommes*, 1959	essai	Arg.	••	Aspects de la culture	32, 33, 34	55
29 **Friedman**, *Sept études sur l'homme et la technique*, 1960	essai	Arg.	•	Rôle des médias	31, 33, 37, 39	57
30 **Perros**, *Papiers collés*, 1960	pensées	C. litt.	•	Littérature et divertissement	27, 33	59
31 **Morin**, *L'Esprit du temps*, 1962	essai	Arg.	••	La culture de masse	29, 34, 37	60
32 **Roy**, *Défense de la littérature*, 1968	essai	Arg.	•	Pouvoir du livre	25, 26, 34, 38	62
33 **Romilly**, *Nous autres professeurs*, 1969	essai	Arg.	••	La culture générale	25, 28, 32, 38	64
34 **Beauvoir**, *Tout compte fait*, 1972	mémoires	Arg.	••	L'image et l'écrit	25, 26, 27, 38, 39	66
35 **Tournier**, *Le Coq de bruyère*, 1978	nouvelle	C. litt.	•	La voix de la radio	26, 27	68
36 **Sollers**, *Femmes*, 1983	roman	C. litt.	•	Les mots à la mode	31	69
37 **Finkielkraut**, *La Défaite de la pensée*, 1987	essai	Arg.	•••	Le tout culturel	26, 28, 31, 33	70
38 **Onfray**, *Le désir d'être un volcan*, 1996	roman	Arg.	•••	Pouvoir du livre	32, 33, 34	72
39 **Toussaint**, *La Télévision*, 1997	roman	C. litt.	•	Contre la télévision	29, 31, 34	74

III Visages de l'inconnu

auteurs et œuvres	genre	étude de texte	difficulté	thème	groupement de textes	page
40 **Chrétien de Troyes**, *Yvain ou le Chevalier au lion*, V. 1177 **La Bruyère**, *Les Caractères*, 1688	roman portrait	Arg.	•	Les inégalités sociales	44, 51	75
41 **Montaigne**, *Essais*, 1580-1588	essai	C. litt.	•••	Les cannibales	43, 55, 56	77
42 **Cazotte**, *Le Diable amoureux*, 1772	conte	C. litt.	•	l'Autre démoniaque	45, 48	78
43 **Chateaubriand**, *Atala*, 1801	roman	C. litt.	•	L'Indien d'Amérique	41, 55, 56, 57	79
44 **Michelet**, *Le Peuple*, 1846	texte historique	Arg.	••	Servitude de l'ouvrier	40, 49	80
45 **Baudelaire**, *Les Fleurs du mal*, 1857 et 1861	poésie	C. litt.	••	Possession et folie	42, 48	82
46 **Baudelaire**, *Les Paradis artificiels*, 1860	essai	Arg.	•	Drogue et marginalité	44	83
47 **Loti**, *Aziyadé*, 1879	roman	C. litt.	•	Le regard de l'autre	44	85
48 **Maupassant**, *Le Horla*, 1887	conte	C. litt.	••	L'Autre et le fantastique	42, 45	86
49 **Cendrars**, *Les Pâques à New York*, 1912 **Viansson-Ponté**, *Des jours entre des jours*, 1974 **Ben Jelloun**, « *La xénophobie* », 1978	poésie essai article de journal	Arg.	•	Regards sur l'étranger	40, 58, 59	87
50 **Bove**, *Mes Amis*, 1921	roman	Arg.	•	Travail et marginalité	44, 49	89
51 **Giono**, *Regain*, 1950	roman	C. litt.	••	L'Homme de la nature	40, 44	91
52 **Michaux**, *Un barbare en Asie*, 1945	récit	C. litt.	••	Écriture de l'ailleurs	47, 56	92
53 **Prévert**, *Paroles*, 1945	poésie	C. litt.	•	Génie et marginalité	42, 45, 55	93
54 **Sartre**, *La Putain respectueuse*, 1946	théâtre	Arg.	••	Racisme ethnique	49, 56, 57 58, 59	95
55 **Ghelderode**, *Christophe Colomb*, 1952	théâtre	Arg.	••	Génie et marginalité	41, 43, 56	97
56 **Lévi-Strauss**, *Tristes Tropiques*, 1955	essai	Arg.	•••	Approche anthropologique de l'Autre	41, 55, 57	99
57 **Leiris**, *Cinq études d'ethnologie*, 1969	essai	Arg.	•••	La hiérarchie des cultures	56, 59	101
58 **Gary/Ajar**, *La Vie devant soi*, 1975	roman	C. litt.	••	L'enfant noir	20, 21	103
59 **Memmi**, *Ce que je crois*, 1985	essai	Arg.	••	Le comportement raciste	50, 54, 57, 58	104

IV Éthiques et citoyenneté

V L'homme engagé

VI Sciences et civilisation

auteurs et œuvres	genre	étude de texte	difficulté	thème	groupement de textes	page
94 **Cyrano de Bergerac**, *Voyage dans la lune*, 1662	roman	C. litt.	••	Voyage intersidéral	95, 107	158
95 **Voltaire**, *Micromégas*, 1752	conte	C. litt.	••	Rencontre intersidérale	94, 107	159
96 **Diderot**, *Le Rêve de d'Alembert*, 1769	essai	Arg.	•••	De l'inerte au vivant	97, 98, 110	160
97 **Buffon**, *Les Époques de la nature*, 1778	essai	Arg.	•	Bienfaits de la science	98, 106, 113, 114	162
98 **Condorcet**, *Esquisse d'un tableau historique…*, 1793	essai	Arg.	••	Foi en la science	97, 100, 106 113, 114	164
99 **Stendhal**, *Le Rouge et le Noir*, 1830	roman	C. litt.	••	L'Industrie dans les campagnes	103, 109	166
100 **Musset**, *Rolla*, 1833	poésie	C. litt.	•	Critique des Lumières	98, 102	167
101 **Chateaubriand**, *Mémoires d'outre-tombe*, 1848-50	mémoires	Arg.	•••	Progrès technique et bonheur	100, 102, 106, 112	168
102 **Baudelaire**, *Fusées*, 1851	journal	Arg.	•••	Civilisation mécanique et spiritualité	100, 101, 106 109, 112	170
103 **Nerval**, *Promenades et Souvenirs*, 1855	récit auto-bio-graphique	C. litt.	•	Les axes de communication	99, 104	172
104 **Flaubert**, *Bouvard et Pécuchet*, 1881	roman	C. litt.	••	La manie du progrès	103, 111	173
105 **Huysmans**, *À rebours*, 1884	roman	C. litt.	••	Artifice contre Nature	104, 112	174
106 **Renan**, *L'Avenir de la science*, 1890	essai	Arg.	••	Science et bonheur	97, 98, 100, 101, 102	175
107 **Saint-Exupéry**, *Vol de nuit*, 1931	roman	C. litt.	•	La conquête du ciel	108, 110	177
108 **Saint-Exupéry**, *Terres des hommes*, 1939	roman	Arg.	•	Humaniser le progrès	107, 110 112, 114	178
109 **Giono**, *Le Poids du ciel*, 1949	essai	Arg.	••	La condition ouvrière et la mécanisation	99, 102	180
110 **Yourcenar**, *L'Œuvre au noir*, 1968	roman	Arg.	•••	Science et éthique	96, 97, 98, 112	182
111 **Queneau**, *Le Chant du Styrène*, 1969	poème	C. litt.	•	Plastique et poétique	105	184
112 **Rostand**, *Le Courrier d'un biologiste*, 1970	essai	Arg.	•	Science et éthique	101, 102, 108 110, 114	185
113 **Pauwels**, *Lettre ouverte aux gens heureux…*, 1972	essai	Arg.	•	Bienfaits des progrès scientifiques	97, 98, 101 102, 106, 108	187
114 **Jacob**, *Le Jeu des possibles*, 1981	essai	Arg.	••	Défense de la science	97, 98, 106 108, 110, 113	189

VII De la nature et des choses

auteurs et œuvres	genre	étude de texte	difficulté	thème	groupement de textes	page
115 **La Fontaine**, *Fables*, 1693	fable	C. litt.	•	La forêt menacée	119, 133	191
116 **Rousseau**, *Les Confessions*, IV, 1781	récit autobiographique	Arg.	•	Voyages à pied	117, 132	192
117 **Rousseau**, *Les Rêveries du promeneur solitaire*, 1782	récit autobiographique	C. litt.	••	Le règne végétal	116, 124, 130	194
118 **Mérimée**, *La Vénus d'Ille*, 1837	conte fantastique	C. litt.	•	Une idole maléfique	126, 132	195
119 **Taine**, *La Fontaine et ses fables*, 1860	essai	Arg.	••	L'âme des bêtes	115, 124, 125	196
120 **Verne**, *20 000 Lieues sous les mers*, 1870	roman	C. litt.	•	L'empire de Nemo	123, 127	198
121 **Zola**, *Le Ventre de Paris*, 1873	roman	C. litt.	•	Animation dans les Halles	120, 122, 126	199
122 **Rimbaud**, *Poésies*, 1891	poésie	C. litt.	••	La chaleur du cabaret	121, 126	200
123 **Claudel**, *L'Oiseau noir dans le soleil levant*, 1929	poème en prose	C. litt.	•••	La canne : un objet de conquête	120	201
124 **Colette**, *Sido*, 1929	roman	C. litt.	••	L'enfant dans la nature	116, 125, 128	202
125 **Camus**, *Noces*, 1938	récit	C. litt.	••	Accord de l'homme et de la nature	116, 117, 124	203
126 **Sartre**, *La Nausée*, 1938	roman	C. litt.	••	Visite au musée	118, 127, 129	204
127 **Ponge**, *Le Parti pris des choses*, 1942	prose poétique	C. litt.	••	Pierre marine	120, 129, 132	205
128 **Beckett**, *Malone meurt*, 1951	roman	C. litt.	•••	Souvenir d'enfance	124	206
129 **Robbe-Grillet**, *Pour un nouveau roman*, 1963	essai	Arg.	•••	L'esthétique du Nouveau roman	127, 128 130, 132	207
130 **Perec**, *Les Choses*, 1965	roman	C. litt.	•	L'image du bonheur	116, 127, 129	209
131 **P.H. Simon**, *Ce que je crois*, 1966	essai	Arg.	••	Le retour à la nature	112, 116, 117, 133	210
132 **Ponge**, *Le Savon*, 1967	prose poétique	C. litt.	••	Pierre magique	118, 127, 129	212
133 **Jacquard**, *Au péril de la science?*, 1982	essai	Arg.	•	La survie de notre planète	115, 131	213

VIII Mythe et vérité

auteurs et œuvres	genre	étude de texte	difficulté	thème	groupement de textes	page
134 **Sponde**, *Les Amours*, 1598	poésie	C. litt.	•••	Douleur de l'amour	137, 139, 150	215
135 **Racine**, *Iphigénie*, 1674	théâtre	C. litt.	••	Les dieux inhumains	136, 143, 146 148, 151, 155	216
136 **Perrault**, *Contes*, 1697	conte	C. litt.	••	L'ogresse	135	217
137 **Marivaux**, *La Double Inconstance*, 1723	théâtre	C. litt.	••	Le prince charmant	134, 139, 150	218
138 **Voltaire**, *Le Taureau blanc*, 1774	conte	Arg.	•••	Les mythes religieux	135, 146, 148 151, 153	219
139 **Bertrand**, *Gaspard de la nuit*, 1842	poème en prose	C. litt.	••	La chanson d'une ondine	134, 137, 150	221
140 **Lautréamont**, *Les Chants de Maldoror*, 1869	poème en prose	C. litt.	•••	L'homme et le mal	152, 153	222
141 **Laforgue**, *Moralités légendaires*, 1887	prose poétique	C. litt.	•••	Hamlet parodié	148, 151, 154	223
142 **Heredia**, *Les Trophées*, 1893	poésie	C. litt.	••	Les civilisations sont mortelles	149	224
143 **Maurois**, *Les Silences du colonel Bramble*, 1918	roman	Arg.	•	Le mythe de la guerre	135	225
144 **Alain**, *Propos*, 1921	essai	Arg.	••	Le mythe de l'intelligence	147, 154	227
145 **F. Mauriac**, *L'Éducation des filles*, 1933	essai	Arg.	••	L'éternel féminin	147, 154	229
146 **Cocteau**, *La Machine infernale*, 1934	théâtre	C. litt.	••	Tragique et identification	135, 151	231
147 **Giraudoux**, *Supplément au voyage de Cook*, 1935	théâtre	Arg.	•••	Le mythe du travail	144	232
148 **Giraudoux**, *Électre*, 1937	théâtre	C. litt.	•••	Le mythe du bonheur	135, 141, 146 151, 154	234
149 **Caillois**, *L'Homme et le Sacré*, 1939	essai	Arg.	•••	Le profane et le sacré	142, 153	235
150 **Yourcenar**, *La Petite Sirène*, 1942	théâtre	C. litt.	••	Amours impossibles	134, 137, 139	237
151 **Sartre**, *Les Mouches*, 1943	théâtre	C. litt.	•••	La vengeance des Atrides	135, 138, 141 146, 148	238
152 **C. Mauriac**, *L'Amour du cinéma*, 1954	essai	Arg.	•	Le mythe du héros	140, 146, 149	239
153 **Bataille**, *La Littérature et le Mal*, 1957	essai	Arg.	•••	Le rôle des rites	138, 140, 149	241
154 **Ionesco**, *Notes et Contre-Notes*, 1962	essai	Arg.	•••	Le théâtre comme pourvoyeur de mythes	135, 144, 146 148, 151	243
155 **Bernard**, *Le Sang et l'Histoire*, 1983	essai	Arg.	•	Le mythe du sang	135, 146, 148, 151	245

IX Le métier d'écrivain

auteurs et œuvres	genre	étude de texte	difficulté	thème	groupement de textes	page
156 **Ronsard**, *Nouvelle Continuation des Amours*, 1556	poésie	C. litt.	••	Le livre confident	175	247
157 **Corneille**, Préface de *La Suivante*, 1637	préface	Arg.	•••	Le classicisme et les règles	159	248
158 **Molière**, Préface de *Tartuffe*, 1664	préface	Arg.	•	Fonction de la comédie	168, 174	250
159 **Racine**, Préface de *Bérénice*, 1670	préface	Arg.	•••	Le classicisme et les règles	157	252
160 **Saint-Simon**, *Mémoires*, 1752	mémoires	C. litt.	••	Écrire l'histoire	170, 174	254
161 **Diderot**, *Essai sur le beau*, 1765	essai	Arg.	•••	Relativité du beau	163, 167	255
162 **Beaumarchais**, *Essai sur le genre dramatique sérieux*, 1767	essai	Arg.	•••	Théâtre et morale	164, 170	257
163 **Stendhal**, *Racine et Shakespeare*, 1823	essai	Arg.	•••	Romantisme et modernité	161, 165, 167, 170	259
164 **Baudelaire**, *L'Art romantique*, 1851	essai	Arg.	••	La création artistique et la morale	162, 166, 170	261
165 **Baudelaire**, *Les Fleurs du Mal*, 1857	poésie	C. litt.	••	Le poète solaire	163, 167	263
166 **Les Goncourt**, *Journal*, 1862	critique	Arg.	••	Contre l'art social	154, 164, 170	264
167 **Baudelaire**, *Le Spleen de Paris*, 1869	poème	C. litt.	•••	L'artiste et la beauté	161, 163, 165	265
168 **Bergson**, *Le Rire*, 1899	essai	Arg.	••	Spécificité de la comédie	158, 162	266
169 **Aragon**, *Le Paysan de Paris*, 1926	roman	Arg.	•••	L'imagination au pouvoir	172	268
170 **Plisnier**, *Papiers d'un romancier*, 1954	essai	Arg.	••	Littérature et morale	158, 162, 164 166, 174	270
171 **Jaccottet**, *L'Ignorant*, 1958	poésie	C. litt.	•••	Création et souvenir	172, 173	272
172 **Bosquet**, *Préface à Saint-John Perse*, 1961	préface	Arg.	•••	Le créateur et la création	169	273
173 **Le Clézio**, *L'Extase matérielle*, 1967	essai	C. litt.	••	Réalité et fiction	171, 174	275
174 **Roy**, *Défense de la littérature*, 1968	essai	Arg.	•	Utilité de la littérature	158	276
175 **Tardieu**, *Formeries*, 1976	poésie	C. litt.	•	L'artisan de l'écriture	156, 173	278

X L'art et la vie

auteurs et œuvres	genre	étude de texte	difficulté	thème	groupement de textes	page
176 **Du Bellay**, *Les Regrets*, 1558	poésie	C. litt.	•••	Simplicité du chant poétique	177	279
177 **Montaigne**, *Essais (II)*, 1580	récit autobiographique	Arg.	••	Autobiographie et connaissance de soi	176, 192	280
178 **Scarron**, *Le Roman comique*, 1657	roman	C. litt.	••	La vie des comédiens	184, 195	281
179 **Molière**, *L'Impromptu de Versailles*, 1663	théâtre	Arg.	•••	Défense de l'écrivain	189, 200	282
180 **Mme de Sévigné**, *Lettres*, 1726	lettre	C. litt.	••	Présence et absence	186	283
181 **Balzac**, *Le Chef-d'œuvre inconnu*, 1831	roman	C. litt.	••	L'œuvre vivante	183, 189, 191	284
182 **Leconte de Lisle**, *Poèmes barbares*, 1862	poésie	C. litt.	••	Le poète et ses lecteurs	184, 187, 194	285
183 **Baudelaire**, *Curiosités esthétiques*, 1863	critique	Arg.	••	Esthétique et morale	197, 198	286
184 **Gautier**, *Le Capitaine Fracasse*, 1863	roman	C. litt.	••	Le théâtre et la vie	178	288
185 **Maupassant**, Article du journal *Le Gaulois*, 1881	article de journal	Arg.	•••	L'art et le progrès	197, 198, 200	289
186 **Van Gogh**, *Lettres à Théo*, 1882	lettre	Arg.	•	Le moi du peintre et l'œuvre	180, 191, 193, 198	291
187 **Verlaine**, *Jadis et Naguère*, 1884	poésie	C. litt.	•	L'artiste et la foule	182	293
188 **Mallarmé**, *Poésies*, 1887	poésie	C. litt.	•••	Le poète et ses amis	187, 194, 199	294
189 **Apollinaire**, *Les Peintres cubistes*, 1908	essai	Arg.	••	L'artiste et son époque	190, 198, 200	295
190 **Proust**, *Du côté de chez Swann*, 1913	roman	Arg.	•••	L'art révélateur du réel	183, 189, 191, 198	297
191 **Proust**, *Le Temps retrouvé*, 1927	roman	C. litt.	•••	Le processus de création	190, 196, 198	299
192 **Leiris**, *L'Âge d'homme*, 1939	récit	C. litt.	••	Autobiographie et Histoire	177	300
193 **Artaud**, *Van Gogh le suicidé de la société*, 1947	essai	Arg.	•••	Le génie et la société	186, 187, 194, 200	301
194 **Char**, *La Fontaine narrative*, 1947	essai	C. litt.	••	Sympathie poétique	193, 199	303
195 **Genet**, *Les Bonnes*, 1947	théâtre	C. litt.	••	Théâtre et rituel	179, 183	304
196 **Cendrars**, *Le Lotissement du ciel*, 1949	théâtre	C. litt.	••	Écriture et profondeur	191, 193, 197	305
197 **Malraux**, *Les Voix du silence*, 1951	essai	Arg.	•••	Donner un sens au destin	190, 193, 198, 200	306
198 **Huyghe**, *Dialogue avec le visible*, 1955	essai	Arg.	••	Le moi de l'artiste et la création	177, 186, 190 191, 193	308
199 **Jabès**, *Petites incursions...*, 1956	essai	C. litt.	••	L'étrangeté du poète	193, 194	310
200 **Camus**, *Discours de Suède*, 1957	discours	Arg.	••	L'artiste et son temps	193, 197	311

MONTESQUIEU

1689 - 1755

Lettres persanes (1721)

Usbek à son ami Ibben, à Smyrne

Nous sommes arrivés à Livourne dans quarante jours de navigation. C'est une ville nouvelle; elle est un témoignage du génie des ducs de Toscane, qui ont fait d'un village marécageux la ville d'Italie la plus florissante.

Les femmes y jouissent d'une grande liberté. Elles peuvent voir les hommes à travers certaines fenêtres qu'on nomme *jalousies*; elles peuvent sortir tous les jours avec quelques vieilles qui les accompagnent; elles n'ont qu'un voile[1]. Leurs beaux-frères, leurs oncles, leurs neveux peuvent les voir sans que le mari s'en formalise presque jamais.

C'est un grand spectacle pour un Mahométan de voir pour la première fois une ville chrétienne. Je ne parle pas des choses qui frappent d'abord tous les yeux, comme la différence des édifices, des habits, des principales coutumes. Il y a jusque dans les moindres bagatelles, quelque chose de singulier que je sens, et que je ne sais pas dire.

Nous partirons demain pour Marseille; notre séjour n'y sera pas long. Le dessein de Rica et le mien est de nous rendre incessamment à Paris, qui est le siège de l'empire d'Europe. Les voyageurs cherchent toujours les grandes villes, qui sont une espèce de patrie commune à tous les étrangers.

Adieu; sois persuadé que je t'aimerai toujours.

De Livourne, le 12 de la lune de Saphar, 1712.

Lettres persanes, lettre 23.

....

1. Les Persanes en ont quatre.

- Quels éléments formels indiquent qu'il s'agit d'une lettre ?
- Rendez compte du statut du *Je* : comment se traduit son exotisme (origine, religion, classe sociale, mœurs...) ?
- Quelle image de l'Europe se dégage de cette lettre ? Expliquez le rôle que tient Paris dans cette vision.

➢ **Groupement de textes : voir 2 - 4 - 5 - 7 -10 - 16.**

VOLTAIRE

1694 - 1778

Discours aux Welches (1764)

O Welches[1], mes compatriotes, si vous êtes supérieurs aux anciens Grecs et aux anciens Romains, ne mordez jamais le sein de vos nourrices, n'insultez jamais à vos maîtres, soyez modestes dans vos triomphes ; voyez qui vous êtes et d'où vous venez.

Vous avez eu l'honneur, il est vrai, d'être subjugués[2] par Jules César, qui fit pendre tout votre parlement de Vannes, vendit le reste des habitants, fit couper les mains à ceux du Quercy, et vous gouverna ensuite fort doucement. Vous restâtes plus de cinq cents ans sous les lois de l'empire romain ; vos druides, qui vous traitaient en esclaves et en bêtes, qui vous brûlaient pieusement dans des paniers d'osier, n'eurent plus le même crédit quand vous devîntes province de l'Empire. Mais convenez que vous fûtes toujours un peu barbares.

Dans le cinquième siècle de votre ère vulgaire, des Vandales, que vous avez appelés du nom sonore de Bourgonsions ou de Bourguignons, gens d'esprit d'ailleurs, et fort propres, qui oignaient leurs cheveux avec du beurre fort, comme le dit Sidonius Apollinaris, *infundens acido comam butyro*, ces gens-là, dis-je, vous firent esclaves, depuis le territoire de votre ville de Vienne jusqu'aux sources de votre rivière de Seine ; et c'est un reste glorieux de ces temps illustres, que des moines et chanoines aient encore des serfs dans ce pays. Cette belle prérogative de l'espèce humaine subsiste parmi vous comme un témoignage de votre sagesse.

Une partie de vos autres provinces, que vous appelâtes si longtemps les provinces d'Oc, et que vous distinguâtes si noblement des provinces de Oui, furent envahies par les Visigoths ; et quant à vos provinces de Oui, elles vous furent prises par un Sicambre nommé Hildovic […]. Les belles expéditions de ce grand homme furent d'assassiner trois roitelets ses parents et ses amis, l'un vers le bourg de Boulogne-sur-Mer, l'autre vers le village de Cambrai et le troisième vers le village du Mans, que vos chroniques appellent villes ; ce fut alors que la contrée des Welches porta le nom mélodieux de Frankreich, ancien nom de la France, en commémoration de ses vainqueurs, et vous fûtes la première nation de l'univers, car vous aviez l'oriflamme à Saint-Denis [...]

La moitié de votre pays appartint bientôt aux peuples de l'île appelée Britain, ou England dans leur idiome qui était aussi harmonieux que le vôtre. La Normandie, la Bretagne, l'Anjou, le Maine, le Poitou, la Saintonge, la Guyenne, la Gascogne, l'Angoumois, le Périgord, le Rouergue, l'Auvergne, furent longtemps entre les mains de cette nation des Angles, tandis que vous n'aviez ni Lyon, ni Marseille, ni le Dauphiné, ni la Provence, ni le Languedoc.

Malgré cet état misérable, vos compilateurs, que vous prenez pour des historiens, vous appellent souvent le *premier peuple de l'univers*, et votre royaume le *premier royaume.* Cela n'est pas civil pour les autres nations. Vous êtes un peuple brillant et aimable; et si vous joignez la modestie à vos grâces, le reste de l'Europe sera fort content de vous.

Remerciez bien Dieu de ce que les divisions de la Rose rouge et de la Rose blanche vous délivrèrent des Anglais et remerciez-le surtout de ce que les guerres civiles d'Allemagne empêchèrent Charles Quint d'engloutir votre pays, et d'en faire une province de l'Empire.

Vous avez eu un moment bien brillant sous Louis XIV mais n'allez pas pour cela vous croire supérieurs en tout aux anciens Romains et aux Grecs [...].

....

1. Peuple de Gaule (Volques). Terme employé ironiquement par les Allemands pour qualifier les Français et plus généralement les étrangers. – 2. Mis sous le joug, asservis.

- Quels sont les traits de caractère du « Français » selon Voltaire ?
- Identifiez le ton de Voltaire et précisez-en la fonction.
- En quoi ce discours se rattache-t-il au combat des philosophes au XVIIIe siècle ?

➢ **Groupement de textes : voir 1 - 4 - 5 - 7 - 10 - 20 - 21.**

Honoré de BALZAC

1799 - 1848

La Fille aux yeux d'or (1835)

Un des spectacles où se rencontre le plus d'épouvantement est certes l'aspect général de la population parisienne, peuple horrible à voir, hâve[1], jaune, tanné. Paris n'est-il pas un vaste champ incessamment remué par une tempête d'intérêts sous laquelle tourbillonne une moisson d'hommes que la mort fauche plus souvent qu'ailleurs et qui renaissent toujours aussi serrés, dont les visages contournés, tordus, rendent par tous les pores l'esprit, les désirs, les poisons dont sont engrossés leurs cerveaux; non pas des visages, mais bien des masques: masques de faiblesse, masques de force, masques de misère, masques de joie, masques d'hypocrisie; tous exténués, tous empreints des signes ineffaçables d'une haletante avidité? Que veulent-ils? De l'or, ou du plaisir?

Quelques observations sur l'âme de Paris peuvent expliquer les causes de sa physionomie cadavéreuse qui n'a que deux âges, ou la jeunesse ou la caducité[2]: jeunesse blafarde et sans couleur, caducité fardée qui veut paraître jeune. En voyant ce peuple exhumé, les étrangers qui ne sont pas tenus de réfléchir, éprouvent tout d'abord un mouvement de dégoût pour cette capitale, vaste atelier de jouissances, d'où bientôt eux-mêmes ils ne peuvent sortir, et restent à s'y déformer volontiers.

Peu de mots suffiront pour justifier physiologiquement la teinte presque infernale des figures parisiennes, car ce n'est pas seulement par plaisanterie que Paris a été nommé un enfer. Tenez ce mot pour vrai. Là, tout fume, tout brûle, tout brille, tout bouillonne, tout flambe, s'évapore, s'éteint, se rallume, étincelle, pétille et se consume. Jamais vie en aucun pays ne fut plus ardente, ni plus cuisante.

....

1. Maigre et pâle sous l'effet de la faim, de la souffrance… – 2. Vieillesse, ce qui touche à sa fin.

- Quelle attitude le romancier adopte-t-il vis-à-vis de son lecteur? Justifiez votre réponse en précisant le ton du texte.
- Quels sont les procédés utilisés pour exprimer la vision épique de Paris?
- Dans quelle mesure ce passage fait-il penser à un tableau fantastique?

➤ **Groupement de textes: voir 1 - 5 - 15.**

Victor HUGO

1802 - 1885

Actes et Paroles I (1849)

Messieurs, si quelqu'un, il y a quatre siècles, à l'époque où la guerre existait de commune à commune, de ville à ville, de province à province, si quelqu'un eût dit à la Lorraine, à la Picardie, à la Normandie, à la Bretagne, à l'Auvergne, à la Provence, au Dauphiné, à la Bourgogne : Un jour viendra où vous ne vous ferez plus la guerre, un jour viendra où vous ne lèverez plus d'hommes d'armes les uns contre les autres, un jour viendra où l'on ne dira plus : Les Normands ont attaqué les Picards, les Lorrains ont repoussé les Bourguignons. Vous aurez encore des différends à régler, des intérêts à débattre, des contestations à résoudre, mais savez-vous ce que vous mettrez à la place des hommes d'armes ? Savez-vous ce que vous mettrez à la place des gens de pied et de cheval, des canons, des fauconneaux, des lances, des piques, des épées ? Vous mettrez une petite boîte de sapin que vous appellerez l'urne du scrutin, et de cette boîte il sortira, quoi ? une assemblée ! une assemblée en laquelle vous vous sentirez tous vivre, une assemblée qui sera comme votre âme à tous, un concile souverain et populaire qui décidera, qui jugera, qui résoudra tout en loi, qui fera tomber le glaive de toutes les mains et surgir la justice dans tous les cœurs, qui dira à chacun : Là finit ton droit, ici commence ton devoir. Bas les armes ! vivez en paix ! (*Applaudissements.*) Et ce jour-là, vous vous sentirez une pensée commune, des intérêts communs, une destinée commune, vous vous embrasserez, vous vous reconnaîtrez fils du même sang et de la même race ; ce jour-là, vous ne serez plus des peuplades ennemies, vous serez un peuple ; vous ne serez plus la Bourgogne, la Normandie, la Bretagne, la Provence, vous serez la France. Vous ne vous appellerez plus la guerre, vous vous appellerez la civilisation !

Si quelqu'un eût dit cela à cette époque, messieurs, tous les hommes positifs, tous les gens sérieux, tous les grands politiques d'alors se fussent écriés : « Oh ! le songeur ! Oh ! le rêve-creux ! Comme cet homme connaît peu l'humanité ! Que voilà une étrange folie et une absurde chimère ! » – Messieurs, le temps a marché, et cette chimère, c'est la réalité. (*Mouvement.*)

Et, j'insiste sur ceci, l'homme qui eût fait cette prophétie sublime eût été déclaré fou par les sages, pour avoir entrevu les desseins de Dieu! (*Nouveau mouvement.*)

Eh bien! vous dites aujourd'hui, et je suis de ceux qui disent avec vous, tous, nous qui sommes ici, nous disons à la France, à l'Angleterre, à la Prusse, à l'Autriche, à l'Espagne, à l'Italie, à la Russie, nous leur disons:

Un jour viendra où les armes vous tomberont des mains, à vous aussi! Un jour viendra où la guerre paraîtra aussi absurde et sera aussi impossible entre Paris et Londres, entre Pétersbourg et Berlin, entre Vienne et Turin, qu'elle serait impossible et qu'elle paraîtrait absurde aujourd'hui entre Rouen et Amiens, entre Boston et Philadelphie. Un jour viendra où vous France, vous Russie, vous Italie, vous Angleterre, vous Allemagne, vous toutes, nations du continent, sans perdre vos qualités distinctes et votre glorieuse individualité, vous vous fondrez étroitement dans une unité supérieure, et vous constituerez la fraternité européenne, absolument comme la Normandie, la Bretagne, la Bourgogne, la Lorraine, l'Alsace, toutes nos provinces, se sont fondues dans la France. Un jour viendra où il n'y aura plus d'autres champs de bataille que les marchés s'ouvrant au commerce et les esprits s'ouvrant aux idées. – Un jour viendra où les boulets et les bombes seront remplacés par les votes, par le suffrage universel des peuples, par le vénérable arbitrage d'un grand sénat souverain qui sera à l'Europe ce que le parlement est à l'Angleterre, ce que la diète est à l'Allemagne, ce que l'Assemblée législative est à la France! (*Applaudissements.*) Un jour viendra où l'on montrera un canon dans les musées comme on y montre aujourd'hui un instrument de torture, en s'étonnant que cela ait pu être! (*Rires et bravos.*) Un jour viendra où l'on verra ces deux groupes immenses, les États-Unis d'Amérique, les États-Unis d'Europe (*Applaudissements*), placés en face l'un de l'autre, se tendant la main par-dessus les mers, échangeant leurs produits, leur commerce, leur industrie, leurs arts, leurs génies [...].

Congrès de la Paix, 1849, *Actes et Paroles* I, 1853.

- À quels types de raisonnement Victor Hugo fait-il appel dans son argumentation?
- Comment s'y prend-il pour dévaloriser le point de vue adverse, dans les paragraphes 2 et 3?
- Caractérisez la tonalité du discours dans le dernier paragraphe.

➢ **Groupement de textes: voir 1 - 2 - 5 - 7.**

Gérard de NERVAL

1808 - 1855

Lorely (1852)

Vous[1] comprenez que la première idée du Parisien qui descend de voiture à Strasbourg est de demander à voir le Rhin; il s'informe, il se hâte, il fredonne avec ardeur le refrain semi-germanique d'Alphonse Karr[2]:

Au Rhin! au Rhin! c'est là que sont nos vignes!

Mais bientôt il apprend avec stupeur que le Rhin est encore à une lieue de la ville. Quoi! le Rhin ne baigne pas les murs de Strasbourg, le pied de sa vieille cathédrale?... Hélas! non. Le Rhin à Strasbourg et la mer à Bordeaux sont deux grandes erreurs du Parisien sédentaire. Mais, tout moulu qu'on est du voyage, le moyen de rester une heure à Strasbourg sans avoir vu le Rhin? Alors on traverse la moitié de la ville, et l'on s'aperçoit à peine que son pavé de cailloux est plus rude et plus raboteux encore que l'inégal pavé du Mans, qui cahotait si durement la charrette du *Roman comique*[3]. On marche longtemps encore à travers les diverses fortifications, puis on suit une chaussée d'une demi-lieue, et quand on a vu disparaître enfin derrière soi la ville tout entière, qui n'est plus indiquée à l'horizon que par le doigt de pierre de son clocher, quand on a traversé un premier bras du Rhin, large comme la Seine, et une île verte de peupliers et de bouleaux, alors on voit couler à ses pieds le grand fleuve, rapide et frémissant, et portant dans ses lames grisâtres une tempête éternelle. Mais de l'autre côté, là-bas à l'horizon, au bout du pont mouvant de soixante bateaux, savez-vous ce qu'il y a?... Il y a l'Allemagne! la terre de Goethe et de Schiller, le pays d'Hoffmann[4]; la vieille Allemagne, notre mère à tous!... Teutonia.

....

1. Le narrateur s'adresse à un ami. – 2. A. Karr (1808-1890), écrivain français. – 3. *Le Roman comique*: œuvre burlesque de Scarron (1610-1660). – Goethe (1749-1832), Schiller (1759-1805) et Hoffmann (1776-1822) sont des écrivains allemands importants du mouvement romantique.

- Qui est représenté par « On » dans le texte ?
- Le ton est-il le même au début et à la fin du texte ? Justifiez votre réponse.
- Le Rhin : quel rôle joue-t-il pour le voyageur qui se rend en Allemagne ?

➢ **Groupement de textes : voir 1 - 2 - 16 - 18.**

Alphonse DAUDET

1840 - 1897

Contes du lundi (1873)

LA BOUILLABAISSE

Nous longions les côtes de Sardaigne, vers l'île de la Madeleine. Une promenade matinale. Les rameurs allaient lentement et, penché sur le bord, je voyais la mer, transparente comme une source, traversée de soleil jusqu'au fond. Des méduses, des étoiles de mer s'étalaient parmi les mousses marines. De grosses langoustes dormaient immobiles en abaissant leurs longues cornes sur le sable fin. Tout cela vu à dix-huit ou vingt pieds de profondeur, dans je ne sais quelle facticité d'aquarium en cristal. À l'avant de la barque, un pêcheur debout, un long roseau fendu à la main, faisait signe aux rameurs: « Piano... piano...[1] », et tout à coup, entre les pointes de sa fourche, tenait suspendue une belle langouste qui allongeait ses pattes avec un effroi encore plein de sommeil. Près de moi, un autre marin laissait tomber sa ligne à fleur d'eau dans le sillage et ramenait des petits poissons merveilleux qui se coloraient en mourant de mille nuances vives et changeantes. Une agonie vue à travers un prisme.

La pêche finie, on aborda parmi les hautes roches grises. Le feu fut vite allumé, pâle dans le grand soleil; de larges tranches de pain coupées sur de petites assiettes de terre rouge, et l'on était là autour de la marmite, l'assiette tendue, la narine ouverte... Était-ce le paysage, la lumière, cet horizon de ciel et d'eau? Mais je n'ai jamais rien mangé de meilleur que cette bouillabaisse de langoustes. Et quelle bonne sieste ensuite sur le sable! Un sommeil tout plein du bercement de la mer, où les mille écailles luisantes des petites vagues papillotaient encore aux yeux fermés.

....

1. Doucement, en italien.

- Relevez les éléments descriptifs qui se rapportent à la nature méditerranéenne. Sous quel jour est-elle présentée ?
- Montrez en quoi la pêche, ici, implique tout un art de vivre.
- Étudiez l'emploi des pronoms sujets.

➢ **Groupement de textes : voir 3 - 15 - 17.**

Victor HUGO
1802 - 1885
Actes et Paroles IV (1878)

Le 17 juin 1878 a lieu à Paris le premier Congrès littéraire international réunissant écrivains, poètes, philosophes… Le texte qui suit est un extrait du discours inaugural prononcé par Victor Hugo.

Vous avez soin de vos villes, vous voulez être en sûreté dans vos demeures, vous êtes préoccupés de ce péril, laisser la rue obscure ; songez à ce péril plus grand encore, laisser obscur l'esprit humain. Les intelligences sont des routes ouvertes ; elles ont des allants et venants, elles ont des visiteurs, bien ou mal intentionnés, elles peuvent avoir des passants funestes ; une mauvaise pensée est identique à un voleur de nuit, l'âme a des malfaiteurs ; faites le jour partout ; ne laissez pas dans l'intelligence humaine de ces coins ténébreux où peut se blottir la superstition, où peut se cacher l'erreur, où peut s'embusquer le mensonge. L'ignorance est un crépuscule ; le mal y rôde. Songez à l'éclairage des rues, soit ; mais songez aussi, songez surtout, à l'éclairage des esprits. (*Applaudissements prolongés.*)

Il faut pour cela, certes, une prodigieuse dépense de lumière. C'est à cette dépense de lumière que depuis trois siècles la France s'emploie. Messieurs, laissez-moi dire une parole filiale, qui du reste est dans vos cœurs comme dans le mien : rien ne prévaudra contre la France. La France est d'intérêt public. La France s'élève sur l'horizon de tous les peuples. Ah ! disent-ils, il fait jour, la France est là ! (*Oui ! oui ! Bravos répétés.*)

Qu'il puisse y avoir des objections à la France, cela étonne ; il y en a pourtant ; la France a des ennemis. Ce sont les ennemis mêmes de la civilisation, les ennemis du livre, les ennemis de la pensée libre, les ennemis de l'émancipation, de l'examen, de la délivrance ; ceux qui voient dans le dogme[1] un éternel maître et dans le genre humain un éternel mineur. Mais ils perdent leur peine, le passé est passé, les nations ne reviennent pas à leur vomissement, les aveuglements ont une fin, les dimensions de l'ignorance et de l'erreur sont limitées. Prenez-en votre parti, hommes du passé, nous ne vous craignons pas !

allez, faites, nous vous regardons avec curiosité ! essayez vos forces, insultez 89, découronnez Paris, dites anathème[2] à la liberté de conscience, à la liberté de la presse, à la liberté de la tribune, anathème à la loi civile, anathème à la révolution, anathème à la tolérance, anathème à la science, anathème au progrès ! ne vous lassez pas ! rêvez, pendant que vous y êtes, un Syllabus[3] assez grand pour la France et un éteignoir assez grand pour le soleil ! (*Acclamation unanime. Triple salve d'applaudissements.*)

Je ne veux pas finir par une parole amère. Montons et restons dans la sérénité immuable de la pensée. Nous avons commencé l'affirmation de la concorde et de la paix ; continuons cette affirmation hautaine et tranquille.

Je l'ai dit ailleurs, et je le répète, toute la sagesse humaine tient dans ces deux mots : Conciliation et Réconciliation ; conciliation pour les idées, réconciliation pour les hommes.

Messieurs, nous sommes ici entre philosophes, profitons de l'occasion, ne nous gênons pas, disons des vérités. (*Sourires et marques d'approbation.*) En voici une, une terrible : le genre humain a une maladie, la haine. La haine est mère de la guerre ; la mère est infâme, la fille est affreuse.

Rendons-leur coup sur coup. Haine à la haine ! Guerre à la guerre ! (*Sensation.*)

Congrès littéraire international, *Actes et Paroles* IV.

....

1. Point de doctrine considéré par une religion comme une vérité incontestable. – 2. Condamnation totale. – 3. *Syllabus* ou *Recueil des principales erreurs de notre temps* (1864) : inventaire des attitudes philosophiques, politiques, condamnées par Pie IX, entre autres le rationalisme, le républicanisme, le libéralisme.

- Relevez les idées importantes du texte. Précisez comment elles s'enchaînent.
- Répertoriez et analysez les procédés stylistiques mettant en valeur l'argumentation, lignes 1 à 15.
- Identifiez le ton de Hugo, lignes 26 à 35, et les adversaires qu'il vise.

➢ **Groupement de textes : voir 8 - 9 - 13.**

Émile ZOLA

1840 - 1902

Lettre à la France (1898)

Dans les affreux jours de trouble moral que nous traversons, au moment où la conscience publique paraît s'obscurcir, c'est à toi que je m'adresse, France, à la nation, à la patrie !

Chaque matin, en lisant dans les journaux ce que tu sembles penser de cette lamentable affaire Dreyfus, ma stupeur grandit, ma raison se révolte davantage. Eh quoi ? France, c'est toi qui en es là, à te faire une conviction des plus évidents mensonges, à te mettre contre quelques honnêtes gens avec la tourbe des malfaiteurs, à t'affoler sous l'imbécile prétexte que l'on insulte ton armée et que l'on complote de te vendre à l'ennemi, lorsque le désir des plus sages, des plus loyaux de tes enfants, est au contraire que tu restes, aux yeux de l'Europe attentive, la nation d'honneur, la nation d'humanité, de vérité et de justice ?

Et c'est vrai, la grande masse en est là, surtout la masse des petits et des humbles, le peuple des villes, presque toute la province et toutes les campagnes, cette majorité considérable de ceux qui acceptent l'opinion des journaux ou des voisins, qui n'ont le moyen ni de se documenter, ni de réfléchir. Que s'est-il donc passé, comment ton peuple, France, ton peuple de bon cœur et de bon sens, a-t-il pu en venir à cette férocité de la peur, à ces ténèbres de l'intolérance ? On lui dit qu'il y a, dans la pire des tortures, un homme peut-être innocent, on a des preuves matérielles et morales que la révision du procès s'impose, et voilà ton peuple qui refuse violemment la lumière, qui se range derrière les sectaires et les bandits, derrière les gens dont l'intérêt est de laisser en terre le cadavre, lui qui, naguère encore, aurait démoli de nouveau la Bastille, pour en tirer un prisonnier !

Quelle angoisse et quelle tristesse, France, dans l'âme de ceux qui t'aiment, qui veulent ton honneur et ta grandeur ! Je me penche avec détresse sur cette mer trouble et démontée de ton peuple, je me demande où sont les causes de la tempête qui menace d'emporter le meilleur de ta gloire. Rien n'est d'une plus mortelle gravité, je vois là d'inquiétants symptômes. Et j'oserai tout dire, car je n'ai jamais eu qu'une passion dans ma vie, la vérité, et je ne fais ici que continuer mon œuvre.

Songes-tu que le danger est justement dans ces ténèbres têtues de l'opinion publique ? Cent journaux répètent quotidiennement que l'opinion publique ne veut pas que Dreyfus soit innocent, que sa culpabilité est nécessaire au salut de la patrie. Et sens-tu à quel point tu serais la coupable, si l'on s'autorisait d'un tel sophisme, en haut lieu, pour étouffer la vérité ? C'est la France qui l'aurait voulu, c'est toi qui aurais exigé le crime, et quelle responsabilité un jour ! Aussi, ceux de tes fils qui t'aiment et t'honorent, France, n'ont-ils qu'un devoir ardent, à cette heure grave, celui d'agir puissamment sur l'opinion, de l'éclairer, de la ramener, de la sauver de l'erreur où d'aveugles passions la poussent. Et il n'est pas de plus utile, de plus sainte besogne.

- Comment Zola articule-t-il son argumentation, lignes 6 à 20 ?
- Indiquez, en vous appuyant sur le texte, les raisons qui ont conduit Zola à s'engager dans l'« affaire Dreyfus ».
- Que désigne « on » dans les expressions : « on insulte » et « on complote » (l. 9) ; « on lui dit » (l. 20) ; « on s'autorisait » (l. 39) ?

➢ **Groupement de textes : voir 7.**

Jean JAURÈS

1859 - 1914

Discours à la jeunesse (1903)

Dans notre France moderne, qu'est-ce donc que la République? C'est un grand acte de confiance. Instituer la République, c'est proclamer que des millions d'hommes sauront tracer eux-mêmes la règle commune de leur action; qu'ils sauront concilier la liberté et la loi, le mouvement et l'ordre; qu'ils sauront se combattre sans se déchirer; que leurs divisions n'iront pas jusqu'à une fureur chronique de guerre civile, et qu'ils ne chercheront jamais dans une dictature même passagère une trêve funeste et un lâche repos. Instituer la République, c'est proclamer que les citoyens des grandes nations modernes, obligés de suffire par un travail constant aux nécessités de la vie privée et domestique, auront cependant assez de temps et de liberté d'esprit pour s'occuper de la chose commune. [...]

Oui, la République est un grand acte de confiance et un grand acte d'audace. L'invention en était si audacieuse, si paradoxale, que même les hommes hardis qui, il y a cent dix ans, ont révolutionné le monde en écartèrent d'abord l'idée. Les Constituants de 1789 et de 1791, même les législateurs de 1792 croyaient que la monarchie traditionnelle était l'enveloppe nécessaire de la société nouvelle. Ils ne renoncèrent à cet abri que sous les coups répétés de la trahison royale. Et quand enfin ils eurent déraciné la royauté, la République leur apparut moins comme un système prédestiné que comme le seul moyen de combler le vide laissé par la monarchie. Bientôt cependant, et après quelques heures d'étonnement et presque d'inquiétude, ils l'adoptèrent de toute leur pensée et de tout leur cœur. Ils résumèrent, ils confondirent en elle toute la Révolution. Et ils ne cherchèrent point à se rassurer par l'exemple des républiques antiques ou des républiques helvétiques et italiennes. Ils virent bien qu'ils créaient une œuvre nouvelle, audacieuse et sans précédent. Ce n'était point l'oligarchique liberté des républiques de la Grèce, morcelées, minuscules et appuyées sur le travail servile. Ce n'était point le privilège superbe de la république romaine, haute citadelle d'où une aristocratie conquérante dominait le monde, communiquant avec lui par une hiérarchie de droits incomplets et décroissants qui descendait jusqu'au néant du droit, par un escalier aux marches toujours plus dégradées et plus sombres, qui se perdait enfin dans l'abjection de l'esclavage, limite obscure de la vie touchant à la nuit souterraine. Ce n'était pas le patriciat marchand de Venise et de Gênes. Non, c'était la République d'un grand peuple où il n'y avait que des citoyens et où tous les citoyens étaient égaux. C'était la République de la démocratie et du suffrage universel. C'était une nouveauté magnifique et émouvante.

Les hommes de la Révolution en avaient conscience. Et lorsque, dans la fête du 10 août 1793, ils célébrèrent cette Constitution, qui pour la première fois depuis l'origine de l'Histoire organisait dans la souveraineté nationale la souveraineté de tous, lorsque artisans et ouvriers, forgerons, menuisiers, travailleurs des champs défilèrent dans le cortège, mêlés aux magistrats du peuple et ayant pour enseignes leurs outils, le président de la Convention put dire que c'était un jour qui ne ressemblait à aucun autre jour, le plus beau jour depuis que le soleil était suspendu dans l'immensité de l'espace ! Toutes les volontés se haussaient, pour être à la mesure de cette nouveauté héroïque. C'est pour elle que ces hommes combattirent et moururent. [...]

Et voici maintenant que cette République qui dépassait de si haut l'expérience séculaire des hommes et le niveau commun de la pensée que, quand elle tomba, ses ruines mêmes périrent et son souvenir s'effrita, voici que cette République de démocratie, de suffrage universel et d'universelle dignité humaine, qui n'avait pas eu de modèle et qui semblait destinée à n'avoir pas de lendemain, est devenue la loi durable de la nation, la forme définitive de la voie française, le type vers lequel évoluent lentement toutes les démocraties du monde.

- Reformulez en deux ou trois phrases les idées importantes du texte.
- Indiquez les procédés qui marquent la progression argumentative du discours.
- Identifiez les procédés rhétoriques auxquels Jaurès a recours, lignes 28 à 40. Déduisez-en la tonalité du texte.

➢ **Groupement de textes : voir 4 - 7 - 10.**

Paul VALÉRY

1871 - 1945

Regards sur le monde actuel (1931)

IMAGES DE LA FRANCE

Les îles Britanniques, la France, l'Espagne terminent vers l'Ouest l'immense Europasie ; mais tandis que les premières par la mer, la dernière par la masse des Pyrénées, sont bien séparées du reste de l'énorme continent, la France est largement ouverte et accessible par le Nord-Est. Elle offre, d'autre part, de nombreux points d'accostage sur ses vastes frontières maritimes.

Ces circonstances naturelles, jointes à la qualité naturelle du sol, à la modération du climat, ont eu la plus grande influence sur le peuplement du territoire. Quelle qu'ait été la population primitive du pays – je veux dire la population qui a vécu sur cette terre à partir de l'époque où sa physionomie physique actuelle s'est fixée dans ses grands traits –, cette population a été à bien des reprises modifiée, enrichie, appauvrie, reconstituée, refondue à toute époque par des apports et des accidents étonnamment variés ; elle a subi des invasions, des occupations, des infiltrations, des extinctions, des pertes et des gains incessants.

Le vent vivant des peuples, soufflant du Nord et de l'Est à intervalles intermittents, et avec des intensités variables, a porté vers l'Ouest, à travers les âges, des éléments ethniques très divers, qui, poussés successivement à la découverte des régions de l'extrême Occident de l'Europe, se sont enfin heurtés à des populations autochtones, ou déjà arrêtées par l'Océan et par les monts, et fixées. Ils ont trouvé devant eux des obstacles humains ou des barrières naturelles, autour d'eux, un pays fertile et tempéré. Ces arrivants se sont établis, juxtaposés ou superposés aux groupes déjà installés, se faisant équilibre, se combinant peu à peu les uns aux autres, composant lentement leurs langues, leurs caractéristiques, leurs arts et leurs mœurs. Les immigrants ne vinrent pas seulement du Nord et de l'Est ; le Sud-Est et le Sud fournirent leurs contingents. Quelques Grecs par les rivages du Midi ; des effectifs romains assez faibles, sans doute, mais renouvelés pendant des siècles ; plus tard, des essaims de Maures et de Sarrasins.

Grecs ou Phéniciens, Latins et Sarrasins par le Sud, comme les Northmans par les côtes de la Manche et de l'Atlantique, ont pénétré dans le territoire par quantités assez peu considérables. Les masses les plus nombreuses furent vraisemblablement celles apportées par les courants de l'Est.

Quoi qu'il en soit, une carte où les mouvements de peuples seraient figurés comme le sont les déplacements aériens sur les cartes météorologiques, ferait apparaître le territoire français comme une aire où les courants humains se sont portés, mêlés, neutralisés et apaisés, par la fusion progressive et l'enchevêtrement de leurs tourbillons.

Le fait fondamental pour la formation de la France a donc été la présence et le mélange sur son territoire d'une quantité remarquable d'éléments ethniques différents. Toutes les nations d'Europe sont composées, et il n'y a peut-être aucune d'elles dans laquelle une seule langue soit parlée. Mais il n'en est, je crois, aucune dont la formule ethnique et linguistique soit aussi riche que celle de la France. Celle-ci a trouvé son individualité singulière dans le phénomène complexe des échanges internes, des alliances individuelles qui se sont produits en elle entre tant de sangs et de complexions différents. Les combinaisons de tant de facteurs indépendants, le dosage de tant d'hérédités expliquent dans les actes et les sentiments des Français bien des contradictions et cette remarquable valeur moyenne des individus. À cause des sangs très disparates qu'elle a reçus, et dont elle a composé, en quelques siècles, une personnalité européenne si nette et si complète, productrice d'une culture et d'un esprit caractéristiques, la nation française fait songer à un arbre greffé plusieurs fois, de qui la qualité et la saveur de ses fruits résultent d'une heureuse alliance de sucs et de sèves très divers concourant à une même et indivisible existence.

Regards sur le monde actuel, © Éd. Gallimard.

- Montrez que, selon Valéry, les particularités géographiques de la France expliquent son peuplement.
- Relevez les champs et réseaux lexicaux dont use Valéry pour qualifier les mouvements migratoires. Quelle orientation donnent-ils à l'argumentation (l. 17 à 41) ?
- Vérifiez cette orientation argumentative par les connotations des termes du dernier paragraphe. Déduisez-en comment Valéry juge les traits caractéristiques de la France.
- Rédigez l'article « FRANCE » de l'Atlas mondial à partir du texte de Valéry.

➢ **Groupement de textes : voir 2 - 20 - 21.**

Louis-Ferdinand CÉLINE

1894 - 1961

Voyage au bout de la nuit (1932)

Nos Allemands accroupis au fin bout de la route venaient justement de changer d'instrument. C'est à la mitrailleuse qu'ils poursuivaient à présent leurs sottises ; ils en craquaient comme de gros paquets d'allumettes et tout autour de nous venaient voler des essaims de balles rageuses, pointilleuses comme des guêpes.

L'homme arriva tout de même à sortir de sa bouche quelque chose d'articulé :

– Le maréchal des logis Barousse vient d'être tué, mon colonel, qu'il dit tout d'un trait.

– Et alors ?

– Il a été tué en allant chercher le fourgon à pain sur la route des Étrapes, mon colonel !

– Et alors ?

– Il a été éclaté par un obus !

– Et alors, nom de Dieu !

– Et voilà ! Mon colonel…

– C'est tout ?

– Oui, c'est tout, mon colonel.

– Et le pain ? demanda le colonel.

Ce fut la fin de ce dialogue parce que je me souviens bien qu'il a eu le temps de dire tout juste : « Et le pain ? » Et puis ce fut tout. Après ça, rien que du feu et puis du bruit avec. Mais alors un de ces bruits comme on ne croirait jamais qu'il en existe. On en a eu tellement plein les yeux, les oreilles, le nez, la bouche, tout de suite, du bruit, que je croyais bien que c'était fini que j'étais devenu du feu et du bruit moi-même.

Voyage au bout de la nuit, © Éd. Gallimard.

- Étudiez la progression dramatique du passage.
- Quel est le ton adopté par le narrateur ?
- Comment se traduit la dénonciation de la guerre ? (Vous vous appuierez sur le dialogue, les images…)

➢ **Groupement de textes : voir 17.**

André MALRAUX

1901 - 1976

La Condition humaine (1933)

En 1927 à Shanghaï, les révolutionnaires communistes organisent une insurrection pour améliorer les conditions de vie des ouvriers, mouvement contrecarré bientôt par la bourgeoisie locale et les Européens.

22 mars

11 heures du matin.

« Ça va mal », pensa Ferral. Son auto – la seule Voisin de Shanghaï, car le Président de la Chambre de Commerce française ne pouvait employer une voiture américaine – filait le long du quai. À droite, sous les oriflammes verticales couvertes de caractères : « *Plus que douze heures de travail par jour* », « *Plus de travail des enfants au-dessous de huit ans* », des milliers d'ouvriers des filatures étaient debout, accroupis, couchés sur le trottoir dans un désordre tendu. L'auto dépassa un groupe de femmes, réunies sous la bannière « *Droit de s'asseoir pour les ouvrières* ». L'arsenal même était vide : les métallurgistes étaient en grève. À gauche, des milliers de mariniers en loques bleues, sans bannières, attendaient accroupis le long du fleuve. La foule des manifestants se perdait, du côté du quai, jusqu'au fond des rues perpendiculaires ; du côté du fleuve, elle s'accrochait aux appontements, cachait la limite de l'eau. La voiture quitta le quai, s'engagea dans l'avenue des Deux-Républiques. À peine avançait-elle encore, encastrée maintenant dans le mouvement de la foule chinoise qui crevait de toutes les rues vers le refuge de la concession française[1]. Comme un cheval de course en dépasse un autre de la tête, du col, du poitrail, la foule « remontait » l'auto, lentement, constamment.

La Condition humaine, © Éd. Gallimard.

1. Shanghaï était alors partagée entre la vieille ville chinoise, misérable, et les concessions accordées aux Occidentaux où vivaient, dans le luxe et solidement protégés, diplomates, hommes d'affaires…

- Quel rôle joue l'automobile de Ferral dans cette scène ?
- Comment est présentée la foule chinoise ?
- Les points de vue : comment s'organise le mouvement de la scène ?

➢ **Groupement de textes : voir 14 et 19.**

ALAIN

1868 - 1951

Les Saisons de l'esprit (1938)

Le poids des astres sur nos destins ne fait pas question. Les anciens croyaient que la lune égarait les dormeurs qu'elle touchait de ses rayons. Nous savons mieux, car nous savons que la lune soulève nos navires et change l'horaire des trains, ce qui évidemment peut changer beaucoup notre histoire privée. Et nous pouvons comprendre aussi que les négligents poètes qui dorment à la lune sont sujets à d'étranges passions; la lune fut toujours la confidente de ceux qui pensent à autre chose qu'à gagner de l'argent. Par ce chemin, on arrive même à comprendre une autre influence des astres, plus subtile, qui vient de ce qu'on les croit. Une éclipse, une comète peuvent remuer les imaginations et changer les empires. Et cette annonce de deux planètes et du *Lion*, elle sera vraie si l'on y croit. Car la conjonction des pouvoirs et de la guerre va de soi dès qu'on la permet.

Au temps des Grecs les astres étaient lointains et étrangers. Ces grands signes étaient arbitraires et absolus. Mais maintenant nous sommes dans les astres. Ils représentent exactement pour nous cette partie de notre histoire que nous ne pouvons changer, mois, saisons, années, marées; balancements bien plus larges encore, précession d'équinoxe et d'autres, qui, dans quelque mille ans, ramèneront peut-être ici même les glaciers, la forêt nordique, l'auroch, et le renne, pendant que le nœud impérial se retrouvera entre Carthage et la Thébaïde. Ce calendrier est tout tracé; seulement il est tout blanc. Le destin, à présent qu'il est mieux mesuré, nous éclaire l'arène; mais c'est nous qui courons. Le dompteur de chevaux passera la bride aux pouvoirs; il s'y essaie partout. J'admire la variété des catastrophes que l'on nous a annoncées depuis quinze ans et qui risquaient bien d'arriver, si l'on avait cru les prophètes. Chez nous du moins, on n'a rien cru du tout; on a ri. Les peuples se demandent quelquefois s'ils doivent de la reconnaissance à cette petite pointe d'Europe, qui a inventé de terribles maux. Ils lui doivent du moins l'incrédulité. Et d'autres, parmi les incrédules, se demandent à quoi peut servir encore le petit pays de Voltaire. À quoi? À conserver le courage de rire. À fatiguer la peur.

Tout homme d'importance veut faire peur. Mais nous n'avons pas fini de rire.

N'étant donc point payé par Tibère[1], je fais honnêtement l'astrologue, chose neuve. Je vous désigne du doigt ces grands signes du ciel, qui n'ont de sens que par le nom qui leur fut donné. Or ces métaphores sont pleines de sagesse. Il est vrai maintenant comme toujours que les pouvoirs ne pensent qu'à se fortifier. Il est vrai maintenant comme toujours que les menaces de Mars sont les plus puissants moyens de gouvernement. Il est vrai que la tyrannie et la guerre ensemble nous guettent, essayant leurs vieilles ruses. Telle est la fatalité la plus proche, et dont nous devons tenir compte, comme le navigateur fait des courants, des vents et de la brume. Et ces choses inévitables n'empêchent pourtant pas une multitude de barques d'aller à peu près où elles veulent. Il n'a fallu que mépriser les éléments dansants et tourbillonnants, et s'en servir. De la même manière nous arrivons à considérer les pouvoirs, ces vieilles têtes de Méduse, comme une poussière d'éléments qui n'ont pas plus de vouloir que le vent et la vague. Cet océan d'intrigues et de lieux communs est maniable, et nous mènera où nous voudrons. À quoi ? À vivre humainement, et à former des hommes plus libres, moins crédules encore, et plus indomptables encore que nous-mêmes. Le détail m'échappe ; mais c'est ce qui charme dans les voyages. Inutile et ridicule d'appuyer sur la barre avant la risée.

7 janvier 1933.

Les Saisons de l'esprit, © Éd. Gallimard.

....

1. Empereur romain (42 av. J.-C.-37 apr. J.-C.).

- Dégagez la structure argumentative du texte et ses idées principales.
- Identifiez les procédés stylistiques, lignes 28 à 34. Repérez une métaphore filée et justifiez-en l'emploi.
- Caractérisez le niveau de langue du texte et le public auquel s'adresse ce propos.
- « À quoi peut servir encore le petit pays de Voltaire ? » Répondez à cette question dans un développement argumenté, au seuil du XXIe siècle.

➢ **Groupement de textes : voir 4 - 7.**

Leopold Sedar SENGHOR

né en 1906

Hosties noires (1948)

PRIÈRE DE PAIX

[…] Seigneur, parmi les nations blanches, place la France à la droite du Père.
Oh ! je sais bien qu'elle aussi est l'Europe, qu'elle m'a ravi mes enfants comme un brigand du Nord des bœufs, pour engraisser ses terres à cannes et coton, car la sueur nègre est fumier.
Qu'elle aussi a porté la mort et le canon dans mes villages bleus, qu'elle a dressé les miens les uns contre les autres comme des chiens se disputant un os.
Qu'elle a traité les résistants de bandits, et craché sur les têtes-aux-vastes-desseins.
Oui Seigneur, pardonne à la France qui dit bien la voie droite et chemine par les sentiers obliques.
Qui m'invite à sa table et me dit d'apporter mon pain, qui me donne de la main droite et de la main gauche enlève la moitié.
Oui Seigneur, pardonne à la France qui hait les occupants et m'impose l'occupation si gravement.
Qui ouvre des voies triomphales aux héros et traite ses Sénégalais en mercenaires, faisant d'eux les dogues noirs de l'Empire.
Qui est la République et livre les pays aux Grands-Concessionnaires[1].
Et de ma Mésopotamie, de mon Congo, ils ont fait un grand cimetière sous le soleil blanc.

« Prière de paix », *Hosties noires*, in *Oeuvre poétique*, Éd. du Seuil, 1990 (extrait).

1. Il s'agit des grandes entreprises occidentales qui exploitent sans vergogne les ressources des pays africains.

- En quoi le texte se présente-t-il comme une prière ?
- Quel rôle jouent, en particulier, le verset et les images ?
- La vision critique : quels sont les griefs du Noir envers le Blanc ?

➢ **Groupement de textes : voir 12 - 19.**

André BRETON

1896 - 1966

La Clé des champs (1952)

J'ai pu dire autrefois que la place Dauphine « est bien un des lieux les plus profondément retirés que je connaisse, un des pires terrains vagues qui soient à Paris. Chaque fois que je m'y suis trouvé – ajoutais-je – j'ai senti m'abandonner peu à peu l'envie d'aller ailleurs, il m'a fallu argumenter avec moi-même pour me dégager d'une étreinte très douce, trop agréablement insistante et, à tout prendre, brisante »[1]. Cette impression ne s'est éclairée pour moi, mais alors aux limites de l'éblouissement, que plus tard. Il me semble, aujourd'hui, difficile d'admettre que d'autres avant moi, s'aventurant sur la place Dauphine par le Pont-Neuf, n'aient pas été saisis à la gorge à l'aspect de sa conformation triangulaire, d'ailleurs légèrement curviligne et de la fente qui la bissecte en deux espaces boisés. C'est, à ne pouvoir s'y méprendre, le sexe de Paris qui se dessine sous ces ombrages. Sa toison brûle encore, quelquefois l'an, du supplice des Templiers[2] qui s'y consomma le 13 mars 1313 et dont certains veulent qu'il ait été pour beaucoup dans le destin révolutionnaire de la ville.

1. L'auteur cite son roman *Nadja*. – 2. Ordre religieux militaire fondé à l'origine pour protéger les pèlerins en Terre Sainte. Devenus riches et très puissants, les Templiers furent persécutés par le roi de France de l'époque, Philippe le Bel.

- Quelle est la place du souvenir dans cette description de la place Dauphine ?
- Comment s'exprime l'évidence symbolique de ce lieu parisien ?
- Dans quelle mesure l'objectivité des événements historiques et la subjectivité du poète se complètent-ils ?

➢ **Groupement de textes : voir 3.**

Michel BUTOR

né en 1926

La Modification (1957)

Le personnage-narrateur Léon Delmont, qui s'exprime par le « vous » de seconde personne, part de Paris en train pour se rendre à Rome ; il laisse sa femme Henriette pour rejoindre Cécile, son amante.

Vous êtes encore transi de l'humidité froide qui vous a saisi lorsque vous êtes sorti du wagon sur lequel, vous l'avez vérifié, la pancarte de métal pendue à l'extérieur juste derrière votre dos sous la fenêtre du corridor, est bien marquée Dijon, Modane, Turin, Gênes, Rome, Naples, Messine et Syracuse jusqu'où vont peut-être les deux jeunes époux en voyage de noces, qui ont baissé la vitre en face de vous, se penchent pour regarder les rails et un autre train se déplaçant lentement au loin dans la pluie qui tombe de plus en plus fort.

Il relève la tête ; des gouttes d'eau brillent sur ses cheveux secs de la même couleur que le bois de la table dans votre salle à manger, quinze place du Panthéon ; et elle secoue ses mèches, glissant ses doigts dans leur soleil de novembre comme Cécile dans ses serpents aux écailles de jais quand elle refait ses tresses, comme faisait Henriette il y a des années, quand elle était encore jeune femme.

L'ecclésiastique a ressorti son bréviaire de son étui qui traîne, comme s'il l'avait jeté, sur la banquette, non loin du roman que vous aviez laissé pour marquer votre place et que vous ramassez pour le déposer sur l'étagère après l'avoir, sans en lire un mot, feuilleté, vous savez, avec le pouce, comme vous faisiez pour ces petits livres-cinématographes, lorsque vous étiez en classe, ici non point pour voir les images bouger, simplement pour entendre, au milieu du brouhaha du train et de la gare, à votre oreille le léger bruit que cela produit, semblable à celui de la pluie.

La Modification, Éd. de Minuit.

- Étudiez le rôle de la description.
- Comment surgissent les souvenirs du narrateur ? Quels rôles jouent-ils ?
- Qui est « vous » ? Quel est le statut de ce pronom dans le passage ?

➢ **Groupement de textes : voir 18.**

Julien GRACQ

né en 1910

Un balcon en forêt (1958)

La scène se passe durant l'époque de la « drôle de guerre » en 1940, en France, à proximité du front.

On eût dit que l'existence au fortin avait trouvé son rythme une fois pour toutes. C'était une vie presque paysanne, qui végétait très ralentie à l'extrême pointe d'un des nerfs les moins alertés parmi le grand corps de la guerre : le vent, la saison, la pluie, l'humeur du moment, les menus soucis ménagers, l'agitaient beaucoup plus que les circulaires des états-majors, dont l'écho venait mourir sur ces lisières somnolentes aussi paresseusement qu'une vaguelette au bord du sable. On comprenait clairement d'ici que la guerre vivait de mouvements violents, à la manière d'un homme qui s'arrache membre après membre à la succion d'une grève mouvante : paralysée comme elle l'était, la terre la reprenait, la racinait, la troupe retournait à la paysannerie. La maison des Falizes abritait ainsi un de ces clans en marge comme on en voit subsister à l'écart des chemins, dans les masures isolées des landes : plus rarement vus dans les bourgs que le montagnard dans la vallée, vivant de petits métiers, de plein vent et de solitude, mi-charbonniers, mi-braconniers.

Un balcon en forêt, Éd. José Corti.

- Quels sont les éléments qui évoquent la guerre ?
- Comment s'exprime la tranquillité qui règne aux Falizes ?
- Définissez le rôle de la nature dans le passage.

➢ **Groupement de textes : voir 11.**

Jean-Marie G. LE CLÉZIO

né en 1940

Désert (1980)

Lalla, jeune fille née dans le désert, a rejoint Marseille où elle découvre l'Occident, avec ses misères : la faim, la pauvreté…

La gare, c'est aussi un des endroits où on peut voir sans être vu, parce qu'il y a trop d'agitation et de hâte pour qu'on fasse attention à qui que ce soit. Il y a des gens de toutes sortes dans la gare, des méchants, des violents à la tête cramoisie, des gens qui crient à tue-tête ; il y a des gens très tristes et très pauvres aussi, des vieux perdus, qui cherchent avec angoisse le quai d'où part leur train, des femmes qui ont trop d'enfants et qui clopinent avec leur cargaison le long des wagons trop hauts. Il y a tous ceux que la pauvreté a conduits ici, les Noirs débarqués des bateaux, en route vers les pays froids, vêtus de chemisettes bariolées, avec pour tout bagage un sac de plage ; les Nord-Africains, sombres, couverts de vieilles vestes, coiffés de bonnets de montagne ou de casquettes à oreillettes ; des Turcs, des Espagnols, des Grecs, tous l'air inquiet et fatigué, errant sur les quais dans le vent, se cognant les uns aux autres au milieu de la foule des voyageurs indifférents et des militaires goguenards.

Lalla les regarde, à peine cachée entre la cabine du téléphone et le panneau d'affichage. Elle est bien enfoncée dans l'ombre, son visage couleur de cuivre protégé par le col de son manteau. Mais de temps en temps, son cœur bat plus vite, et ses yeux jettent un éclat de lumière, comme le reflet du soleil sur les pierres du désert. Elle regarde ceux qui s'en vont vers d'autres villes, vers la faim, le froid, le malheur, ceux qui vont être humiliés, qui vont vivre dans la solitude. Ils passent, un peu courbés, les yeux vides, les vêtements déjà usés par les nuits à coucher par terre, pareils à des soldats vaincus.

- Comment est rendu le mouvement de la foule dans la gare ?
- Comment est soulignée l'attirance exercée par le Nord sur le Sud ?
- En quoi le point de vue du narrateur et celui de son personnage sont-ils complémentaires ?

➢ **Groupement de textes : voir 16 - 20 - 21.**

Marguerite DURAS

1914 - 1996

L'Amant (1984)

La scène se passe en Indochine, à l'époque coloniale. Une jeune fille d'origine française s'apprête à traverser le fleuve, sur le débarcadère. Là, elle est abordée par un jeune et riche Chinois.

L'homme élégant est descendu de la limousine[1], il fume une cigarette anglaise. Il regarde la jeune fille au feutre d'homme et aux chaussures d'or. Il vient vers elle lentement. C'est visible, il est intimidé. Il ne sourit pas tout d'abord. Tout d'abord il lui offre une cigarette. Sa main tremble. Il y a cette différence de race, il n'est pas blanc, il doit la surmonter, c'est pourquoi il tremble. Elle lui dit qu'elle ne fume pas, non merci. Elle ne dit rien d'autre, elle ne lui dit pas laissez-moi tranquille. Alors il a moins peur. Alors il lui dit qu'il croit rêver. Elle ne répond pas. Ce n'est pas la peine qu'elle réponde, que répondrait-elle. Elle attend. Alors il lui demande: mais d'où venez-vous? Elle dit qu'elle est la fille de l'institutrice de l'école de filles de Sadec. Il réfléchit et puis il dit qu'il a entendu parler de cette dame sa mère, de son manque de chance avec cette concession[2], qu'elle aurait achetée au Cambodge, c'est bien ça n'est-ce pas? Oui c'est ça.

Il répète que c'est tout à fait extraordinaire de la voir sur ce bac. Si tôt le matin, une jeune fille belle comme elle l'est, vous ne vous rendez pas compte, c'est très inattendu, une jeune fille blanche dans un car indigène.

Il lui dit que le chapeau lui va bien, très bien même, que c'est… original… un chapeau d'homme, pourquoi pas? elle est si jolie, elle peut tout se permettre.

L'Amant, Éd. de Minuit.

....

1. Grosse automobile de luxe. – 2. Vaste plantation cédée par le gouvernement à des colons.

- Relevez les oppositions qui sont à l'œuvre dans cette évocation du cadre colonial.
- Comment les discours des personnages sont-ils intégrés à la narration?
- La rencontre amoureuse: en quoi peut-on dire que les personnages romanesques sont proches ici de ceux du conte de fées?

➢ **Groupement de textes: voir 12.**

Fernand BRAUDEL

1902 - 1985

L'Identité de la France (1986)

J'habite un quartier de Paris, le XIIIe arrondissement, où il y a beaucoup d'immigrés, venus d'Afrique ou d'Asie. Un après-midi, je suis au coin de deux rues, celle où je marche avec ma femme sans nous presser, l'autre qui descend vers elle en pente rapide et la rejoint à angle droit. De cette dernière, un jeune Noir de 15 ou 16 ans, mais d'un mètre quatre-vingts pour le moins, élégamment vêtu, surgit en trombe devant nous sur des patins à roulettes, coupe notre route sur le trottoir, tourne sans s'arrêter, nous évite d'extrême justesse en nous frôlant à toute vitesse. Je proteste avec véhémence – deux ou trois mots seulement: le patineur est déjà loin! Mais il revient aussitôt sur moi, me couvre d'insultes variées et s'écrie, excédé: « Mais laissez-nous vivre! » Phrase étonnante et qu'il répète. Évidemment je suis vieux jeu, coupable de m'être trouvé sur son chemin et mes protestations ne sont qu'agression raciste! Je me console, plutôt mal, en me disant qu'un jeune patineur blanc m'aurait peut-être tenu le même langage. Dix ans plus tôt, j'aurais sans doute réagi avec violence.

Je suis, cette fois, commodément installé dans le taxi d'une compagnie à laquelle je suis abonné depuis une quinzaine d'années. Je connais le chauffeur, un Martiniquais au corps énorme, épais, comme ces chauffeurs noirs de Washington. La route est longue. Il m'explique qu'il gagne sa vie, le soir, en participant à un orchestre, qu'il est marié à une Française et a trois enfants, fort beaux, ajoute-t-il. L'un d'eux, dentiste, a épousé une Finlandaise. « Et figurez-vous, Monsieur, que j'ai une petite-fille blonde », s'exclaffe-t-il. Cette scène que je raconte mal m'avait réjoui. Un immigré heureux! Et je ne sais pourquoi, revenant le soir dans un autre taxi que conduit une jeune femme de la même compagnie, je la lui raconte. Mal m'en a pris, elle se fâche, vocifère contre les chauffeurs étrangers. Je connais son mari, chauffeur lui-même, et je sais qu'ils n'ont pas d'enfants. Les détestent-ils comme les étrangers? Alors je ne résiste pas au désir d'avoir le dernier mot: « Si vous aviez eu des enfants, il y aurait aujourd'hui moins de chauffeurs étrangers à Paris. »

Une dernière anecdote n'a peut-être de sens que pour moi. C'est une jeune Algérienne, française de la seconde génération, étudiante, qui dit à la radio – vous l'avez peut-être entendue vous-même – sa peine, sa mauvaise humeur, la difficulté obstinée de sa vie. Et elle le dit dans un français tellement parfait, tellement élégant (l'école française a du bon) que j'ai subitement la conviction joyeuse et sans doute absurde que, pour elle au moins, la réussite est au bout du chemin.

Mais laissons cette façon impressionniste de parler. Chacun de nous a sans doute en mémoire des anecdotes de ce genre, preuves d'un racisme toujours à double sens : le refus est réciproque et se nourrit de cette réciprocité. D'où des frictions quotidiennes, d'où des dangers.

Pourtant, qui pourrait, en France, parler de « race » ? Les Maghrébins sont de race blanche et notre Midi a sa pinte de sang sarrasin, espagnol, andalou... Regardons la foule dans le métro (parisien) ou dans les rues de villes comme Lyon, Marseille, Lille ou Grenoble, dit un sociologue, Augustin Barbara. L'extrême diversité des visages et des types humains révèle la grande richesse de cette population et en même temps le ridicule des slogans qui veulent « mettre les étrangers dehors ». La population française est un tissu composé de plusieurs ethnies, de plusieurs peuples régionaux rassemblés, auxquels se sont joints, par les différentes immigrations depuis plus d'un siècle, des étrangers d'Europe ou de pays plus lointains. Tant d'« immigrés », depuis si longtemps, depuis notre Préhistoire jusqu'à l'histoire très récente, ont réussi à faire naufrage sans trop de bruit dans la masse française que l'on pourrait dire, en s'amusant, que *tous* les Français, si le regard se reporte aux siècles et aux millénaires qui ont précédé notre temps, sont fils d'immigrés. Très diverse, la France ne peut-elle courir le risque de le devenir, biologiquement, davantage encore ?

L'Identité de la France, tome II, Éd. Flammarion.

- Reformulez de manière concise la thèse de Fernand Braudel.
- Pourquoi Fernand Braudel multiplie-t-il les points de vue ?
- Par quels moyens exprime-t-il sa subjectivité dans le dernier paragraphe ?

➢ **Groupement de textes : voir 10 - 21.**

Edgar MORIN

né en 1921

« Les couleurs de la France » (1996)

La France s'est faite, à partir des rois capétiens, en francisant des populations non franciennes : le francien était le dialecte d'oïl de l'Île-de-France et de l'Orléanais, qui, en s'imposant et se surimposant sur les multiples autres dialectes d'oïl et d'oc, est devenu le français.

C'est dire que la France s'est constituée par un processus multiséculaire de francisation de peuples et d'ethnies beaucoup plus hétérogènes que celles, par exemple, de l'ex-Yougoslavie.

La francisation ne s'est pas seulement effectuée en douceur, mais elle ne s'est pas effectuée seulement par la force. Il y a eu brassages et intégration dans la formation de la grande nation. L'identité française n'a pas impliqué la dissolution des identités provinciales, elle a effectué leur subordination, et elle contient l'identité de la province intégrée, c'est-à-dire la double identité.

La Révolution française a ensuite apporté à la francisation une légitimation républicaine : en opérant une substitution de souveraineté, le peuple se proclame souverainement « grande nation » à la fête de la Fédération du 14 juillet 1790, où les représentants de toutes les provinces déclarent solennellement leur volonté d'être français. Dès lors la France incorpore, en sa nature même, un esprit et une volonté. La France, sans cesser de demeurer un être terrestre, devient un être spirituel, et cela d'autant plus qu'avec le message de la « Déclaration des droits de l'homme » l'idée de France comporte désormais, dans sa singularité même, l'idée d'universalité. D'où l'amour que l'idée de France a inspiré à tant de proscrits, humiliés et persécutés dans le monde.

La polémique franco-allemande sur l'Alsace-Lorraine, au cours du XIXe siècle, affermit la conception spirituelle de l'identité française. Alors que l'Allemagne considère comme sienne cette terre germanique de langue et de culture, la France la reconnaît sienne par son esprit et sa volonté d'adhésion. C'est bien l'idée volontariste et spiritualiste de la France que la IIIe République a fait triompher sur les idées de race, de sang, de sol que lui oppose le parti antirépublicain, dont les trois composantes : monarchiste, catholique, xénophobe, vont du reste se dissocier.

Aussi, dans le cadre intégrateur de la IIIe République, la francisation se poursuivra au XXe siècle, mais de façon toute nouvelle : non plus à partir de territoires annexés ou ralliés, mais à partir d'immigrants venus des pays voisins. La France est alors le seul pays d'Europe démographiquement déclinant, où de plus les terres les moins fertiles sont abandonnées par leurs habitants. Cette situation attire les premières vagues d'Italiens et d'Espagnols. La IIIe République institue alors les lois qui permettent aux enfants d'étrangers nés en France de devenir automatiquement français et facilitent la naturalisation des parents. L'instauration à la même époque de l'école primaire laïque, gratuite et obligatoire permet d'accompagner l'intégration juridique par une intégration de l'esprit et de l'âme.

C'est ainsi que le processus multiséculaire de la francisation a formé la France. Au cours de ce processus, la Révolution française a introduit dans le code génétique de l'identité française un principe spirituel et l'idée d'universalité. Ce qui signifie que le ressourcement français, compris dans cette logique historique, n'est pas un processus de rejet ni de fermeture. Il y a certes eu des difficultés et de très grandes souffrances et humiliations subies par les immigrés, qui ont à la fois vécu accueil et refus, acceptation et rejet, amitié et mépris. Des réactions xénophobes n'ont toutefois pu empêcher le processus de francisation, et, en deux ou au plus trois générations, les Italiens, Espagnols, Polonais, juifs laïcisés de l'Est ou de l'Orient méditerranéen se sont trouvés intégrés jusque par le brassage du mariage mixte. En dépit de puissants obstacles, la machine à franciser laïque et républicaine a admirablement fonctionné pendant un demi-siècle.

« Les couleurs de la France », *Le Nouvel Observateur*, 29 août-4 sept. 1996.

- Analysez d'une part le processus de formation de la France, d'autre part celui de francisation des immigrés. Qu'en concluez-vous ?
- Résumez les paragraphes 5 et 6.
- Relevez les indices qui marquent la subjectivité d'Edgar Morin dans le dernier paragraphe.
- Dans un développement composé et argumenté, montrez comment les différences culturelles sont source d'enrichissement.

➢ **Groupement de textes : voir 2 - 10 - 20.**

Alexis de TOCQUEVILLE

1805 - 1859

De la démocratie en Amérique (1835)

Pour juger de la différence qui existe sur ce point[1] entre les Anglo-Américains et nous, je n'ai qu'à jeter les yeux sur les journaux des deux peuples. En France, les annonces commerciales ne tiennent qu'un espace fort restreint, les nouvelles mêmes sont peu nombreuses ; la partie vitale d'un journal, c'est celle où se trouvent les discussions politiques. En Amérique, les trois quarts de l'immense journal qui est placé sous vos yeux sont remplis par des annonces, le reste est occupé le plus souvent par des nouvelles politiques ou de simples anecdotes ; de loin en loin seulement, on aperçoit dans un coin ignoré l'une de ces discussions brûlantes qui sont parmi nous la pâture journalière des lecteurs.

Toute puissance augmente l'action de ses forces à mesure qu'elle en centralise la direction ; c'est là une loi générale de la nature que l'examen démontre à l'observateur, et qu'un instinct plus sûr encore a toujours fait connaître aux moindres despotes.

En France, la presse réunit deux espèces de centralisations distinctes.

Presque tout son pouvoir est concentré dans un même lieu, et pour ainsi dire dans les mêmes mains, car ses organes sont en très petit nombre.

Ainsi constitué au milieu d'une nation sceptique, le pouvoir de la presse doit être presque sans bornes. C'est un ennemi avec qui un gouvernement peut faire des trêves plus ou moins longues, mais en face duquel il lui est difficile de vivre longtemps.

Ni l'une ni l'autre des deux espèces de centralisations dont je viens de parler n'existent en Amérique.

Les États-Unis n'ont point de capitale : les lumières comme la puissance sont disséminées dans toutes les parties de cette vaste contrée ; les rayons de l'intelligence humaine, au lieu de partir d'un centre commun, s'y croisent donc en tous sens ; les Américains n'ont placé nulle part la direction générale de la pensée, non plus que celle des affaires.

Ceci tient à des circonstances locales qui ne dépendent point des hommes ; mais voici qui vient des lois :

Aux États-Unis, il n'y a pas de patentes pour les imprimeurs, de timbre ni d'enregistrement pour les journaux ; enfin la règle des cautionnements est inconnue.

Il résulte de là que la création d'un journal est une entreprise simple et facile [...].

Aux États-Unis, il n'y a presque pas de bourgade qui n'ait son journal. On conçoit sans peine que, parmi tant de combattants, on ne peut établir ni discipline, ni unité d'action : aussi voit-on chacun lever sa bannière. Ce n'est pas que tous les journaux politiques de l'Union se soient rangés pour ou contre l'administration ; mais ils l'attaquent et la défendent par cent moyens divers. Les journaux ne peuvent donc pas établir aux États-Unis de ces grands courants d'opinions qui soulèvent ou débordent les plus puissantes digues. Cette division des forces de la presse produit encore d'autres effets non moins remarquables : la création d'un journal étant chose facile, tout le monde peut s'en occuper ; d'un autre côté, la concurrence fait qu'un journal ne peut espérer de très grands profits ; ce qui empêche les hautes capacités industrielles de se mêler de ces sortes d'entreprises. Les journaux fussent-ils d'ailleurs la source des richesses, comme ils sont excessivement nombreux, les écrivains de talent ne pourraient suffire à les diriger. Les journalistes, aux États-Unis, ont donc en général une position peu élevée, leur éducation n'est qu'ébauchée, et la tournure de leurs idées est souvent vulgaire. Or, en toutes choses la majorité fait loi ; elle établit de certaines allures auxquelles chacun ensuite se conforme ; l'ensemble de ces habitudes communes s'appelle un esprit : il y a l'esprit du barreau, l'esprit de cour. L'esprit du journaliste, en France, est de discuter d'une manière violente, mais élevée, et souvent éloquente, les grands intérêts de l'État ; s'il n'en est pas toujours ainsi, c'est que toute règle a ses exceptions. L'esprit du journaliste, en Amérique, est de s'attaquer grossièrement, sans apprêt et sans art, aux passions de ceux auxquels il s'adresse, de laisser là les principes pour saisir les hommes ; de suivre ceux-ci dans leur vie privée, et de mettre à nu leurs faiblesses et leurs vices.

....

1. Tocqueville se place ici sur le plan politique.

- En quoi la presse américaine diffère-t-elle de la presse française ?
- Quels sont les effets d'une presse libre, en Amérique, du point de vue social et politique ?
- À quels indices décèle-t-on la subjectivité de Tocqueville, de la ligne 51 à la fin ?

➢ **Groupement de textes : voir 23 - 24.**

Honoré de BALZAC

1799 - 1850

Illusions perdues (1837-1843)

La scène se passe dans les années 1822. Un dîner réunit plusieurs journalistes : Claude Vignon, Étienne Lousteau, Émile Blondet ainsi que le directeur du journal, Finot… (Ce sont quelques-uns des personnages du roman Illusions perdues*).*

– L'influence et le pouvoir du journal n'est qu'à son aurore, dit Finot, le journalisme est dans l'enfance, il grandira. Tout, dans dix ans d'ici, sera soumis à la publicité. La pensée éclairera tout, elle…

– Elle flétrira tout, dit Blondet en interrompant Finot.

– C'est un mot, dit Claude Vignon.

– Elle fera des rois, dit Lousteau.

– Et défera les monarchies, dit le diplomate.

– Aussi, dit Blondet, si la Presse n'existait point, faudrait-il ne pas l'inventer ; mais la voilà, nous en vivons.

– Vous en mourrez, dit le diplomate. Ne voyez-vous pas que la supériorité des masses, en supposant que vous les éclairiez, rendra la grandeur de l'individu plus difficile ; qu'en semant le raisonnement au cœur des basses classes, vous récolterez la révolte, et que vous en serez les premières victimes. Que casse-t-on à Paris quand il y a une émeute ?

– Les réverbères, dit Nathan ; mais nous sommes trop modestes pour avoir des craintes, nous ne serons que fêlés.

– Vous êtes un peuple trop spirituel pour permettre à quelque gouvernement que ce soit de se développer, dit le ministre. Sans cela vous recommenceriez avec vos plumes la conquête de l'Europe que votre épée n'a pas su garder.

– Les journaux sont un mal, dit Claude Vignon, On pouvait utiliser ce mal, mais le gouvernement veut le combattre. Une lutte s'ensuivra. Qui succombera ? voilà la question.

– Le gouvernement, dit Blondet, je me tue à le crier. En France, l'esprit est plus fort que tout, et les journaux ont, de plus que l'esprit de tous les hommes spirituels, l'hypocrisie de Tartufe.

– Blondet ! Blondet, dit Finot, tu vas trop loin : il y a des abonnés ici.

– Tu es propriétaire d'un de ces entrepôts de venin, tu dois avoir peur ; mais moi je me moque de toutes vos boutiques, quoique j'en vive !

– Blondet a raison, dit Claude Vignon. Le Journal au lieu d'être un sacerdoce est devenu un moyen pour les partis ; de moyen, il s'est fait commerce ; et comme tous les commerces, il est sans foi ni loi. Tout journal est, comme le dit Blondet, une boutique où l'on vend au public des paroles de la couleur dont il les veut. S'il existait un journal des bossus, il prouverait soir et matin la beauté, la bonté, la nécessité des bossus. Un journal n'est plus fait pour éclairer, mais pour flatter les opinions. Ainsi, tous les journaux seront dans un temps donné, lâches, hypocrites, infâmes, menteurs, assassins ; ils tueront les idées, les systèmes, les hommes, et fleuriront par cela même. Ils auront le bénéfice de tous les êtres de raison : le mal sera fait sans que personne en soit coupable. Je serai moi Vignon, vous serez toi Lousteau, toi Blondet, toi Finot, des Aristide, des Platon, des Caton, des hommes de Plutarque ; nous serons tous innocents, nous pourrons nous laver les mains de toute infamie. Napoléon a donné la raison de ce phénomène moral ou immoral, comme il vous plaira, dans un mot sublime que lui ont dicté ses études sur la Convention : *Les crimes collectifs n'engagent personne.* Le journal peut se permettre la conduite la plus atroce, personne ne s'en croit sali personnellement.

– Mais le pouvoir fera des lois répressives, dit Du Bruel, il en prépare.

– Bah ! que peut la loi contre l'esprit français, dit Nathan, le plus subtil de tous les dissolvants.

– Les idées ne peuvent être neutralisées que par des idées, reprit Vignon. La terreur, le despotisme peuvent seuls étouffer le génie français dont la langue se prête admirablement à l'allusion, à la double entente. Plus la loi sera répressive, plus l'esprit éclatera, comme la vapeur dans une machine à soupape.

- Après avoir classé les antithèses de l'ensemble du texte, montrez qu'elles illustrent deux façons opposées de concevoir le rôle du journal.
- Quels sont les indices qui, dans ce passage, permettent de supposer l'attitude de Balzac à l'égard de la presse ?
- Quels procédés, dans le style et la structure narrative, confèrent à ce passage le dynamisme et la vérité de la vie ?
- Dans un développement organisé, faites-vous le défenseur de la liberté de la presse.

➢ **Groupement de textes : voir 22 - 24.**

Victor HUGO

1802 - 1885

Actes et Paroles II (1862)

À Bruxelles, devant un auditoire de journalistes et d'écrivains européens, Hugo, proscrit de France, rend un vibrant hommage à la liberté de la presse.

Messieurs, quel est l'auxiliaire du patriote? la presse. Quel est l'épouvantail du lâche et du traître? la presse.

Je le sais, la presse est haïe, c'est là une grande raison de l'aimer.

Toutes les iniquités, toutes les superstitions, tous les fanatismes la dénoncent, l'insultent et l'injurient comme ils peuvent. Je me rappelle une encyclique célèbre dont quelques mots remarquables me sont restés dans l'esprit. Dans cette encyclique, un pape, notre contemporain, Grégoire XVI, ennemi de son siècle, ce qui est un peu le malheur des papes, et ayant toujours présents à la pensée l'ancien dragon et la bête de l'Apocalypse, qualifiait ainsi la presse dans son latin de moine camaldule[1] : *Gula ignea, caligo, impetus immanis cum strepitu horrenda*[2]. Je ne conteste rien de cela; le portrait est ressemblant. Bouche de feu, fumée, rapidité prodigieuse, bruit formidable. Eh oui, c'est la locomotive qui passe! c'est la presse, c'est l'immense et sainte locomotive du progrès!

Où va-t-elle? où entraîne-t-elle la civilisation? où emporte-t-il les peuples, ce puissant remorqueur? Le tunnel est long, obscur et terrible. Car on peut dire que l'humanité est encore sous terre, tant la matière l'enveloppe et l'écrase, tant les superstitions, les préjugés et les tyrannies font une voûte épaisse, tant elle a de ténèbres au-dessus d'elle! Hélas, depuis que l'homme existe, l'histoire entière est souterraine; on n'y aperçoit nulle part le rayon divin. Mais au dix-neuvième siècle, mais après la Révolution française, il y a espoir, il y a certitude. Là-bas, loin devant nous, un point lumineux apparaît. Il grandit, il grandit à chaque instant, c'est l'avenir, c'est la réalisation, c'est la fin des misères, c'est l'aube des joies, c'est Chanaan! c'est la terre future où l'on n'aura plus autour de soi que des frères et au-dessus de soi que le ciel. Courage à la locomotive sacrée! courage à la pensée! courage à la science! courage à la philosophie! courage à la presse! courage à vous tous, esprits! L'heure approche où l'humanité, délivrée enfin de ce noir tunnel de six mille ans, éperdue, brusquement face à face avec le soleil de l'idéal, fera sa sortie sublime dans l'éblouissement !

Messieurs, encore un mot, et permettez, dans votre indulgence cordiale, que ce mot soit personnel.

Être au milieu de vous, c'est un bonheur. Je rends grâce à Dieu qui m'a donné, dans ma vie sévère, cette heure charmante. Demain je rentrerai dans l'ombre. Mais je vous ai vus, je vous ai parlé, j'ai entendu vos voix, j'ai serré vos mains, j'emporte cela dans ma solitude.

Vous, mes amis de France, – et mes autres amis qui sont ici trouveront tout simple que ce soit à vous que j'adresse mon dernier mot, – il y a onze ans, vous avez vu partir presque un jeune homme, vous retrouvez un vieillard. Les cheveux ont changé, le cœur non. Je vous remercie de vous être souvenus d'un absent ; je vous remercie d'être venus ; accueillez, – et vous aussi, plus jeunes, dont les noms m'étaient chers de loin et que je vois ici pour la première fois, – accueillez mon profond attendrissement. Il me semble que je respire parmi vous l'air natal, il me semble que chacun de vous m'apporte un peu de France, il me semble que je vois sortir de toutes vos âmes groupées autour de moi, quelque chose de charmant et d'auguste qui ressemble à une lumière et qui est le sourire de la patrie.

Je bois à la Presse ! à sa puissance, à sa gloire, à son efficacité ! à sa liberté en Belgique, en Allemagne, en Suisse, en Italie, en Espagne, en Angleterre, en Amérique ! à sa délivrance ailleurs !

....

1. Grégoire XVI, très conservateur, était issu de cet ordre monastique. – 2. Victor Hugo donne la traduction dans le passage qui suit : « Bouche de feu... »

- Identifiez les marques du discours oral.
- Quels procédés stylistiques renforcent l'argumentation, lignes 16 à 32 ? Quelle tonalité confèrent-ils au texte ?
- Quelle idée Victor Hugo se fait-il de l'humanité en général ?

➢ **Groupement de textes : voir 22 - 23.**

Jules VALLÈS

1832 - 1885

L'Enfant (1879)

Un pion a enfermé le petit Jacques dans l'étude pour le punir, et l'a oublié. L'enfant découvre alors le livre de Daniel Defoe, Robinson Crusoé, *et se met à le lire.*

Il est nuit.

Je m'en aperçois tout d'un coup. Combien y a-t-il de temps que je suis dans ce livre? – quelle heure est-il?

Je ne sais pas, mais voyons si je puis lire encore! Je frotte mes yeux, je *tends* mon regard, les lettres s'effacent, les lignes se mêlent, je saisis encore le coin d'un mot, puis plus rien.

J'ai le cou brisé, la nuque qui me fait mal, la poitrine creuse: je suis resté penché sur les chapitres sans lever la tête, sans entendre rien, dévoré par la curiosité, collé aux flancs de Robinson, pris d'une émotion immense, remué jusqu'au fond de la cervelle et jusqu'au fond du cœur; et en ce moment où la lune montre là-bas un bout de corne, je fais passer dans le ciel tous les oiseaux de l'île, et je vois se profiler la tête longue d'un peuplier comme le mât du navire de Crusoé! Je peuple l'espace vide de mes pensées, tout comme il peuplait l'horizon de ses craintes; debout contre cette fenêtre, je rêve à l'éternelle solitude et je me demande où je ferai pousser du pain…

La faim me vient: j'ai très faim.

Vais-je être réduit à manger ces rats que j'entends dans la cale de l'étude? Comment faire du feu? J'ai soif aussi. Pas de bananes! Ah! lui, il avait des limons[1] frais! Justement j'adore la limonade!

Clic, clac! on farfouille dans la serrure.

Est-ce Vendredi? Sont-ce des sauvages?

1. Citrons.

- Étudiez les sens qui sont sollicités dans ce passage.
- Quels éléments rendent compte du plaisir de lire de l'Enfant?
- Relevez les marques du discours propre à l'Enfant.

➢ **Groupement de textes: voir 5 - 26 - 28 - 33 - 34.**

Paul VALÉRY

1871 - 1945

Regards sur le monde actuel (1931)

[...] La littérature, qui n'est en soi qu'une exploitation des ressources de langage, dépend des vicissitudes très diverses qu'un langage peut subir et des conditions de transmission que lui procurent les moyens matériels dont une époque dispose.

Le temps me fait défaut pour développer la quantité d'observations que cet aspect du sujet demanderait qu'on exposât. Je me tiendrai à quelques remarques sur la diffusion radiophonique, d'une part, sur l'enregistrement par disques, de l'autre.

On peut déjà se demander si une littérature purement orale et auditive ne remplacera pas, dans un délai assez bref, la littérature écrite. Ce serait là un retour aux âges les plus primitifs, et les conséquences techniques en seraient immenses. L'écriture supprimée, qu'en résulterait-il? D'abord – et ceci serait heureux – le rôle de la voix, les exigences de l'oreille reprendraient, dans la forme, l'importance capitale que ces conditions sensibles ont eue et qu'elles avaient encore, il y a quelques siècles. Du coup, la structure des œuvres, leurs dimensions, seraient fortement affectées; mais, d'autre part, le travail de l'auteur deviendrait bien moins facile à reprendre. Certains poètes ne pourraient pas se faire aussi compliqués qu'on prétend qu'ils le sont, et les lecteurs, transformés en auditeurs, ne pourraient guère plus revenir sur un passage, le relire, l'approfondir en jouissance ou en critique, comme ils le font sur un texte qu'ils tiennent entre leurs mains.

Il y a autre chose. Supposez que la vision à distance se développe (et je vous avoue que je ne le souhaite guère), du coup, toute la partie descriptive des œuvres pourra être remplacée par une représentation visuelle: paysages, portraits, ne seraient plus du ressort des Lettres, ils échapperaient aux moyens du langage. On peut encore aller plus loin: la partie sentimentale pourrait également être réduite, sinon tout à fait abolie, moyennant une intervention d'images tendres et de musique bien choisie, déclenchée au moment pathétique...

Et voici, enfin, une conséquence possible, la plus grave, peut-être, de la mise en train de tous ces progrès: que deviendrait la littérature abstraite ? Tant qu'il s'agit d'amuser, d'émouvoir, de séduire les esprits, on peut consentir, à la rigueur, que l'émission y suffise. Mais la science ou la philosophie demandent à la pensée un rythme tout autre, que la lecture permettait jadis ; ou, plutôt, elles imposent une absence de rythme. La réflexion arrête ou brise, à chaque instant, l'impulsion, introduit des temps inégaux, des retours et des détours, qui exigent la présence d'un texte et la possibilité de le manœuvrer à loisir. Tout cela est exclu par l'audition.

L'audition ne suffit pas à la transmission des œuvres abstraites.

Regards sur le monde actuel, © Éd. Gallimard.

- Indiquez les étapes de l'argumentation.
- Montrez que Valéry essaie d'analyser de manière objective l'avenir de la littérature.
- En quoi ce texte, écrit en 1931, conserve-t-il sa modernité ?

➢ **Groupement de textes : voir 25 - 33 - 34 - 35.**

Roland BARTHES

1915 - 1981

Mythologies (1957)

LE VISAGE DE GARBO

Garbo[1] appartient encore à ce moment du cinéma où la saisie du visage humain jetait les foules dans le plus grand trouble, où l'on se perdait littéralement dans une image humaine comme dans un philtre, où le visage constituait une sorte d'état absolu de la chair, que l'on ne pouvait ni atteindre ni abandonner. Quelques années avant, le visage de Valentino opérait des suicides ; celui de Garbo participe encore du même règne d'amour courtois, où la chair développe des sentiments mystiques de perdition.

C'est sans doute un admirable visage-objet ; dans *La Reine Christine*, film que l'on a revu ces années-ci à Paris, le fard a l'épaisseur neigeuse d'un masque ; ce n'est pas un visage peint, c'est un visage plâtré, défendu par la surface de la couleur et non par ses lignes ; dans toute cette neige à la fois fragile et compacte, les yeux seuls, noirs comme une pulpe bizarre, mais nullement expressifs, sont deux meurtrissures un peu tremblantes. Même dans l'extrême beauté, ce visage non pas dessiné, mais plutôt sculpté dans le lisse et le friable, c'est-à-dire à la fois parfait et éphémère, rejoint la face farineuse de Charlot, ses yeux de végétal sombre, son visage de totem.

Or, la tentation du masque total (le masque antique, par exemple) implique peut-être moins le thème du secret (ce qui est le cas des demi-masques italiens) que celui d'un archétype[2] du visage humain.

Mythologies, « Points », Éd. du Seuil (extrait).

1. Greta Garbo (1905-1990) : actrice de cinéma, surnommée *la divine*. – 2. Modèle primitif et idéal.

- Comment est rendue la magie du cinéma dans ce passage ?
- La description : étudiez les images et les comparaisons.
- En quoi le visage de la star est-il ici déshumanisé ?

➢ **Groupement de textes : voir 34.**

Jean GUÉHENNO

1890 - 1978

Sur le chemin des hommes (1959)

Tout ce qu'on fait à l'école n'est qu'exercices. Exercices désintéressés et bien utiles. On n'a chance de former des esprits justes qu'en les dépaysant, en les arrachant au monde de passions et d'intérêts dans lequel ils sont pris. Ce qui fait l'atmosphère d'une classe si pure, c'est que le maître ignore et s'applique à ignorer que tels de ses élèves sont riches, tels autres pauvres, que celui-ci est le fils d'un général, celui-là le fils d'un cordonnier, et les invite tous, quels qu'ils soient, sans souci qu'elle les gêne à contempler la même vérité.

Mais il ne s'ensuit pas que tous ces travaux des enfants à l'ombre de l'école ne doivent les préparer à vivre au soleil de la vie.

Il me plaît, parlant ainsi, de ne faire que reprendre d'anciennes antithèses chères à Cicéron[1] et à Quintilien[2], qui n'étudiaient eux-mêmes si attentivement le grec qu'afin de mieux comprendre leur temps et comme on peut étudier aujourd'hui l'allemand ou l'anglais. Il n'est de vraie culture que désintéressée. Mais il n'est aussi de vraie culture qu'engagée.

Un grand intérêt la commande, et c'est l'intérêt de l'homme. Jamais ne fut-il plus nécessaire de tout lui rapporter, plus urgent de donner dès l'école à sentir aux petits hommes qu'ils sont tous ensemble, bon gré mal gré, engagés dans une même et prodigieuse aventure, « embarqués », comme disait Pascal, et sur le même vaisseau que la folie de quelques-uns suffirait à perdre. Le vieux Michelet[3], quand il voulait résumer la foi qui les avait menés, lui et son siècle, écrivait : « L'homme fabrique incessamment sa terre et son ciel. Voilà le mystère révélé ! » Il est clair que nos dernières « fabrications » n'ont rendu ni notre terre ni notre ciel plus sûrs. Jamais nos responsabilités n'ont-elles été si lourdes. C'est la vertu ou la mort, comme auraient dit les Français décidés d'il y a cent cinquante ans. Seul un humanisme militant peut faire les hommes complices dans cette vaste conspiration de vertu qui, seule, les sauvera.

Il est une culture de loisir et il est une culture de combat. Tout nous presse. La seconde seule est aujourd'hui valable. Non qu'il n'y aurait du plaisir à bavarder, sous la rose, entre vieux amis également savants et bien-disants, du monde qui s'en va. Douce préparation à la mort que peut embellir la récitation ou le souvenir de quelques vers du gentil Horace[4]. Mais les jeunes gens qui auront à vivre demain et à faire leur terre et leur ciel ont besoin d'une autre nourriture. Qu'ils se sentent engagés dans une longue et, en dépit de tout, noble histoire, et qu'ils soient préoccupés de la continuer noblement! S'il plaît à quelques-uns de retourner à l'Antiquité, à nos vénérables enfances, que ce soit pour y retrouver ce grand ton, cette simplicité, cette tension héroïque dont Homère[5], Sophocle[6], Thucydide[7], peuvent donner l'idée. Des traductions leur suffiront. Nous choisissons à chaque instant de l'histoire notre passé, et le choix que nous en faisons nous juge. Les hommes d'aujourd'hui ne peuvent pas attendre de la culture qu'elle leur fournisse les agréments de leur solitude et de leurs loisirs. Il faut qu'elle fasse d'eux des hommes efficaces, chacun à sa place dans la solidarité d'un monde qui travaille. Les dévots des humanités classiques oublient trop qu'Athéna, la déesse aux yeux étincelants, portait une lance. Si nous voulons garder le droit de nous réclamer d'elle, que notre pensée soit une pensée ouvrière, militante et armée.

Sur le chemin des hommes, Éd. Bernard Grasset.

1. Orateur latin (106-43 av. J.-C.). – 2. Rhéteur latin (v. 30-v. 100 apr. J.-C.). – 3. Historien et écrivain français (1798-1874). – 4. Poète latin (65-8 av. J.-C.). – 5. Poète grec (IXe s. av. J.-C.). – 6. Poète tragique grec (v. 496-406 av. J.-C.). – 7. Historien grec (v. 465-395 av. J.-C.).

- Définissez de manière concise les deux cultures selon Jean Guéhenno.
- Par quels procédés déprécie-t-il la thèse adverse ?
- Identifiez la tonalité des lignes 31 à 35 (« Non qu'il n'y aurait... du gentil Horace »). Quel est son rôle dans l'argumentation ?
- En un développement composé et argumenté, dites quel programme éducatif serait susceptible de former au mieux la jeunesse d'aujourd'hui.

➢ **Groupement de textes : voir 32 - 33 - 34.**

Georges FRIEDMANN

1902 - 1977

Sept études sur l'homme et la technique (1960)

La civilisation technicienne, à travers tous les secteurs évolués de la planète, tend à créer un milieu dont les traits essentiels, plus ou moins accentués, sont homologues. Du Massachusetts à la Californie, mais aussi de Stockholm à Milan, le même réseau de techniques d'industrie, de transport, de communication, de loisir enserre l'homme producteur-consommateur. Des traditions séculaires de récréation, de fête, d'art populaire, secouées par le rythme fiévreux des innovations, s'effritent et s'effondrent. La publicité omniprésente, l'information unifiée, l'attraction obsédante de nouvelles formes de confort, de déplacement, l'élan inquiet vers des types d'évasion réelle ou imaginaire, entraînent des sociétés entières vers d'identiques utilisations du temps libéré.

Dans cette liquidation du milieu traditionnel, les *mass media* exercent une action décisive, dont il importe, à cet endroit, de souligner l'ambivalence :

Ils sont capables d'assurer la diffusion d'informations, de susciter des curiosités, de nouveaux intérêts, d'accroître l'instruction, d'élargir l'horizon, d'intégrer l'individu à sa région, à son pays, à sa planète, de développer son goût, sa culture intellectuelle, artistique (par exemple son goût musical), bref, de le rendre, de cent manières possibles, *plus présent* à l'événement, à l'art, à la pensée. Une bonne émission télévisée de ballets peut durablement éveiller ou fortifier chez un spectateur l'intérêt pour la chorégraphie, l'histoire de la danse. Dans les campagnes françaises, des enquêtes ont montré de petits propriétaires, des ouvriers agricoles, dont certains n'étaient jamais sortis de leur village, véritablement passionnés, enrichis, par un film d'exploration rapporté du Haut-Niger, ou par des émissions consacrées à des sports qui leur étaient inconnus, comme l'escrime, les courses de chevaux.

Ces *mass media* sont aussi capables de manipuler, de dégrader, d'aliéner dans tous les sens du terme.

Observons, avec une sympathie dénuée de tout complexe de supériorité (c'est-à-dire en acceptant la validité possible d'une « culture de masse » entièrement différente de l'humanisme hérité de la culture gréco-romaine, cadre de référence pour la plupart des intellectuels), les biens de consommation culturels diffusés par les *mass media* dans les sociétés industrielles. Observons la manière réelle, quotidienne, dont un très grand nombre d'hommes et de femmes de notre temps occupent leur temps libéré, c'est-à-dire par les films, émissions de télévision, programmes de variétés radiophoniques, magazines à grand tirage, qui sont (disent leurs producteurs) « adaptés » aux foules et qui, réciproquement, « attirent » celles-ci. Reconnaissons que l'anarchie dans la production commerciale de ces biens est un grand danger sur lequel nous reviendrons. Reconnaissons aussi, d'après les expériences des régimes dictatoriaux (IIIe Reich, Italie fasciste) ou à idéologie officielle, à parti unique (URSS, République populaire de Chine), les méfaits du façonnement des esprits par l'État, les dangers de la production centralisée des *mass media* dont l'État abuse pour imposer à l'individu des doctrines, croyances, informations, idéologies, pour le « couler » en série dans des moules préfabriqués, d'après ses intérêts du moment.

Sept études sur l'homme et la technique, © by Éditions Denoël.

- Indiquez les étapes de l'argumentation et la manière dont elles s'enchaînent.
- Les effets des *mass media* : relevez les termes qui marquent les jugements de l'auteur, à partir de la ligne 29.
- À quoi est due l'efficacité de l'argumentation ?
- Dans une argumentation construite et illustrée d'exemples, dites ce qu'est pour vous une télévision de qualité.

➢ **Groupement de textes : voir 31 - 33 - 37 - 39.**

Georges PERROS

1924 - 1978

Papiers collés (1960)

Quand on me demande si j'aime la poésie, je ne réponds pas. Car la poésie n'est pas aimable. Je comprends de moins en moins d'ailleurs ce qu'on entend par divertissement. Le théâtre, par exemple. On me dit que c'est distrayant. Je ne trouve pas. Je m'y ennuie quand il est proposé à ma seule distraction. J'y suffoque quand il touche en moi les cordes raides. Où est le divertissement? Toute grande œuvre nous ramène à nos problèmes essentiels, qui sont simples comme bonjour, chaque matin nouveau se chargeant de les remettre à neuf, comme si jamais on ne les avait poussés à l'évanouissement définitif.

Rien de plus simple qu'Hamlet[1], par exemple, qui se pose des questions inadmissibles hors du cadre théâtral. On trouve profond ce qu'il dit. Or aucun personnage de théâtre ne saurait être profond. On ne lui en demande pas tant. Mettez Pascal[2] à la place de Hamlet, et réciproquement, vous verrez bien que l'un comme l'autre nous ennuieraient s'ils n'étaient situés.

Papiers collés, © Éd. Gallimard.

....

1. Personnage de Shakespeare, dramaturge anglais (1564-1616). Hamlet, prince danois, appelé à venger le meurtre de son père, est une figure moderne de la conscience libre et responsable. – 2. Écrivain du XVIIe s., auteur des *Pensées* qui sont un ensemble de réflexions sur l'homme dans ses rapports avec le Monde et avec Dieu.

- Comment s'exprime le parti pris de simplicité du poète ?
- Étudiez le rôle des pronoms sujets.
- En quoi le texte relève-t-il du type argumentatif ?

➢ **Groupement de textes : voir 27 - 33.**

Edgar MORIN

né en 1921

L'Esprit du temps (1962)

L'industrie culturelle ne produit pas que des clichés ou des monstres. L'industrie d'État et le capitalisme privé ne stérilisent pas toute création. Seul, à son point extrême de rigidité politique ou religieuse, le système d'État peut, pendant un temps, parfois assez long, annihiler presque totalement l'expression indépendante.

Entre le pôle d'onirisme débridé et le pôle de standardisation stéréotypée, se développe un large courant culturel moyen, où s'atrophient les poussées les plus inventives, mais où s'affinent les standards les plus grossiers. Il y a un dépérissement constant, aux États-Unis, en Angleterre, en France, des journaux et magazines de « bas étage » au profit de ceux d'étage moyen. Médiocrité, au sens le plus précis du mot, c'est-à-dire qualité de ce qui est moyen, et non tant au sens devenu péjoratif du terme. Les basses eaux s'élèvent et les hautes eaux s'abaissent. « N'avez-vous pas remarqué que nos journalistes deviennent toujours meilleurs et nos poètes toujours pires », fait dire à Arnheim Robert Musil dans *L'Homme sans qualités*[1]. Effectivement, les standards se remplissent de talent, mais étouffent le génie. Un rewriter[2] de *Paris-Match* écrit mieux qu'Henri Bordeaux, mais ne saurait être André Breton.

La qualité littéraire, et surtout la qualité technique s'élèvent dans la culture industrialisée (qualité rédactionnelle des articles, qualité des images cinématographiques ou télévisées, qualité des émissions radiophoniques), mais les canaux d'irrigation suivent implacablement les grands tracés du système. Partout la qualité Boussac[3] remplace à la fois l'ancienne camelote et l'ancien cousu-main. Partout le nylon remplace les vieilles cotonnades et la soie naturelle. La finition industrielle explique cette élévation et cette décrue qualitative. L'élévation qualitative des standards ne répond plus aux critères aristocratiques d'opposition de la qualité à la quantité : elle naît de la quantité elle-même. Par exemple, la qualité des westerns vient aussi de leur quantité, c'est-à-dire d'une longue tradition de production en série. En même temps, le « génie » tend à être intégré dans la mesure où il est curiosité, nouveauté, bizarrerie, scandale. Cocteau et Picasso font partie de la galerie des vedettes, avec Distel[4], Margaret[5], Bardot. Le « génie » donne le label « haute culture », analogue au label « haute couture » ; Picasso, Buffet, Cocteau sont les Dior, Balenciaga, Lanvin de la culture de masse.

Le courant moyen triomphe et nivelle, brasse et homogénéise, emportant Van Gogh et Jean Nohain[6]. Il favorise les esthétiques moyennes, les poésies moyennes, les vulgarités moyennes, les intelligences moyennes, les bêtises moyennes. C'est que la culture de masse est moyenne dans son inspiration et sa visée, parce qu'elle est la culture du commun dénominateur entre les âges, les sexes, les classes, les peuples, parce qu'elle est liée à son milieu naturel de formation, la société où se développe une humanité moyenne, aux niveaux de vie moyens, au type de vie moyen.

L'Esprit du temps, Éd. Bernard Grasset.

....

1. Roman de l'écrivain autrichien Robert Musil (1880-1942). – 2. Personne chargée de réécrire des textes destinés à la publication. – 3. Industriel français qui associa qualité des tissus et prix abordables. – 4. Chanteur de variétés. – 5. La sœur de la reine de Grande-Bretagne Élisabeth II. – 6. Ancien présentateur d'émissions télévisées.

- Relevez les deux principaux réseaux lexicaux antithétiques et montrez qu'ils illustrent la problématique du texte.
- Analysez les procédés de l'ironie et leur valeur dans l'argumentation.
- Identifiez le procédé stylistique auquel Edgar Morin a recours dans le deuxième paragraphe.

➢ **Groupement de textes : voir 29 - 34 - 37.**

Claude ROY

1915 - 1997

Défense de la littérature (1968)

[...] On voit tous les jours quelqu'un dont le destin est bouleversé par un livre, qu'une lecture arrache à ce qu'il fut : de cet inquiet, les *Évangiles* font un croyant, de ce jeune bourgeois, *L'Espoir, Que faire ?* ou un petit livre rouge[1] font un révolutionnaire. Les récits de Saint-Exupéry déterminent la carrière d'un futur pilote. Et, sans aller si loin, dans nos façons d'aimer, qui ne décèle les souvenirs d'une lecture : Proust, ou Stendhal (ou Gide, ou Françoise Sagan) ? Mais dans les livres même, les êtres imaginaires échappent au prestige des livres. On compterait sur les doigts des deux mains les romans qui font allusion à d'autres romans : il y a *À la recherche du temps perdu*, les livres d'Aldous Huxley et quelques autres. C'est bien peu.

N'y aurait-il pas un roman à écrire, qui serait l'histoire prodigieuse des répercussions qu'un livre peut entraîner ? Combien d'êtres ont voulu devenir sinon Stendhal, du moins Fabrice del Dongo ou Julien Sorel ? Comment ont-ils réalisé ce dessein, quelle marque sur leur vie a été imprimée par la lecture de *La Chartreuse* ou du *Rouge et le Noir* ? Voilà un grand sujet de roman à tiroir, à miroirs, le roman de l'homme-qui-lit.

Ortega y Gasset[2] a d'ailleurs démontré brillamment que la lecture est une utopie. Lire un livre, explique Ortega, implique à la base l'intention de comprendre pleinement un texte. Or c'est impossible. « On arrivera sans doute au prix d'un grand effort à extraire une plus ou moins grande partie de ce que le texte a voulu dire, mais il en restera toujours un résidu "illisible". En revanche, il est probable qu'en accomplissant cet effort, il nous arrive au passage de lire dans le texte, c'est-à-dire de comprendre certaines choses que l'auteur ne voulait pas dire mais qu'il a pourtant dites. » Ce qu'Ortega y Gasset n'ajoute pas, c'est que ce caractère utopique de la lecture la rend d'autant plus durable. Nous ne relisons guère ce que nous sommes trop bien parvenus à lire, sans *résidu* ni ambiguïté.

Écrire, c'est s'absenter pour mieux être présent. C'est proposer à un lecteur une absence de soi. Chaque fois qu'on tente de définir l'homme, la formule qu'on trouve s'applique à la perfection, à ce monstre quotidien des civilisations : *l'homme-qui-lit.* Il semble que toutes les singularités de l'esprit humain, toutes ses ressources et ses surprenantes facultés, l'homme-qui-lit les assume. Il est celui qu'on ne peut limiter à ce qu'il est, que son être ne circonscrit point, puisqu'il y échappe, et ne s'en contente pas. Il est dans l'espace, et cependant s'en évade. Sa durée n'est pas pure, il y mêle celle d'une fiction qu'il adopte ou d'une méditation qu'il épouse. L'homme-qui-lit échappe à ce qu'il est : n'est-ce pas le propre de l'homme tout court ?

Défense de la littérature, © Éd. Gallimard.

....

1. *L'Espoir* de Malraux ; *Que faire ?* de Lénine (1902) ; le petit livre rouge des « pensées » de Mao Tsé-toung (1960). – 12. Écrivain espagnol (1883-1935).

- Relevez dans le texte des paradoxes, des jeux de mots et de sonorités. Quel caractère lui confèrent-ils ?
- Quels champs lexicaux repérez-vous à partir de la ligne 36 ? Qu'en concluez-vous sur les pouvoirs de la lecture ?
- Donnez un titre à ce texte.
- Dites, en un développement composé, ce que vous devez à vos lectures.

➢ **Groupement de textes : voir 25 - 26 - 34 - 38.**

Jacqueline de ROMILLY

née en 1913

Nous autres professeurs (1969)

Avant d'être un luxe, la culture est une formation. Culture et éducation sont synonymes. On cultive des plantes, des arbres. Cela veut dire qu'on leur fournit ce qui est nécessaire à leur épanouissement : on les nourrit, on détruit les mauvaises herbes qui les gêneraient ou les étoufferaient, on les débarrasse des parasites, on les taille, pour accroître leur force : bref, on agit de mille manières pour aider leur vitalité naturelle et décupler tout à la fois leur beauté et leur fécondité. On fait de même pour les esprits. On leur fournit leur nourriture – c'est-à-dire que l'on développe, à travers toute discipline, quelle qu'elle soit, leur aptitude au raisonnement, leur connaissance des problèmes, leur expérience des solutions déjà tentées. On leur fait comprendre également, dans les disciplines littéraires, les sentiments, les émotions, qui se sont fait jour avant eux chez des hommes de toute espèce. On les rend aussi capables, par le contact des exemples et l'exercice de la critique, de s'exprimer avec plus de force, de rigueur et d'éclat. Enfin, s'il est vrai que l'apprentissage de l'histoire et la fréquentation de modes de pensée divers rend leurs propres doctrines plus riches et plus conscientes, il faut préciser encore que cette double épreuve doit les rendre plus tolérants envers les idées d'autrui et plus libres eux-mêmes, vis-à-vis des pressions immédiates. Les cultiver, ce n'est donc pas autre chose que développer leurs qualités d'hommes, qualités qu'ils emploieront ensuite comme ils voudront, à ce qu'ils voudront.

Simplement, Platon l'a dit, il ne faut pas être trop pressé. Le grec n'a guère d'utilité pratique. Il ne sert, en pratique, que si on l'enseigne, ce qui représente un cercle clos, en soi injustifiable. Mais, si l'analyse des phrases grecques, avec leur cortège de moyens mis au service de la rigueur, développe les facultés de raisonnement et la précision du langage, si le contact des philosophes aide à penser les grands problèmes sous leur forme première, si la lecture des tragiques vous fait connaître des émotions qui ne doivent rien aux menues conventions du moment mais qui, venant de très loin, s'imposent pour cela sous leur forme la plus pure, au niveau même de l'homme et de ses mythes lointains, il est certain que l'on aura appris, à la suite de ses études grecques, à s'insérer de façon plus riche dans la vie que l'on aura choisie – quelle que soit cette vie – et que l'on y apportera des qualités profondes, qui se révèleront efficaces.

Et puis, par-delà l'efficacité pratique, faudrait-il négliger le fait d'être un homme et de vivre avec le maximum de joie? Avoir à sa disposition le trésor des connaissances accumulées au cours des siècles, cela compte. Réagir aux maux quotidiens avec le secours de tous ceux qui ont, de quelque manière, embelli la vie humaine, cela compte. Pouvoir lire, pouvoir penser, pouvoir mesurer son propre sort aux dimensions du grand dialogue humain où rayonnent les héros, les artistes, les penseurs, cela aide. Et pouvoir éclairer ses journées des accents des poètes, cela aide. Chaque minute vécue, chaque incident subi, chaque malheur et chaque bonheur en reçoivent une portée plus pure. Et souvent, comme on dit, la vie étant ce qu'elle est, une telle transposition « n'est pas du luxe ». Refuser délibérément sa possibilité, la refuser pour tous, quel que soit le degré de participation qui leur est accessible, c'est condamner les hommes à des vies de bêtes. [...]

Personnellement, même si la culture était un luxe, je n'aurais rien contre. Cessera-t-on de fabriquer des automobiles, parce que certains ne peuvent en avoir ? et les bicyclettes ? beaucoup d'enfants n'en ont jamais possédé. Supprimera-t-on l'électricité parce qu'il reste des villages qui n'en disposent pas, et parfois des pays entiers? Ou plutôt, puisqu'il ne s'agit pas de biens extérieurs – de produits de consommation! – renoncera-t-on aux championnats de ski parce qu'il y a des pays plats? On essaiera plutôt d'ouvrir de plus en plus les voies d'accès à de tels luxes.

Or, de tous les luxes, la culture est celui qui est le moins réservé à l'argent, le plus propre à nier et transcender[1] toute hiérarchie sociale.

« Nous autres professeurs », 1969, *Écrits sur l'enseignement*,
Éd. de Fallois, 1991.

1. Dépasser.

- Quelle utilisation l'auteur fait-il de la comparaison dans le premier paragraphe? Quel en est l'intérêt ?
- À quelles critiques implicites Jacqueline de Romilly répond-elle quand elle défend, dans le deuxième paragraphe, l'enseignement du grec ?
- Montrez que le choix des mots concourt à l'efficacité de l'argumentation dans le troisième paragraphe.
- Dans un développement structuré, vous direz comment notre époque est capable de rendre la culture accessible à tous.

➢ **Groupement de textes : voir 25 - 28 - 32 - 38.**

Simone de BEAUVOIR

1908 - 1986

Tout compte fait (1972)

Je ne vais plus qu'assez rarement au cinéma. Je répugne à me déranger, à faire la queue, à subir les actualités et la publicité. Et puis, il est facile d'interrompre une lecture ou l'écoute d'un disque ; au cinéma, surtout si j'y vais avec une amie, une fois installée dans mon fauteuil, je me sens obligée d'y rester même si le film m'ennuie.

Ces inconvénients ne pèseraient guère si le cinéma m'apportait plus qu'aucun autre mode d'expression : ce n'est pas le cas. C'est l'évidence de l'image qui donne aux films leur force ou leur séduction : mais aussi par sa plénitude inéluctable la photographie arrête ma rêverie. C'est une des raisons pour lesquelles – on l'a dit souvent – l'adaptation d'un roman à l'écran est presque toujours regrettable. Le visage d'Emma Bovary est indéfini et multiple, son malheur déborde son cas particulier ; sur l'écran je vois un visage déterminé, et cela diminue la portée du récit. Je n'ai pas ce genre de déception quand l'intrigue a été conçue directement pour l'écran ; il me plaît que Tristana ait les traits de Catherine Deneuve : c'est que je suis d'avance résignée à ce que cette histoire n'ait que la dimension d'une anecdote. Souvent aussi l'importance que prend l'image visuelle appauvrit les lieux qu'elle me découvre. Sur le papier, l'« absente de tout bouquet[1] » l'est par son parfum, par la texture de ses pétales autant que par sa couleur et sa forme : c'est à travers les mots la totalité d'une fleur qui est visée. Un paysage de cinéma, je le vois, j'en entends les rumeurs : mais je ne sens pas l'odeur salée de la mer, je ne suis pas éclaboussée par les embruns. Le cadrage des photographies les isole souvent du reste du monde. Si je lis le mot Tolède, toute l'Espagne m'est présente ; dans *Tristana*, les rues de Tolède, par la perfection même avec laquelle elles sont photographiées, ne me donnent rien d'autre qu'elles-mêmes. Parfois l'art du metteur en scène lui permet de dépasser ces limitations : cette campagne est si vivante que je crois en sentir sur ma peau la fraîcheur ; je ne me promène pas dans une rue, mais à Londres avec toute l'Angleterre autour de moi. Mais dans le meilleur des cas aucun film ne saurait atteindre à un certain degré de complexité. Moins expressive que l'image – et donc, quand on se borne à donner à voir, moins rapide –, l'écriture est hautement privilégiée quand il s'agit de transmettre un savoir. Quand une œuvre est riche, elle nous communique une expérience vécue qui s'enlève sur un fond de connaissances abstraites : sans ce contexte, l'expérience est mutilée ou même inintelligible. Or, des images visuelles ne suffisent pas à la fournir : si elles essaient de le suggérer, c'est grossièrement et en général avec maladresse. On s'en est aperçu quand Costa-Gavras a tourné *L'Aveu*. Il a réussi *Z* parce que l'intrigue était très simple, le contexte connu : une machination policière parmi d'autres. Mais *L'Aveu* n'a de sens que dans une situation qui renvoie à toute l'histoire de l'après-guerre en URSS et dans les pays de l'Est. Les personnages n'existent pas seulement dans le moment du procès : chacun a toute une vie politique derrière soi. Dans le livre, on savait exactement à qui on avait affaire et on connaissait les raisons de chaque agissement. Réduit à un spectacle, le drame de London perdait son poids et son sens.

Ma préférence pour les livres vient surtout, je pense, du fait que depuis mon enfance c'est dans la littérature que j'ai investi. Je suis plus sensible aux mots qu'aux images.

Un des lieux communs qu'on rabâche dans certains milieux, c'est que désormais la littérature n'aura plus à jouer qu'un rôle secondaire ; l'avenir est au cinéma, à la télévision : à l'image. Je n'en crois rien. Quant à moi, je n'ai pas de poste de télévision et je n'en aurai jamais. L'image sur l'instant nous envoûte ; mais ensuite elle pâlit et s'atrophie. Les mots ont un immense privilège : on les emporte avec soi. Si je dis : « Nos jours meurent avant nous », je recrée en moi avec exactitude la phrase écrite par Chateaubriand.

La présence en chaque homme des autres hommes, c'est par le langage qu'elle se matérialise et c'est une des raisons qui me font tenir la littérature pour irremplaçable.

Tout compte fait, © Éd. Gallimard.

1. Allusion à la phrase de Mallarmé dans la Préface du *Traité du Verbe* de René Ghil (1886) : « Je dis : une fleur ! et… musicalement se lève, idée même et suave, l'absente de tout bouquet. »

- Quelle est la thèse de Simone de Beauvoir ? Dans quelle phrase est-elle le mieux exprimée ?
- Dégagez la structure du texte en faisant apparaître les idées essentielles. Quelle remarque faites-vous sur l'enchaînement des paragraphes ?
- Distinguez les idées des exemples, lignes 21 à 47.

➢ **Groupement de textes : voir 25 - 26 - 27 - 38 - 39.**

Michel TOURNIER

né en 1924

Le Coq de bruyère (1978)

Cette histoire se passe il y a bien peu d'années, à une époque qui paraîtra pourtant préhistorique aux jeunes d'aujourd'hui. En ce temps-là en effet la télévision n'existait pas encore. C'était la radio qui étendait son empire sur les esprits et enfiévrait les imaginations. Il ne faudrait pas croire cependant que son pouvoir était moindre que celui de notre télévision, bien au contraire. Pour rester sans visage ni regard, les voix n'en avaient que plus de mystère, et leur magie agissait avec une efficacité parfois redoutable sur les hommes et les femmes à l'écoute. On remarquera que dans nombre de religions, les décrets de Dieu se manifestent par une voix tombant du haut d'un ciel vide. Ainsi les « spiqueurs » – c'est ainsi qu'on les appelait – paraissaient-ils au grand public comme des créatures incorporelles et douées d'ubiquité[1], à la fois toutes-puissantes et inaccessibles. Certains prenant la parole tous les jours à la même heure – avec une régularité quasiment astronomique – jouissaient d'une notoriété extraordinaire et retenaient l'attention passionnée de foules immenses. Cette popularité, ils la mesuraient par le fabuleux courrier qu'ils recevaient, un courrier où il y avait tout, absolument tout, des cris, des plaintes, des menaces, des confidences, des promesses, des offres, des supplications. Les plus bornés, les plus entêtés de matérialisme ne pouvaient se dissimuler ce qu'ils représentaient dans l'esprit de leurs correspondants, et, se regardant parfois dans une glace, ils prononçaient en tremblant le mot terrible de quatre lettres[2], qu'on leur faisait incarner malgré eux.

« Tristan Vox », *Le Coq de bruyère*, © Éd. Gallimard.

1. Possibilité d'être présent partout au même moment. – 2. Il s'agit donc de Dieu.

- Comment l'auteur parvient-il à situer l'époque dont il parle ?
- Quels procédés expriment le pouvoir de la voix ?
- Quel rôle joue le « grand public » dans ce texte ?

➢ **Groupement de textes : voir 26 - 27.**

Philippe SOLLERS

né en 1936

Femmes (1983)

Un des avantages d'être la plupart du temps en voyage, c'est qu'on saisit mieux les glissements du jeu[1]... Comme les gens que vous rencontrez un an après : coup d'œil immédiat sur leurs bouffissures... Leur usure... La peur du visiteur étranger vient de là... Regard... Rayon X... Fouille express du Néant... Coup de gomme... Apparition du rictus... Carré blanc[2] volant... De même pour les mots... Les stéréotypes... Chaque époque a ses soulignages... Ses répétitions, ses tics... Ses furoncles verbaux... En ce moment, en France, il y a un adverbe... Qui revient tout le temps... Partout, à la télévision, à la radio, dans les conversations... *Effectivement*... « Oui, je me suis dit qu'*effectivement.* »... « Je vous répondrai qu'*effectivement.* »... « Je crois qu'*effectivement.* »... Voilà une épidémie... Toutes classes sociales mêlées, à la moindre occasion, hommes et femmes... Ils pourraient dire : « En effet. »... Non... *Effectivement*... Hommes politiques, syndicalistes, commentateurs, intellectuels, sportifs... Ma concierge... Mon directeur... L'électricien... Le banquier... La boulangère... Le mannequin... La pute... Les speakers... Les acteurs... C'est hallucinant... Mot de passe inconscient, involontaire... Abcès fugitif vivant sa propre vie dans les bouches... *Effectivement !*... Nageoire... Reflet brisé... Bulle terne... *Effectivement*...

Femmes, © Éd. Gallimard.

1. Jeu de mots sur « je » et « jeu » ; en voyage le « je » glisse d'un point de départ vers un point d'arrivée. – 2. « carré blanc » : icone qui indiquait naguère que certaines émissions de télévisions n'étaient pas conseillées pour tous les publics.

- Relevez et étudiez le champ lexical de la maladie.
- En quoi le texte relève-t-il du type poétique (voir en particulier les images et les répétitions).
- En quoi ce passage se présente-t-il comme une réflexion humoristique sur la société moderne ?

➢ **Groupement de textes : voir 31.**

Alain FINKIELKRAUT

né en 1949

La Défaite de la pensée (1987)

En disant: « Il faut faire pour la culture ce que Jules Ferry a fait pour l'instruction », André Malraux s'inscrivait explicitement dans la tradition des Lumières et voulait généraliser la connaissance des grandes œuvres humaines; aujourd'hui, les livres de Flaubert rejoignent, dans la sphère pacifiée du loisir, les romans, les séries télévisées et les films à l'eau de rose dont s'enivrent les incarnations contemporaines d'Emma Bovary, et ce qui est élitiste (donc intolérable) ce n'est pas de refuser la culture au peuple, c'est de refuser le label culturel à quelque distraction que ce soit. Nous vivons à l'heure des *feelings*: il n'y a plus ni vérité ni mensonge, ni stéréotype ni invention, ni beauté ni laideur, mais une palette infinie de plaisirs, différents et égaux. La démocratie qui impliquait l'accès de tous à la culture se définit désormais par le droit de chacun à la culture de son choix (ou à nommer culture sa pulsion du moment).

« Laissez-moi faire de moi ce que je veux[1] »: aucune autorité transcendante, historique ou simplement majoritaire ne peut infléchir les préférences du sujet post-moderne ou régenter ses comportements. Muni d'une télécommande dans la vie comme devant son poste de télévision, il compose son programme, l'esprit serein, sans plus se laisser intimider par les hiérarchies traditionnelles. Libre au sens où Nietzsche dit que ne plus rougir de soi est la marque de la liberté réalisée, il peut *lâcher tout* et s'abandonner avec délices à l'immédiateté de ses passions élémentaires. Rimbaud ou Renaud, Lévinas[2] ou Lavilliers – sa sélection est automatiquement culturelle.

La non-pensée, bien sûr, a toujours coexisté avec la vie de l'esprit, mais c'est la première fois dans l'histoire européenne qu'elle habite le même vocable, qu'elle jouit du même statut, et que sont traités de racistes ou de réactionnaires ceux qui, au nom de la « haute » culture, osent encore l'appeler par son nom.

Soyons clair: cette dissolution de la culture dans le tout culturel ne met fin ni à la pensée ni à l'art. Il ne faut pas céder au lamento nostalgique sur l'âge d'or où les chefs-d'œuvre se ramassaient à la pelle. Vieux comme le ressentiment, ce poncif accompagne, depuis ses origines, la vie spirituelle de l'humanité. Le problème auquel nous sommes, depuis peu, confrontés est différent, et plus grave : les œuvres existent, mais la frontière entre la culture et le divertissement s'étant estompée, il n'y a plus de lieu pour les accueillir et pour leur donner sens. Elles flottent donc absurdement dans un espace sans coordonnées ni repères. Quand la haine de la culture devient elle-même culturelle, la vie avec la pensée perd toute signification.

La Défaite de la pensée, © Éd. Gallimard.

1. André Bercoff, *Manuel d'instruction civique pour temps ingouvernables*, Grasset, 1985, p. 86 et *passim* (note de l'auteur). – 2. Philosophe français (1906-1995).

- Énoncez de manière concise la thèse soutenue par Alain Finkielkraut.
- Quelle est la tonalité du passage : « aujourd'hui les livres de Flaubert... quelque distraction que ce soit » (l. 4 à 9) ? Appréciez-en le rôle dans l'argumentation.
- Répertoriez les procédés de rhétorique qui renforcent l'argumentation dans le deuxième paragraphe.

➢ **Groupement de textes : voir 26 - 28 - 31 - 33.**

Michel ONFRAY

né en 1959

Le Désir d'être un volcan (1996)

Je n'ai guère souvenir de livres dignes de ce nom en dehors de ceux qui sont contemporains de mon libraire, un peu comme ceux que l'on cherche dans sa plus intime enfance et qu'on ne trouve que trébuchant sur un moment important à partir duquel on imagine l'induction d'une existence. Dans les plis de l'âme, immiscés et sertis comme des pierres précieuses, je sais pouvoir chercher des moments rares vécus avec lui, près de lui ; je sais, aussi, qu'ils ne se déroberont pas et que je les débusquerai. En revanche, là où ils sont, je ressens comme une pudeur doublée d'une crainte à l'idée de les mettre en lumière. Vécus, ces instants sont livrés comme sans âme lorsqu'ils sont racontés ou remémorés. Dans la profondeur d'une mémoire, il y a ce qui veut bien encore se montrer, mais il y a aussi ce qui n'apparaît qu'en efflorescence, en éminence dont sont cachés rhizomes et racines. Or, ce sont ces griffes, nourries de l'intimité, qui sont les plus rétives à donner leurs sucs, exsudats[1] de l'inconscient. Je ne m'avance pas dans ces contrées sans le malaise de qui sait aller au-devant de puissances magiques. On ne sollicite pas en vain la mémoire de ceux qui ne sont plus.

Ceux à qui l'on doit ne le savent pas forcément. Et si d'aventure ils en sont informés, il est vraisemblable qu'ils ignorent tout de la façon qu'ils ont eu d'influencer, d'aider. En étant là, certes ; en disant ce qu'il fallait dire, bien sûr ; en sachant se taire au moment opportun, évidemment. Mais certainement, aussi et surtout, en aimant comme on attend d'être aimé, et pas autrement : en donnant ce qui doit l'être, en retenant ce qui doit rester retenu. Car il est riche pour un homme qui donne de savoir garder par-devers soi une part des mystères qui entretiennent le caractère précieux et rare du lien. Jamais on ne donne tant que dans ce que l'on épargne du don : là est la richesse.

J'aime, dans les *Pensées* de Marc Aurèle[2], cette ouverture, pour le dire sur le mode musical, dans laquelle le philosophe s'acquitte avec bonheur des dettes d'amour, d'amitié, d'affection et de cœur en révélant ce qu'il doit à tel ou tel. Dans mon existence, il y eut quelques individus majeurs. Les doigts d'une main suffisent pour les compter. Je leur dois d'imperceptibles savoirs qui sont pourtant considérables, puisque j'ai construit mon existence sur ceux-là. Monsieur Hervieu, puisque tel était son nom, m'a appris le livre, la passion qu'on peut lui vouer et le bonheur qu'on lui doit toujours.

Sans affectation, sans ostentation, sans démonstrations et sans jamais être péremptoire, il a vécu sous mes yeux comme un homme admirable, c'est-à-dire digne d'admiration, qu'on a envie d'égaler, du moins dont on a le dessein de se rapprocher dans les domaines où il nous séduit. Chez lui, dans sa librairie, les livres étaient des monuments, des personnes, des vies incarnées, des promesses d'aventures et de bonheurs, des invitations au voyage et à la rêverie. Jamais des objets, toujours des sujets. Comme il en parlait, ils inauguraient des conversations par-delà les siècles et les terres, les âges et les continents. La planète était une fête, l'univers, une banlieue.

Le Désir d'être un volcan, Éd. Bernard Grasset.

....

1. Ici, ce qui transparaît de l'inconscient. – 2. Empereur et philosophe romain (121-180).

- Dites ce que Michel Onfray doit d'une part à son libraire, d'autre part à ses livres.
- Identifiez le procédé rhétorique auquel a recours l'auteur, lignes 11 à 15. Quelle tonalité confère-t-il au texte ?

➢ **Groupement de textes : voir 32 - 33 - 34.**

Jean-Philippe TOUSSAINT

né en 1957

La Télévision (1997)

J'ai arrêté de regarder la télévision. J'ai arrêté d'un coup, définitivement, plus une émission, pas même le sport. J'ai arrêté il y a un peu plus de six mois, fin juillet, juste après la fin du Tour de France. J'ai regardé comme tout le monde la retransmission de la dernière étape du Tour de France dans mon appartement de Berlin[1], tranquillement, l'étape des Champs-Élysées, qui s'est terminée par un sprint massif remporté par l'Ouzbèke[2] Abdoujaparov, puis je me suis levé et j'ai éteint le téléviseur. Je revois très bien le geste que j'ai accompli alors, un geste très simple, très souple, mille fois répété, mon bras qui s'allonge et qui appuie sur le bouton, l'image qui implose et disparaît de l'écran. C'était fini, je n'ai plus jamais regardé la télévision.

Le téléviseur est toujours dans le salon, il est abandonné et éteint, je n'y ai plus touché depuis lors. Il doit sûrement être encore en état de marche, il suffirait d'appuyer sur le bouton pour voir. C'est un téléviseur classique, noir et carré, qui repose sur un support en bois laqué composé de deux éléments, un plateau et un pied, le pied ayant la forme d'un mince livre noir ouvert à la verticale, comme un reproche tacite.

La Télévision, Éd. de Minuit.

....

1. Le narrateur habite dans cette ville allemande. – 2. Habitant de l'Ouzbékistan, un des pays de la Communauté des États indépendants (ex-URSS).

- Quels procédés rendent compte de la simplicité du ton dans ce récit ?
- Cette décision de ne plus regarder la télévision possède-t-elle une dimension exceptionnelle dans l'esprit du narrateur ?
- En quoi la télévision est-elle présentée comme un objet du quotidien, différent cependant des autres objets ?

➢ **Groupement de textes : voir 29 - 31 - 34.**

Chrétien de TROYES

v. 1130 - v. 1183

Yvain ou le Chevalier au lion (v. 1177)

« Un vilain[1] pareil à un Maure,
grand et hideux à démesure
je vis assis sur une souche [...]
Je m'approchai vers le vilain,
vis qu'il avait grosse la tête
plus que roncin[2] ni autre bête ;
cheveux maigres et front pelé
large de beaucoup plus d'un pied ;
des oreilles velues et grand'
telles qu'en a un éléphant ;
sourcils très longs, visage plat,
des yeux de chouettes, un nez de chat ;
la bouche fendue comme un loup,
crocs de sanglier, aigus, roux ;
barbe noire, moustache torse
et le menton soudé au torse ;
longue échine forte et bossue.
Appuyé fut sur sa massue,
vêtu de robe si étrange,
qu'il n'y avait ni lin ni lange[3],
mais eut à son cou attachés
deux cuirs récemment écorchés
de deux bœufs ou de deux taureaux.
Le vilain bondit aussitôt
qu'il me vit vers lui approcher.
Ne sais s'il me voulait toucher,
ni ce qu'il voulait entreprendre
mais m'apprêtais à me défendre...
Me regarda et mot ne dit
et pas plus qu'une bête fit
et je croyais que raison n'eut
ni parler le vilain ne sut.

Toute fois, tant je m'enhardis
que lui lance : « Va et me dis
si tu es ou non chose bonne ! »
et il me dit : « Je suis un homme ! »

1. Paysan libre, au Moyen Âge (du bas latin *villanus*, habitant de la campagne). – 2. Cheval de labour. – 3. Laine.

LA BRUYÈRE

1645 - 1696

Les Caractères (1688)

L'on voit certains animaux farouches, des mâles et des femelles, répandus par la campagne, noirs, livides, et tout brûlés du soleil, attachés à la terre qu'ils fouillent et qu'ils remuent avec une opiniâtreté invincible ; ils ont comme une voix articulée, et, quand ils se lèvent sur leurs pieds, ils montrent une face humaine ; et en effet ils sont des hommes. Ils se retirent la nuit dans des tanières, où il vivent de pain noir, d'eau et de racines : ils épargnent aux autres hommes la peine de semer, de labourer et de recueillir pour vivre, et méritent ainsi de ne pas manquer de ce pain qu'ils ont semé.

Les Caractères, « De l'Homme », § 128.

- Repérez les champs lexicaux communs aux deux textes.
- Montrez que ces textes sont construits selon le même schéma argumentatif, que vous dégagerez.
- Caractérisez la tonalité propre à chaque texte.

➢ **Groupement de textes : voir 44 - 51.**

Michel de MONTAIGNE

1533 - 1592

Essais (1580-1588)

Montaigne s'interroge ici sur les mœurs des Indiens du Nouveau Monde.

Nous les pouvons donc bien appeler barbares, eu égard aux règles de la raison, mais non pas eu égard à nous, qui les surpassons en toute sorte de barbarie. Leur guerre est toute noble et généreuse, et a autant d'excuse et de beauté que cette maladie humaine peut en recevoir ; elle n'a autre fondement parmi eux que la seule jalousie de la vertu[1]. Ils ne sont pas en débat[2] de la conquête de nouvelles terres, car ils jouissent encore de cette uberté[3] naturelle qui les fournit sans travail et sans peine de toutes choses nécessaires, en telle abondance qu'ils n'ont que faire d'agrandir leurs limites. Ils sont encore en cet heureux point, de ne désirer qu'autant que leurs nécessités naturelles leur ordonnent ; tout ce qui est au-delà est superflu pour eux. Ils s'entr'appellent généralement, ceux de même âge, frères ; enfants, ceux qui ont au-dessous ; et les vieillards sont pères à tous les autres. Ceux-ci laissent à leurs héritiers en commun cette possession de biens indivis[4], sans autre titre que celui tout pur que nature donne à ses créatures, les produisant au monde. Si leurs voisins passent les montagnes pour les venir assaillir, et qu'ils emportent la victoire sur eux, l'acquêt[5] du victorieux, c'est la gloire, et l'avantage d'être demeuré maître en valeur et en vertu ; car autrement ils n'ont que faire des biens des vaincus, et s'en retournent à leur pays, où ils n'ont faute[6] d'aucune chose nécessaire, ni faute encore de cette grande partie[7], de savoir heureusement jouir de leur condition et s'en contenter. Autant en font ceux-ci[8] à leur tour.

Essais, I, 31.

1. Courage. – 2. Ils n'envisagent pas. – 3. Abondance (du latin *ubertas*). – 4. Biens sur lesquels plusieurs personnes ont un droit et qui ne sont pas matériellement divisés entre elles. – 5. Avantage, profit. – 6. Où il ne leur manque. – 7. Chose. – 8. Leurs ennemis.

- Quelle image nous donne Montaigne de la société des « cannibales » ?
- Quel est le statut de la guerre chez ces « barbares » ?
- Dans quelle mesure ce texte relève-t-il du type argumentatif ?

➢ **Groupement de textes : voir 43 - 55 - 56.**

Jacques CAZOTTE
1719 - 1792
Le Diable amoureux (1772)

Une nuit, Alvare, le héros-narrateur, a été conduit par Soberano et ses acolytes dans les ruines de Portici, pour y rencontrer Béelzébut.

Jamais fanfaron ne se trouva dans une crise plus délicate : je fus au moment de les[1] rappeler ; mais il y avait trop à rougir pour moi ; c'était d'ailleurs renoncer à toutes mes espérances. Je me raffermis sur la place où j'étais ; je tins un moment conseil. On a voulu m'effrayer, dis-je ; on veut voir si je suis pusillanime. Les gens qui m'éprouvent[2] sont à deux pas d'ici, et à la suite de mon évocation[3] je dois m'attendre à quelque tentative de leur part pour m'épouvanter. Tenons bon ; tournons la raillerie contre les mauvais plaisants.

Cette délibération fut assez courte, quoiqu'un peu troublée par le ramage des hiboux et des chats-huants qui habitaient les environs, et même l'intérieur de ma caverne.

Un peu rassuré par mes réflexions, je me rassois sur mes reins, je me piète[4] ; je prononce l'évocation[5] d'une voix claire et soutenue, et, en grossissant le son, j'appelle, à trois reprises et à très courts intervalles, *Béelzébut.*

Un frisson courait dans toutes mes veines, et mes cheveux se hérissaient sur ma tête.

À peine avais-je fini, une fenêtre s'ouvre à deux battants, vis-à-vis de moi, au haut de la voûte : un torrent de lumière plus éblouissante que celle du jour fond par cette ouverture : une tête de chameau horrible, autant par sa grosseur que par sa forme, se présente à la fenêtre ; surtout elle avait des oreilles démesurées. L'odieux fantôme ouvre la gueule, et, d'un ton assorti au reste de l'apparition, me répond : *Che vuoi*[6] ?

1. Soberano et des deux acolytes. – 2. Me mettent à l'épreuve. – 3. Formule magique pour appeler les démons. – 4. *Se piéter* : « se fixer, s'assurer sur ses pieds » (Littré). – 5. « Que veux-tu ? », en italien.

- Étudiez la progression de l'action.
- Relevez les procédés qui traduisent la peur du personnage.
- L'hésitation entre le réel et le surnaturel : étudiez la dimension fantastique du texte.

➢ **Groupement de textes : voir 45 - 48.**

François-René de CHATEAUBRIAND

1768 - 1848

Atala (1801)

Le vieil Indien Chactas, qui a vécu en France jadis, raconte ses aventures au jeune François-René qui s'est rendu en Amérique en 1725.

C'est une singulière destinée, mon cher fils, que celle qui nous réunit! Je vois en toi l'homme civilisé qui s'est fait sauvage; tu vois en moi l'homme sauvage que le Grand Esprit (j'ignore pour quel dessein) a voulu civiliser. Entrés l'un et l'autre dans la carrière de la vie par les deux bouts opposés, tu es venu te reposer à ma place, et j'ai été m'asseoir à la tienne: ainsi nous avons dû avoir des objets une vue totalement différente. Qui, de toi ou de moi, a le plus gagné ou le plus perdu à ce changement de position? C'est ce que savent les génies, dont le moins savant a plus de sagesse que tous les hommes ensemble.

À la prochaine lune des fleurs[1], il y aura sept fois dix neiges, et trois neiges de plus[2], que ma mère me mit au monde sur les bords du Meschacebé. Les Espagnols s'étaient depuis peu établis dans la baie de Pensacola; mais aucun blanc n'habitait encore la Louisiane. Je comptais à peine dix-sept chutes de feuilles lorsque je marchai avec mon père, le guerrier Outalissi, contre les Muscogulges, nation puissante des Florides. Nous nous joignîmes aux Espagnols nos alliés, et le combat se donna sur une des branches de la Maubile. Areskoui[3] et les manitous ne nous furent pas favorables. Les ennemis triomphèrent; mon père perdit la vie; je fus blessé deux fois en le défendant. Oh! que ne descendis-je alors dans le pays des âmes! j'aurais évité les malheurs qui m'attendaient sur la terre. Les esprits en ordonnèrent autrement: je fus entraîné par les fuyards à Saint-Augustin[4].

....

1. Mois de mai. – 2. 73 ans. – 3. Dieu de la guerre. – 4. Ville fondée par les Espagnols.

- Comment s'exprime l'exotisme dans ce passage?
- Qu'est-ce qui rapproche et sépare les deux personnages?
- Quelle image nous est donnée de la vie de Chactas?

➢ **Groupement de textes: voir 41 - 55 - 56 - 57.**

Jules MICHELET

1798 - 1874

Le Peuple (1846)

[...] La machine, qui semble une force tout aristocratique par la centralisation de capitaux qu'elle suppose, n'en est pas moins, par le bon marché et la vulgarisation de ses produits, un très puissant agent du progrès démocratique ; elle met à la portée des plus pauvres une foule d'objets d'utilité, de luxe même et d'art, dont ils ne pouvaient approcher. La laine, grâce à Dieu, a descendu partout au peuple, et le réchauffe. La soie commence à le parer. Mais la grande et capitale révolution a été l'indienne. Il a fallu l'effort combiné de la science et de l'art pour forcer un tissu rebelle, ingrat, le coton, à subir chaque jour tant de transformations brillantes, puis transformé ainsi, le répandre partout, le mettre à la portée des pauvres. Toute femme portait jadis une robe bleue ou noire qu'elle gardait dix ans sans la laver, de peur qu'elle ne s'en allât en lambeaux. Aujourd'hui, son mari, pauvre ouvrier, au prix d'une journée de travail, la couvre d'un vêtement de fleurs. Tout ce peuple de femmes, qui présente sur nos promenades un éblouissant iris de mille couleurs, naguère était en deuil.

Ces changements qu'on croit futiles ont une portée immense. Ce ne sont pas là de simples améliorations matérielles, c'est un progrès du peuple dans l'extérieur et l'apparence, sur lesquels les hommes se jugent entre eux ; c'est, pour ainsi parler, l'*égalité visible.* Il s'élève par là à des idées nouvelles qu'autrement il n'atteignait pas ; la mode et le goût sont pour lui une initiation dans l'art. Ajoutez, chose plus grave encore, que l'habit impose à celui même qui le porte ; il veut en être digne, et s'efforce d'y répondre par sa tenue morale.

Il ne faut pas moins, en vérité, que ce progrès de tous, l'avantage évident des masses, pour nous faire accepter la dure condition dont il faut l'acheter, celle d'avoir, au milieu d'un peuple d'hommes, un misérable petit peuple d'hommes-machines qui vivent à moitié, qui produisent des choses merveilleuses, et qui ne se reproduisent pas eux-mêmes, qui n'engendrent que pour la mort, et ne se perpétuent qu'en absorbant sans cesse d'autres populations qui se perdent là pour toujours.

Beaucoup de gens sensibles, pour ne pas trop souffrir de leur comparaison, la font taire, en disant bien vite que cette population n'a une si triste apparence que parce qu'elle est mauvaise, gâtée, foncièrement corrompue. Ils la jugent ordinairement sur le moment où elle est la plus choquante à voir, sur l'aspect qu'elle présente à la sortie de la manufacture, lorsque la cloche la jette tout à coup dans la rue. Cette sortie est toujours bruyante. Les hommes parlent très haut, vous diriez qu'ils disputent; les filles s'appellent d'une voix criarde ou enrouée; les enfants se battent et jettent des pierres, ils s'agitent avec violence. Ce spectacle n'est pas beau à voir; le passant se détourne; la dame a peur, elle croit qu'une émeute commence, et prend une autre rue.

Il ne faut pas se détourner. Il faut entrer dans la manufacture, quand elle est au travail, et l'on comprend que ce silence, cette captivité pendant de longues heures, commandent, à la sortie, pour le rétablissement de l'équilibre vital, le bruit, les cris, le mouvement. Cela est vrai surtout pour les grands ateliers de filage et tissage, véritable enfer de l'ennui. *Toujours, toujours, toujours*, c'est le mot invariable que tonne à votre oreille le roulement automatique dont tremblent les planchers. Jamais l'on ne s'y habitue. Au bout de vingt ans, comme au premier jour, l'ennui, l'étourdissement sont les mêmes, et l'affadissement. Le cœur bat-il dans cette foule? Bien peu, son action est comme suspendue; il semble, pendant ces longues heures, qu'un autre cœur, commun à tous, ait pris la place, cœur métallique, indifférent, impitoyable, et que ce grand bruit, assourdissant dans sa régularité, n'en soit que le battement.

- À quel lecteur s'adresse ici Michelet (milieu social, éducation...)? Quel message veut-il lui transmettre?
- Indiquez la manière dont s'enchaînent les paragraphes à partir de la ligne 25.
- Identifiez les moyens stylistiques qui renforcent l'argumentation, lignes 49 à 57.

➢ **Groupement de textes: voir 40 - 49.**

Charles BAUDELAIRE

1821 - 1867

Les Fleurs du mal (1857 et 1861)

LE POSSÉDÉ

Le soleil s'est couvert d'un crêpe. Comme lui,
O lune de ma vie ! emmitoufle-toi d'ombre ;
Dors ou fume à ton gré ; sois muette, sois sombre,
Et plonge tout entière au gouffre de l'Ennui.

Je t'aime ainsi ! Pourtant, si tu veux aujourd'hui,
Comme un astre éclipsé qui sort de la pénombre,
Te pavaner aux lieux que la Folie encombre,
C'est bien ! Charmant poignard, jaillis de ton étui !

Allume ta prunelle à la flamme des lustres !
Allume le désir dans les regards des rustres !
Tout de toi m'est plaisir, morbide ou pétulant ;

Sois ce que tu voudras, nuit noire, rouge aurore ;
Il n'est pas une fibre en tout mon corps tremblant
Qui ne crie : *O mon cher Belzébuth, je t'adore !*

Les Fleurs du mal, Spleen et Idéal, 1861.

- Étudiez le système des images.
- Quel est le ton utilisé par le *Je* ?
- Comment se manifeste l'aspect inquiétant de ce sonnet ?

➢ **Groupement de textes : voir 42 - 48.**

Charles BAUDELAIRE

1821 - 1867

Les Paradis artificiels (1860)

En Égypte, le gouvernement défend la vente et le commerce du hachish, à l'intérieur du pays du moins. Les malheureux qui ont cette passion viennent chez le pharmacien prendre, sous le prétexte d'acheter une autre drogue, leur petite dose préparée à l'avance. Le gouvernement égyptien a bien raison. Jamais un État raisonnable ne pourrait subsister avec l'usage du hachish. Cela ne fait ni des guerriers ni des citoyens. En effet, il est défendu à l'homme, sous peine de déchéance et de mort intellectuelle, de déranger les conditions primordiales de son existence, et de rompre l'équilibre de ses facultés avec les milieux. S'il existait un gouvernement qui eût intérêt à corrompre ses gouvernés, il n'aurait qu'à encourager l'usage du hachish.

On dit que cette substance ne cause aucun mal physique. Cela est vrai, jusqu'à présent du moins. Car je ne sais pas jusqu'à quel point on peut dire qu'un homme qui ne ferait que rêver et serait incapable d'action se porterait bien, quand même tous ses membres seraient en bon état. Mais c'est la volonté qui est attaquée, et c'est l'organe le plus précieux. Jamais un homme qui peut, avec une cuillerée de confitures, se procurer instantanément tous les biens du ciel et de la terre, n'en acquerra la millième partie par le travail. Il faut avant tout vivre et travailler.

L'idée m'est venue de parler du vin et du hachish dans le même article, parce qu'en effet il y a en eux quelque chose de commun : le développement poétique excessif de l'homme. Le goût frénétique de l'homme pour toutes les substances, saines ou dangereuses, qui exaltent sa personnalité, témoigne de sa grandeur. Il aspire toujours à réchauffer ses espérances et à s'élever vers l'infini. Mais il faut voir les résultats. Voici une liqueur qui active la digestion, fortifie les muscles, et enrichit le sang. Prise en grande quantité même, elle ne cause que des désordres assez courts. Voilà une substance qui interrompt les fonctions digestives, qui affaiblit les membres et qui peut causer une ivresse de vingt-quatre heures. Le vin exalte la volonté, le hachish l'annihile. Le vin est un support physique, le hachish est une arme pour le suicide. Le vin rend bon et sociable. Le hachish est isolant. L'un est laborieux pour ainsi dire, l'autre essentiellement paresseux. À quoi bon, en effet, travailler, labourer, écrire, fabriquer quoi que ce soit, quand on peut emporter le paradis d'un seul coup ? Enfin le vin est pour le peuple qui travaille et qui mérite d'en boire. Le hachish appartient à la classe des joies solitaires ; il est fait pour les misérables oisifs. Le vin est utile, il produit des résultats fructifiants. Le hachish est inutile et dangereux.

- Montrez que ce texte est un réquisitoire contre l'usage du hachish.
- À quels procédés argumentatifs l'auteur a-t-il recours dans le premier paragraphe ?
- Étudiez comment Baudelaire oppose le vin et le hachish. Quelles conclusions en tire-t-il ?
- Dans une argumentation organisée, en vous appuyant sur des exemples, opposez à la thèse de Baudelaire les dangers de l'alcool.

➢ **Groupement de textes : voir 44.**

Pierre LOTI

1850 - 1923

Aziyadé (1879)

Le narrateur se promène à Salonique, alors sous gouvernement turc, dans une rue du vieux quartier musulman. La scène se passe en 1876 ; des troubles politiques viennent d'avoir lieu.

La population de Salonique conservait encore envers nous une attitude contrainte et hostile ; aussi l'autorité nous obligeait-elle à traîner par les rues un sabre et tout un appareil de guerre. De loin en loin, quelques personnages à turban passaient en longeant les murs et aucune tête de femme ne se montrait derrière les grillages discrets des *haremlikes*[1] ; on eût dit une ville morte.

Je me croyais si parfaitement seul, que j'éprouvai une étrange impression en apercevant près de moi, derrière d'épais barreaux de fer, le haut d'une tête humaine, deux grands yeux verts fixés sur les miens.

Les sourcils étaient bruns, légèrement froncés, rapprochés jusqu'à se rejoindre ; l'expression de ce regard était un mélange d'énergie et de naïveté ; on eût dit un regard d'enfant, tant il avait de fraîcheur et de jeunesse.

La jeune femme qui avait ces yeux se leva, et montra jusqu'à la ceinture sa taille enveloppée d'un camail à la turque (*féredjé*) aux plis longs et rigides. Le camail était de soie verte, orné de broderies d'argent. Un voile blanc enveloppait soigneusement la tête, n'en laissant paraître que le front et les grands yeux. Les prunelles étaient bien vertes, de cette teinte vert de mer d'autrefois chantée par les poètes d'Orient.

Cette jeune femme était Aziyadé.

....

1. Lieu où les femmes vivent à l'abri des regards masculins.

- Quels éléments évoquent l'exotisme du lieu ?
- Comment se manifeste l'état de malaise du narrateur au début du passage ?
- Étudiez le motif du regard dans cette rencontre.

➢ **Groupement de textes : voir 44.**

Guy de MAUPASSANT

1840 - 1893

Le Horla (1887)

6 août

Cette fois, je ne suis pas fou. J'ai vu… j'ai vu… j'ai vu!… Je ne puis plus en douter… J'ai vu!… J'ai encore froid jusque dans les ongles… J'ai encore peur jusque dans les moelles… j'ai vu!…

Je me promenais à deux heures, en plein soleil, dans mon parterre de rosiers… dans l'allée des rosiers d'automne qui commencent à fleurir…

Comme je m'arrêtais à regarder un *géant des batailles*[1] qui portait trois fleurs magnifiques, je vis, je vis distinctement, tout près de moi, la tige d'une de ces roses se plier, comme si une main invisible l'eût tordue, puis se casser, comme si cette main l'eût cueillie! Puis la fleur s'éleva, suivant la courbe qu'aurait décrite un bras en la portant vers une bouche, et elle resta suspendue dans l'air transparent, toute seule, immobile, effrayante tache rouge à trois pas de mes yeux.

Éperdu, je me jetai sur elle pour la saisir! Je ne trouvai rien; elle avait disparu. Alors, je fus pris d'une colère furieuse contre moi-même; car il n'est pas permis à un homme raisonnable et sérieux d'avoir de pareilles hallucinations.

Mais était-ce bien une hallucination? Je me retournai pour chercher la tige, et je la retrouvai immédiatement sur l'arbuste, fraîchement brisé, entre les deux autres roses demeurées à la branche.

1. Variété de rosier.

- Quel rôle joue la nature dans ce passage ?
- Quels sont les éléments qui traduisent le fantastique ?
- Comment s'exprime l'angoisse du narrateur dans son journal ?

➢ **Groupement de textes : voir 42 - 45.**

Blaise CENDRARS

1887 - 1961

Les Pâques à New York (1912)

Seigneur, la foule des pauvres pour qui vous fîtes le Sacrifice
Est ici, parquée, tassée, comme du bétail, dans les hospices.

D'immenses bateaux noirs viennent des horizons
Et les débarquent, pêle-mêle, sur les pontons.

Il y a des Italiens, des Grecs, des Espagnols,
Des Russes, des Bulgares, des Persans, des Mongols.
Ce sont des bêtes de cirque qui sautent les méridiens.
On leur jette un morceau de viande noire, comme à des chiens.

C'est leur bonheur à eux que cette sale pitance,
Seigneur, ayez pitié des peuples en souffrance.

(extrait)

Pierre VIANSSON-PONTÉ

1920 - 1979

Des jours entre des jours (1974)

[…] Le racisme n'est qu'un des éléments – le plus sensible peut-être, non le plus grave au fond – du sort des immigrés. La honte, c'est, plus encore, la situation matérielle qui leur est faite. Ils sont importés comme les animaux du zoo et souvent moins bien logés qu'eux. Ils assument les tâches les plus rebutantes, les métiers les plus durs et, parfois, les plus malsains, ceux dont les Français ne veulent plus. Ils sont payés juste assez pour que, du fond de leur misère, dans leurs douars écrasés de soleil et leurs villages aux terres arides, d'autres, malheureux comme eux, rêvent de devenir, à leur tour, manœuvres chez Renault, mineurs dans le Pas-de-Calais, éboueurs à Paris, cet eldorado.

Parqués, rejetés, condamnés à la solitude, ils sont des victimes de choix pour les petits chefs les plus hargneux, la bureaucratie la plus tatillonne, la police la plus soupçonneuse, qui les suspecte *a priori* de tous les vols et de tous les viols, bien que, parmi eux, le taux de criminalité soit légèrement inférieur, oui, inférieur à la moyenne nationale. Perdus dans un monde où les coutumes, les mœurs, et souvent la langue, leur sont étrangères, trop peu reçoivent une formation, une instruction, une initiation à notre langage, sauf pour les chanceux qui bénéficient d'une aide bénévole et bien insuffisante encore.

Des jours entre des jours, Éd. Stock.

Tahar BEN JELLOUN

né en 1944

Au commencement, la xénophobie : l'étranger n'est pas accepté. On ne donne pas forcément de raisons. On parle à la rigueur d'incompatibilité ; on invoque le « seuil de tolérance ». En fait, on se sent menacé dans son petit bonheur, car on s'est installé dans un territoire de certitudes. À l'ouverture sur les autres, on préfère la méfiance. Cette hostilité à tout ce qui vient de l'étranger, quand elle est exaspérée, devient de la haine, l'ignorance et le manque d'information aidant. Le glissement vers le racisme affiché, vers le « racisme militant », se fait aisément en des moments de crise socio-économique et politique.

L'Autre devient l'indésirable parce qu'il a le tort de renvoyer à la société où il est de passage une image où elle ne se reconnaît pas. Le Noir aux États-Unis est l'image qui indispose une mentalité satisfaite et encombrée de préjugés. C'est une question de couleur de peau, de faciès ; une question d'apparence. L'Autre est refoulé sur simple présentation de son visage. Tout l'irrationnel du racisme est là : la haine de l'Autre à partir d'une question d'épiderme !

Le Monde, « Dossiers et documents », mars 1978.

- En vous appuyant sur les trois textes, dégagez les caractéristiques physiques, morales et sociales de l'« Autre ». Qu'en déduisez-vous ?
- Quels reproches fait-on à « l'étranger » ?
- Par quels moyens chaque auteur essaie-t-il de sensibiliser le lecteur ?

➢ **Groupement de textes : voir 40 - 58 - 59.**

Emmanuel BOVE

1898 - 1946

Mes amis (1921)

Le narrateur, gravement blessé lors de la Première Guerre mondiale, vit d'une modeste pension d'invalidité.

La propriétaire m'a donné congé.

Il paraît que les locataires se sont plaints de ce que je ne travaillais pas. Pourtant, je vivais bien sagement. Je descendais doucement l'escalier. Mon amabilité était très grande. Quand la vieille dame du troisième portait un filet trop lourd, je lui aidais[1] à le monter. Je frottais mes pieds sur les trois tapis qui se succèdent avant l'escalier. J'observais le règlement de la maison affiché près de la loge. Je ne crachais pas sur les marches comme le faisait M. Lecoin. Le soir, quand je rentrais, je ne jetais pas les allumettes avec lesquelles je m'étais éclairé. Et je payais mon loyer, oui, je le payais. Il est vrai que je n'avais jamais donné de denier à Dieu[2] à la concierge, mais, tout de même, je ne la dérangeais pas beaucoup. Seulement une ou deux fois par semaine, je rentrais après dix heures. Ce n'est rien pour une concierge de tirer le cordon. Cela se fait machinalement, en dormant.

J'habitais au sixième, loin des appartements. Je ne chantais pas, je ne riais pas, par délicatesse, parce que je ne travaillais pas.

Un homme comme moi, qui ne travaille pas, qui ne veut pas travailler, sera toujours détesté.

J'étais, dans cette maison d'ouvriers, le fou, qu'au fond, tous auraient voulu être. J'étais celui qui se privait de viande, de cinéma, de laine, pour être libre. J'étais celui qui, sans le vouloir, rappelait chaque jour aux gens leur condition misérable.

On ne m'a pas pardonné d'être libre et de ne point redouter la misère.

Le propriétaire m'a donné congé, légalement, sur papier timbré.

Mes voisins lui ont dit que j'étais sale, fier, et peut-être même, que des femmes venaient chez moi.

Dieu sait comme je suis généreux. Dieu sait toutes les bonnes actions que j'ai faites.

De même que je me rappelle un monsieur qui, quand j'étais petit, me donna quelques sous, de même beaucoup d'enfants se souviendront de moi lorsqu'ils auront grandi, car souvent je leur fais des cadeaux.

C'est une joie immense de savoir que j'existerai toujours dans ces âmes.

Il va falloir quitter ma chambre. Ma vie est-elle donc anormale au point de scandaliser le monde ? Je ne peux le croire.

Dans quinze jours, je serai ailleurs, je n'aurai plus la clef de cette chambre où j'ai vécu trois années, où mes habits de soldat sont tombés, où, démobilisé, j'ai cru que j'allais être heureux.

Oui, dans quinze jours je vais partir. Alors, les voisins auront peut-être du remords, car les changements touchent toujours, même les plus insensibles. Ils auront peut-être, une seconde seulement, la sensation d'avoir été méchants. Cela me suffira.

Ils viendront dans ma chambre vide et, comme il n'y aura plus de meubles, ils regarderont dans les placards. Mais ils ne verront rien.

C'est fini. Le soleil ne me dira plus l'heure sur le mur. Le malade qui habite sur mon palier va mourir, quinze jours après mon départ, car il faut qu'il y ait du nouveau. On repeindra quelque chose. Des ouvriers répareront le toit.

C'est curieux comme tout change sans vous.

Mes amis, Éd. Flammarion, 1977.

1. À la place de : « je l'aidais » ; cette faute est souvent commise par le narrateur. – 2. Petite somme versée par les catholiques pour des œuvres de charité.

- Quels reproches les voisins, puis le propriétaire font-ils au narrateur ?
- Comment expliquez-vous la différence entre l'image que les voisins se font du narrateur et le portrait qu'il brosse de lui-même ?
- Quelles remarques faites-vous sur la structure des phrases et l'enchaînement des paragraphes ? Quelle tonalité cela confère-t-il au texte ?

➢ **Groupement de textes : voir 44 - 49.**

Jean GIONO

1895 - 1970

Regain (1930)

Le Panturle est un homme énorme. On dirait un morceau de bois qui marche. Au gros de l'été, quand il se fait un couvre-nuque avec des feuilles de figuier, qu'il a les mains pleines d'herbe et qu'il se redresse, les bras écartés, pour regarder la terre, c'est un arbre. Sa chemise pend en lambeaux comme une écorce. Il a une grande lèvre épaisse et difforme, comme un poivron rouge. Il envoie la main lentement sur toutes les choses qu'il veut prendre, généralement ça ne bouge pas ou ça ne bouge plus. C'est du fruit, de l'herbe ou de la bête morte ; il a le temps. Et quand il tient, il tient bien.

De la bête vivante, quand il en rencontre, il la regarde sans bouger : c'est un renard, c'est un lièvre, c'est un gros serpent des pierrailles. Il ne bouge pas ; il a le temps. Il sait qu'il y a, quelque part, dans un buisson, un lacet de fil de fer qui serre les cous au passage.

Il a un défaut, si on peut dire : il parle seul. Ça lui est venu aussitôt après la mort de sa mère.

Un homme si gros que ça, ça avait une mère comme une sauterelle. Elle est morte du mal. On appelle ça : « le mal », mais c'est une vapeur ; ça prend les gens d'âge, ils ont les « trois sueurs », le « point de côté » puis, ça s'arrache tout, là-dedans, et ils meurent. C'est le sang qui se caille comme du lait.

Regain, Éd. Bernard Grasset.

- Quel rapport le Panturle entretient-il avec la nature ?
- En quoi le Panturle est-il un homme étrange ?
- Quel est le registre de langue employé ? Justifiez votre réponse.

➤ **Groupement de textes : voir 40 - 44.**

Henri MICHAUX

1899 - 1984

Un barbare en Asie (1945)

Certains s'étonnent qu'ayant vécu en un pays d'Europe plus de trente ans, il ne me soit jamais arrivé d'en parler. J'arrive aux Indes, j'ouvre les yeux, et j'écris un livre.

Ceux qui s'étonnent m'étonnent.

Comment n'écrirait-on pas sur un pays qui s'est présenté à vous avec l'abondance des choses nouvelles et dans la joie de revivre ?

Et comment écrirait-on sur un pays où l'on a vécu trente ans, liés à l'ennui, à la contradiction, aux soucis étroits, aux défaites, au train-train quotidien, et sur lequel on ne sait plus rien.

Mais ai-je été exact dans mes descriptions ?

Je répondrai par une comparaison.

Quand le cheval, pour la première fois, voit le singe, il l'observe. Il voit que le singe arrache les fleurs des arbustes, les arrache méchamment (non pas brusquement), il le voit. Il voit aussi qu'il montre souvent les dents à ses compagnons, qu'il leur arrache les bananes qu'ils tiennent, alors que lui-même en possède d'aussi bonnes qu'il laisse tomber, et il voit que le singe mord les faibles. Il le voit gambader, jouer. Alors le cheval se fait une idée du singe. Il s'en fait une idée circonstanciée et il voit que lui, cheval, est un tout autre être.

Un barbare en Asie, © Éd. Gallimard, 1967.

- Étudiez la composition du texte.
- Quel rôle jouent les phrases interrogatives ?
- Sur quel ton s'exprime le narrateur (s'appuyer sur le rôle des interrogatives, des répétitions, de la « comparaison ») ?

➢ **Groupement de textes : voir 47 - 56.**

Jacques PRÉVERT

1900 - 1977

Paroles (1945)

COMPLAINTE DE VINCENT

Dans une crise de démence, Van Gogh s'est tranché le lobe de l'oreille, a enveloppé le morceau de chair et l'a porté à une prostituée d'une maison close.

À Paul Éluard

À Arles où roule le Rhône
Dans l'atroce lumière de midi
Un homme de phosphore et de sang
Pousse une obsédante plainte
Comme une femme qui fait son enfant
Et le linge devient rouge
Et l'homme s'enfuit en hurlant
Pourchassé par le soleil
Un soleil d'un jaune strident
Au bordel tout près du Rhône
L'homme arrive comme un roi mage
Avec son absurde présent
Il a le regard bleu et doux
Le vrai regard lucide et fou
De ceux qui donnent tout à la vie
De ceux qui ne sont pas jaloux
Et montre à la pauvre enfant
Son oreille couchée dans le linge
Elle pleure sans rien comprendre
Songeant à de tristes présages
Et regarde sans oser le prendre
L'affreux et tendre coquillage
Où les plaintes de l'amour mort
Et les voix inhumaines de l'art
Se mêlent aux murmures de la mer
Et vont mourir sur le carrelage
Dans la chambre où l'édredon rouge

D'un rouge soudain éclatant
Mélange ce rouge si rouge
Au sang bien plus rouge encore
De Vincent à demi mort
Et sage comme l'image même
De la misère et de l'amour
L'enfant nue toute seule sans âge
Regarde le pauvre Vincent
Foudroyé par son propre orage
Qui s'écroule sur le carreau
Couché dans son plus beau tableau
Et l'orage s'en va calmé indifférent
En roulant devant lui ses grands tonneaux de sang
L'éblouissant orage du génie de Vincent
Et Vincent reste là dormant rêvant râlant
Et le soleil au-dessus du bordel
Comme une orange folle dans un désert sans nom.
Le soleil sur Arles
En hurlant tourne en rond.

«Complainte de Vincent», *Paroles*,

- En quoi le texte se présente-t-il comme une complainte ?
- Comment s'expriment la folie et le génie de Vincent ?
- Quel rôle joue le décor dans ce poème ?

➢ **Groupement de textes : 42 - 45 - 55.**

Jean-Paul SARTRE

1905 - 1980

La Putain respectueuse (1946)

FRED. – Ils sont montés à deux dans ton compartiment. Au bout d'un moment, ils se sont jetés sur toi. Tu as appelé à l'aide et des blancs sont venus. Un des nègres a tiré son rasoir et un blanc l'a abattu d'un coup de revolver. L'autre nègre s'est sauvé!

LIZZIE. – C'est ce que t'a raconté Webster?

FRED. – Oui.

LIZZIE. – D'où le savait-il?

FRED. – Toute la ville en parle.

LIZZIE. – Toute la ville? C'est bien ma veine. Vous n'avez donc rien d'autre à faire?

FRED. – Est-ce que les choses se sont passées comme je l'ai dit?

LIZZIE. – Pas du tout. Les deux nègres se tenaient tranquilles et parlaient entre eux; ils ne m'ont même pas regardée. Après, quatre blancs sont montés et il y en a deux qui m'ont serrée de près. Ils venaient de gagner un match de rugby, ils étaient soûls. Ils ont dit que ça sentait le nègre et ils ont voulu jeter les noirs par la portière. Les autres se sont défendus comme ils ont pu; à la fin, un blanc a reçu un coup de poing sur l'œil; c'est là qu'il a sorti son revolver et qu'il a tiré. C'est tout. L'autre nègre a sauté du train comme on arrivait en gare.

FRED. – On le connaît. Il ne perdra rien pour attendre. (*Un temps.*) Quand on t'appellera chez le juge, c'est cette histoire-là que tu vas raconter?

LIZZIE. – Mais qu'est-ce que ça peut te faire?

FRED. – Réponds.

LIZZIE. – Je n'irai pas chez le juge. Je te dis que j'ai horreur des complications.

FRED. – Il faudra bien que tu y ailles.

LIZZIE. – Je n'irai pas. Je ne veux plus avoir affaire à la police.

FRED. – Ils viendront te chercher.

LIZZIE. – Alors je dirai ce que j'ai vu. (*Un temps.*)

FRED. – Est-ce que tu te rends bien compte de ce que tu vas faire?

LIZZIE. – Qu'est-ce que je vais faire ?

FRED. – Tu vas témoigner contre un blanc pour un noir.

LIZZIE. – Si c'est le blanc qui est coupable.

FRED. – Il n'est pas coupable.

LIZZIE. – Puisqu'il a tué, il est coupable.

FRED. – Coupable de quoi ?

LIZZIE. – D'avoir tué !

FRED. – Mais c'est un nègre qu'il a tué.

LIZZIE. – Eh bien ?

FRED. – Si on était coupable chaque fois qu'on tue un nègre…

La Putain respectueuse, © Éd. Gallimard.

- D'après le contexte, indiquez les traits de caractère de Lizzie.
- Comment Jean-Paul Sartre s'y prend-il pour discréditer la thèse de Fred ?
- Analysez ce qui fait la puissance dramatique de cette confrontation.

➢ **Groupement de textes : voir 49 - 56 - 57 - 58 - 59.**

Michel de GHELDERODE
1898 - 1962
Christophe Colomb (1952)

COLOMB. – Le roi ? (*Arrive le roi, à la béquille dorée et à la couronne fantastique ; il est suivi de son bouffon, Folial, bariolé.*) Assez d'audiences ! Ce navire ?

FOLIAL. – Tu l'as. Remercie sa Majesté.

COLOMB. – Cela m'était dû.

LE ROI. – Peuh ! C'est bien pour faire plaisir à la reine. La reine est une originale personne.

COLOMB. – Très touché.

LE ROI. – Quant à moi, c'est volontiers que je te donne ce bateau ; ça me dispense de t'interner. Pars vite et vogue vers l'oubli, car mes sujets ne parlent plus que de l'Éden que tu veux découvrir. Comme si mon royaume n'était pas l'Éden ! Qu'en crois-tu, Folial ?

FOLIAL. – Laissez au peuple crasse et chimères. Promettez l'Éden !

COLOMB. – Et si je découvrais l'Éden ?

LE ROI. – C'est qu'en ce cas, Dieu aura voulu bénir mon règne, par ton acte. Ne t'aurai-je pas donné le bateau ? (*Il médite.*) Colomb, ce sont des hommes de ton espèce qui ont toujours gâté mes années. Des artistes en quelque sorte. J'ai mes raisons de les admirer et de les mésestimer. Pas vrai, Folial ?

FOLIAL. – Sire, les grands esprits n'entendent rien aux petites affaires.

LE ROI. – Pourtant, j'ai besoin d'eux. On aurait des difficultés à écrire la chronique de mon règne, vois-tu, et il ne serait pas mauvais, après tout, que tu découvrisses cet Éden, dont nous ferions une colonie bien administrée.

COLOMB. – Sire, par mon saint scapulaire, je trouverai l'Éden dont vous ferez hommage à la reine. Ma gratitude… Je vois le navire. Quelle parole noble pourrai-je bien sortir ?

FOLIAL. – Soir historique ! Mais c'est à vous, Sire, de parler royal. Allez-y !

LE ROI, *avec chaleur.* – Salut Colomb ! Toi qui est sain de corps et d'esprit ! Quel siècle malade ! Trouve un monde jeune ! Je règne sur un royaume de neurasthénie. Heureux es-tu de posséder la mer, misanthrope puissant ! Moi…

COLOMB. – Avez-vous du chagrin?

LE ROI. – Ému, oui. Tu as un navire? Je n'ai qu'un trône. (*Il saisit la main de Colomb.*) Je t'ai menti; c'est moi, pas la reine, qui te donne ce navire. Et puis non, mon royaume n'est pas l'Éden. Ah! voyageur clairvoyant… (*Le bouffon pleure.*) Ta gueule, Folial! Ton métier est d'être gai.

FOLIAL. – Le vôtre d'être poli.

LE ROI. – Tu as raison. *(Il pleure aussi.)*

Une passerelle est glissée sur la scène. Colomb s'y engage. Le roi agite son mouchoir en signe d'adieu. La foule arrive, qui est un unique acteur donnant, seul, l'impression du tumulte et du nombre.

L'HOMME-FOULE. – Le voilà! Viva! Brava!

COLOMB, *saluant modestement.* – Me voici!

L'HOMME-FOULE. – Prodigieux! Cocasse! Vrai! Faux! Où est-il? Lui? Oui! Non! Bis! Casse-cou! Arriviste! Martyr!

COLOMB. – Et pour en finir, dites?

L'HOMME-FOULE. – Un discours!

COLOMB. – Je n'ai rien préparé.

LE ROI. – Sois gentil, Colomb.

COLOMB. – Peuple…

LE REPORTER, *surgissant sur le mur.* – Pas encore parti, le type?

L'HOMME-FOULE. – Il parle! Il a parlé! Sublime! Bravissimo!

COLOMB. – J'ai peu à dire, beaucoup à faire.

L'HOMME-FOULE. – Il recommence? Assez!

LE REPORTER. – Partira-t-il? Beaucoup à faire, disiez-vous?

COLOMB. – Mon testament, par exemple. Le voici. Ô roi, ô peuple… Quand on a détruit une surface et créé un volume, on se moque bien de la critique qui soutient que le but de ma vie est de faire tenir debout un œuf. Pardonnez-moi de ne rien y ajouter et de paraître distrait: Je vois les choses de haut. Oui, je viens d'un autre monde, je ne suis pas du vôtre, je pars vers un autre monde. Mais sachez que mon ambition n'est pas d'en découvrir un. C'est plus sérieux: J'ai le goût du malheur; je fuis les nations raisonnables…

Christophe Colomb, recueilli dans *Théâtre*, t. 2, © Éd. Gallimard.

- Pourquoi le roi a-t-il donné un navire à Colomb? Déduisez-en les rapports que le « pouvoir » peut entretenir avec ceux que le roi appelle « des artistes ».
- De qui « l'homme-foule » et le « reporter » sont-ils les représentants symboliques?
- Dégagez les éléments comiques de la scène et précisez leur fonction argumentative.

➢ **Groupement de textes: voir 41 - 43 - 56.**

Claude LÉVI-STRAUSS

né en 1908

Tristes Tropiques (1955)

Aucune société n'est parfaite. Toutes comportent par nature une impureté incompatible avec les normes qu'elles proclament et qui se traduit concrètement par une certaine dose d'injustice, d'insensibilité, de cruauté. Comment évaluer cette dose ? L'enquête ethnographique y parvient. Car, s'il est vrai que la comparaison d'un petit nombre de sociétés les fait apparaître très différentes entre elles, ces différences s'atténuent quand le champ d'investigation s'élargit. On découvre alors qu'aucune société n'est foncièrement bonne ; mais aucune n'est absolument mauvaise ; toutes offrent certains avantages à leurs membres, compte tenu d'un résidu d'iniquité dont l'importance paraît approximativement constante et qui correspond peut-être à une inertie spécifique qui s'oppose, sur le plan de la vie sociale, aux efforts d'organisation.

Cette proposition surprendra l'amateur de récits de voyages, ému au rappel des coutumes « barbares » de telle ou telle peuplade. Pourtant, ces réactions à fleur de peau ne résistent pas à une appréciation correcte des faits et à leur rétablissement dans une perspective élargie. Prenons le cas de l'anthropophagie qui, de toutes les pratiques sauvages, est sans doute celle qui nous inspire le plus d'horreur et de dégoût. On devra d'abord en dissocier les formes proprement alimentaires, c'est-à-dire celles où l'appétit pour la chair humaine s'explique par la carence d'autre nourriture animale, comme c'était le cas dans certaines îles polynésiennes. De telles fringales, nulle société n'est moralement protégée ; la famine peut entraîner les hommes à manger n'importe quoi : l'exemple récent des camps d'extermination le prouve.

Restent alors les formes d'anthropophagie qu'on peut appeler positives, celles qui relèvent de causes mystiques, magiques ou religieuses : ainsi l'ingestion d'une parcelle du corps d'un ascendant ou d'un fragment d'un cadavre ennemi pour permettre l'incorporation de ses vertus ou encore la neutralisation de son pouvoir ; outre que de tels rites s'accomplissent le plus souvent de manière fort discrète, portant sur de menues quantités de matière organique pulvérisée, ou mêlée à d'autres aliments, on reconnaîtra, même quand elles revêtent des formes plus franches, que la condamnation morale de telles coutumes implique, soit une croyance dans la résurrection corporelle qui serait compromise par la destruction matérielle du cadavre, soit l'affirmation d'un lien entre l'âme et le corps et le dualisme correspondant, c'est-à-dire des convictions qui sont de même nature que celles au nom desquelles la consommation rituelle est pratiquée et que nous n'avons pas de raison de leur préférer. D'autant plus que la désinvolture vis-à-vis de la mémoire du défunt, dont nous pourrions faire grief au cannibalisme, n'est certainement pas plus grande, bien au contraire, que celle que nous tolérons dans les amphithéâtres de dissection.

Mais surtout, nous devons nous persuader que certains usages qui nous sont propres, considérés par un observateur relevant d'une société différente, lui apparaîtraient de même nature que cette anthropophagie qui nous semble étrangère à la notion de civilisation.

Tristes Tropiques, © Éd. Plon, 1973.

- Indiquez les étapes de l'argumentation.
- Quelle valeur revêt l'exemple de l'anthropophagie ?
- Comment s'exprime, à travers ce texte, le relativisme de Lévi-Strauss ?

➢ **Groupement de textes : voir 41 - 55 - 57.**

Michel LEIRIS

1901 - 1990

Cinq études d'ethnologie (1969)

Nos idées sur la culture étant elles-mêmes partie intégrante d'une culture (celle de la société à laquelle nous appartenons), il nous est impossible de prendre la position d'observateurs extérieurs qui, seule, pourrait permettre d'établir une hiérarchie valable entre les diverses cultures : les jugements en cette matière sont nécessairement relatifs, affaire de point de vue, et tel Africain, Indien ou Océanien serait tout aussi fondé à juger sévèrement l'ignorance de la plupart d'entre nous en fait de généalogie que nous sa méconnaissance des lois de l'électricité ou du principe d'Archimède. Ce que, toutefois, il est permis d'affirmer comme un fait positif, c'est qu'il est des civilisations qui, à un moment donné de l'histoire, se trouvent douées de moyens techniques assez perfectionnés pour que le rapport des forces joue en leur faveur et qu'elles tendent à supplanter les autres civilisations, moins équipées techniquement, avec lesquelles elles entrent en contact ; c'est le cas aujourd'hui pour la civilisation occidentale, dont on voit – quelles que soient les difficultés politiques et les antagonismes des nations qui la représentent – l'expansion s'exercer à une échelle mondiale, ne serait-ce que sous la forme de la diffusion des produits de son industrie. Cette capacité d'expansion à base techno-scientifique apparaît finalement comme le critère décisif permettant d'attribuer à chaque civilisation plus ou moins de « grandeur » ; mais il est entendu que ce mot ne doit être pris qu'en un sens, si l'on peut dire, volumétrique et que c'est, d'ailleurs, d'un point de vue strictement pragmatique (c'est-à-dire en fonction de l'efficacité de ses recettes) qu'on peut apprécier la valeur d'une science, la regarder comme vivante ou morte et la distinguer d'une magie : si la méthode expérimentale – dans l'emploi de laquelle excellent les Occidentaux et occidentalisés d'aujourd'hui – représente un progrès indiscutable sur les méthodes aprioristes[1] et empiristes[2] c'est, essentiellement, dans la mesure où ses résultats (à l'inverse de ce qui en est pour ces autres méthodes) peuvent être le point de départ de nouveaux développements susceptibles, à leur tour, d'applications pratiques. Il est entendu, en outre, que, les sciences dans leur ensemble étant le produit d'innombrables démarches et processus divers auxquels toutes les races ont contribué depuis des millénaires, elles ne peuvent en aucune manière être regardées par les hommes à peau blanche comme leur apanage[3] exclusif et le signe, en eux, d'une aptitude qui leur serait congénitale.

Ces réserves expressément formulées, on peut souligner l'importance capitale que la technologie (soit les moyens d'agir sur l'environnement naturel) a non seulement pour la vie même des sociétés, mais pour leur développement. Les grandes étapes de l'histoire de l'humanité sont marquées par des progrès techniques qui ont eu de profondes répercussions sur tous les autres domaines culturels.

Cinq études d'ethnologie, © by Éd. Denoël.

....
1. Méthodes fondées sur des *a priori*, des préjugés et non sur des faits. – 2. Méthodes fondées sur l'expérience. – 3. Propriété.

- Quel est l'intérêt, pour la suite du texte, de l'observation formulée dans la première phrase ?
- Énoncez les critères pris en compte par Michel Leiris pour juger une civilisation.
- Reformulez, en trois ou quatre lignes maximum, la thèse développée par l'auteur.
- Vous direz, dans un développement structuré et argumenté, quels critères autres que l'efficacité technologique permettent d'évaluer une civilisation.

➢ **Groupement de textes : voir 56 - 59.**

Romain GARY

1914 - 1980

La Vie devant soi (1975)

Le narrateur est un jeune enfant arabe qui s'appelle Momo. Une vieille femme juive, Mme Rosa, s'occupe de Momo et de plusieurs enfants de prostituées dans le quartier de Belleville à Paris, où se concentre une forte population d'immigrés.

Lorsque les mandats cessaient d'arriver pour l'un d'entre nous, Madame Rosa ne jetait pas le coupable dehors. C'était le cas du petit Banania, son père était inconnu et on ne pouvait rien lui reprocher ; sa mère envoyait un peu d'argent tous les six mois et encore. Madame Rosa engueulait Banania mais celui-ci s'en foutait parce qu'il n'avait que trois ans et des sourires. Je pense que Madame Rosa aurait peut-être donné Banania à l'Assistance[1] mais pas son sourire et comme on ne pouvait pas l'un sans l'autre, elle était obligée de les garder tous les deux. C'est moi qui étais chargé de conduire Banania dans les foyers africains de la rue Bisson pour qu'il voie du noir, Madame Rosa y tenait beaucoup.

— Il faut qu'il voie du noir, sans ça, plus tard, il va pas s'associer.

Je prenais donc Banania et je le conduisais à côté. Il était très bien reçu car ce sont des personnes dont les familles sont restées en Afrique et un enfant, ça fait toujours penser à un autre.

Romain Gary (Émile Ajar), *La Vie devant soi*, Éd. Le Mercure de France.

....

1. Assistance publique.

- Précisez la dimension sociale du texte.
- Étudiez le registre de langue utilisé dans ce passage.
- Quel est le ton du texte ?

➢ **Groupement de textes : voir 20 - 21.**

Albert MEMMI

né en 1920

Ce que je crois (1985)

[…] Le monde ne se divise pas en racistes, qui seraient des salauds ou des malades, et les autres, nous, qui serions des gentils et des gens sains. Et, de toute manière, si les imbéciles abondent et si les fous sont aussi nombreux, il faudrait expliquer pourquoi le raciste est atteint de cette folie-là ; pourquoi il tient ce discours et pas un autre.

Non, il nous faut admettre, *en même temps*, ces deux constats : le racisme est insoutenable, par n'importe quel esprit, même médiocrement doué, et il y a en nous quelque chose qui, presque malgré nous, nous pousse, sous une forme ou sous une autre, à le soutenir. C'est contradictoire, embarrassant et assez terrible. Ce moteur inlassable, inusable, jusqu'ici en tout cas, j'ai proposé de l'appeler, d'un terme qu'il m'a fallu forger : *l'hétérophobie* ou la peur agressive d'autrui. Ce malaise diffus devant les autres, il est aussi difficile d'en rendre compte que de l'amour d'autrui, avec lequel, heureusement, il coexiste. […] Cette force, cette inclination à accuser autrui, à l'agresser, sous divers prétextes, nous la connaissons bien : nous en avons une très fréquente *expérience*, même si son contenu est confus, plus émotionnel que raisonnable. En gros, chaque fois que nous nous trouvons devant un individu ou un groupe différent ou mal connu, nous en ressentons quelque malaise. Dans une entreprise comme dans une armée ; même au sein d'un clergé ; ne parlons pas des artistes menés par leur excessive sensibilité. Notre inquiétude peut nous pousser à adopter des attitudes de méfiance et même de refus hostile. Lesquelles n'excluent pas, du reste, des sentiments ambivalents d'attente et d'espoir : on le voit chez l'enfant, toujours prêt, à la fois, à prendre peur et à sourire (question classique : l'enfant est-il raciste ? Évidemment non, il n'en possède pas l'argumentation, mais il est *candidat à l'hétérophobie*). […]

Plus grave : cette réaction, à base de peur et de concurrence, ne relève pas seulement du délire : elle a une *fonction* : elle fut et, en un sens, reste vitale pour l'espèce humaine. Pour survivre, l'homme a dû souvent défendre son intégrité et ses biens et, à l'occasion, s'approprier ceux d'autrui, biens mobiliers et immobiliers, aliments, matières premières, territoire, femmes, biens réels ou imaginaires, religieux, culturels et symboliques. De sorte qu'il est *à la fois* agresseur et agressé, terrifiant et terrifié. Car, puisque chacun en fait autant, on ne sait plus où commence ce cercle infernal de la défense et de l'agression. Cela fait partie de notre histoire et de notre mémoire collective ; et avons-nous vraiment changé depuis ?

Ce *refus terrifié et agressif d'autrui* n'est pas encore exactement le racisme. Mais le racisme est une élaboration discursive, une justification de ces émotions simples. Il m'a semblé nécessaire de distinguer ces deux niveaux et de les nommer différemment. Sinon, personne n'avouerait son hétérophobie, avec laquelle nous devons pourtant composer pour mieux exorciser le racisme. Inutile de soupçonner et d'accuser tout le monde : sommes-nous tous racistes ? Non, mais nous sommes tous exposés à l'hétérophobie. Le racisme vient se greffer sur ce fond commun, et se singularise selon la tradition culturelle de chacun, et la victime occasionnelle qu'il rencontre. C'est la société, notre langage, notre littérature, qui nous proposent complaisamment des moules, des casiers déjà préparés où ranger nos émotions. Inquiets malgré nous devant un homme aux traits asiatiques, nous puisons spontanément dans les figures négatives de Chinois ou de Japonais que nous offrent la littérature ou le cinéma. Idem pour les Juifs ou les Arabes, ou même pour les femmes. Sommes-nous déroutés devant une femme ? Les stéréotypes de la garce, de la vamp, ou même de la sorcière, sont aussitôt à notre disposition. Cet aspect conjoncturel, culturel, du racisme ne le rend pas moins dangereux, car nous le suçons, tous ou presque, dès notre première gorgée de lait, nous l'avalons avec nos première tartines, à l'école et dans la rue, dans les préjugés familiaux, dans les livres, les films, et même dans les religions.

Ce que je crois, Éd. Bernard Grasset.

- Analysez la progression argumentative du texte en mettant en relief, d'une part les termes d'articulation, d'autre part les idées importantes.
- Justifiez l'emploi des caractères italiques pour les mots ou expressions : « hétérophobie » (l. 12) ; « candidat à l'hétérophobie » (l. 27) ; « fonction » (l. 29) ; « refus terrifié et agressif d'autrui » (l. 39).
- Quels procédés rhétoriques l'auteur emploie-t-il, lignes 34 à 38, et pourquoi ?

➢ **Groupement de textes : voir 50 - 54 - 57 - 58.**

Pierre CORNEILLE

1606 - 1684

Le Cid (1636)

Don Diègue s'adresse ici au roi d'Espagne. Il rappelle qu'il a subi le soufflet de Don Gormas et que son fils Rodrigue a dû venger cet affront. Chimène, fille de Don Gormas, malgré son amour pour Rodrigue a demandé justice au roi.

Sire, ainsi ces cheveux blanchis sous le harnois[1],
Ce sang pour vous servir prodigué tant de fois,
Ce bras, jadis l'effroi d'une armée ennemie,
Descendaient au tombeau tout chargés d'infamie,
Si je n'eusse produit un fils digne de moi,
Digne de son pays, et digne de son roi.
Il m'a prêté sa main, il a tué le comte ;
Il m'a rendu l'honneur, il a lavé ma honte.
Si montrer du courage et du ressentiment,
Si venger un soufflet[2] mérite un châtiment,
Sur moi seul doit tomber l'éclat de la tempête :
Quand le bras a failli, l'on en punit la tête.
Qu'on nomme crime, ou non, ce qui fait nos débats,
Sire, j'en suis la tête, il n'en est que le bras.
Si Chimène se plaint qu'il a tué son père,
Il ne l'eût jamais fait si je l'eusse pu faire.
Immolez donc ce chef[3] que les ans vont ravir,
Et conservez pour vous le bras qui peut servir.
Aux dépens de mon sang satisfaites Chimène :
Je n'y résiste point, je consens à ma peine ;
Et, loin de murmurer d'un rigoureux décret,
Mourant sans déshonneur, je mourrai sans regret.

Le Cid, acte II, sc. VIII.

1. Ici, terme imagé représentant les tâches accomplies. – 2. Gifle reçue sur la joue et qui met au défi. – 3. Tête.

- Faites apparaître la dimension argumentative de cette tirade.
- Comment se trouve mis en valeur le code moral de l'aristocrate espagnol ?
- Étudiez le rôle des répétitions et des anaphores.

➢ **Groupement de textes : voir 62.**

Blaise PASCAL

1623 - 1662

Pensées (1670, posthume)

C'est ce qui fait que chaque degré de bonne fortune qui nous élève dans le monde nous éloigne davantage de la vérité, parce qu'on appréhende plus de blesser ceux dont l'affection est plus utile et l'aversion plus dangereuse. Un prince sera la fable de toute l'Europe, et lui seul n'en saura rien. Je ne m'en étonne pas : dire la vérité est utile à celui à qui on la dit, mais désavantageux à ceux qui la disent, parce qu'ils se font haïr. Or, ceux qui vivent avec les princes aiment mieux leurs intérêts que celui du prince qu'ils servent : et ainsi, ils n'ont garde de lui procurer un avantage en se nuisant à eux-mêmes.

Ce malheur est sans doute plus grand et plus ordinaire dans les plus grandes fortunes ; mais les moindres n'en sont pas exemptes, parce qu'il y a toujours quelque intérêt à se faire aimer des hommes. Ainsi la vie humaine n'est qu'une illusion perpétuelle ; on ne fait que s'entre-tromper et s'entre-flatter. Personne ne parle de nous en notre présence comme il en parle en notre absence. L'union qui est entre les hommes n'est fondée que sur cette mutuelle tromperie ; et peu d'amitiés subsisteraient, si chacun savait ce que son ami dit de lui lorsqu'il n'y est pas, quoiqu'il en parle alors sincèrement et sans passion.

L'homme n'est donc que déguisement, que mensonge et hypocrisie, et en soi-même et à l'égard des autres. Il ne veut pas qu'on lui dise la vérité, il évite de la dire aux autres ; et toutes ces dispositions, si éloignées de la justice et de la raison, ont une racine naturelle dans son cœur.

Pensées, Éd. Brunschvicg, 100 (extrait).

- Dans quelle mesure ce texte relève-t-il du type argumentatif ?
- Comment Pascal traduit-il sa vision pessimiste de l'homme ?
- Quels éléments sont caractéristiques de la réflexion morale ?

➢ **Groupement de textes : voir 64.**

Jean de LA FONTAINE

1621 - 1695

Fables (1668-1693)

L'HUÎTRE ET LES PLAIDEURS

Un jour deux pèlerins sur le sable rencontrent
Une huître, que le flot y venait d'apporter :
Ils l'avalent des yeux, du doigt ils se la montrent ;
À l'égard de la dent il fallut contester.
L'un se baissait déjà pour amasser la proie ;
L'autre le pousse, et dit : « Il est bon de savoir
Qui de nous en aura la joie.
Celui qui le premier a pu l'apercevoir
En sera le gobeur ; l'autre le verra faire.
– Si par là on juge l'affaire,
Reprit son compagnon, j'ai l'œil bon, Dieu merci.
– Je ne l'ai pas mauvais aussi,
Dit l'autre, et je l'ai vue avant vous, sur ma vie.
– Eh bien ! vous l'avez vue, et moi je l'ai sentie. »
Pendant tout ce bel incident,
Perrin Dandin arrive : ils le prennent pour juge.
Perrin, fort gravement, ouvre l'huître, et la gruge,
Nos deux Messieurs le regardant.
Ce repas fait, il dit d'un ton de président :
« Tenez, la cour vous donne à chacun une écaille,
Sans dépens, et qu'en paix chacun chez soi s'en aille. »
Mettez ce qu'il en coûte à plaider aujourd'hui ;
Comptez ce qu'il en reste à beaucoup de familles ;
Vous verrez que Perrin tire l'argent à lui,
Et ne laisse aux plaideurs que le sac et les quilles.

Fables, Livre IX, 9 ; Livres VI à XI : 1678-1679.

- Étudiez les caractéristiques de la fable (récit, dialogues, morale).
- En quoi la fable est-elle une satire de la justice ?
- Quel est le ton adopté par le fabuliste ? Justifiez votre réponse.

➢ **Groupement de textes : voir 60.**

Denis DIDEROT

1713 - 1784

Entretiens avec Catherine II (1773)

Dans cet entretien avec Catherine II de Russie, Diderot ébauche un plan de réformes... pour la France!

Que doit-il arriver sous mon règne, si, après avoir relevé et enrichi ma nation, je prends quelque précaution pour que l'or ne soit pas le dieu de mon pays, et que, *par le concours* aux places, j'assure quelque récompense au mérite et à la vertu? Ne puis-je pas me flatter, ainsi qu'Henri IV, que mes paysans de la Brie auront le dimanche une poule dans leur pot?

Mais quand le paysan de la Brie a une poule dans son pot, quelle est et quelle doit être l'aisance des autres conditions de la société? J'ose le demander à Votre Majesté. Surtout si j'avais l'attention de ne me plus mêler de rien, et de croire que chacun de mes sujets entend mieux que moi ses intérêts dans son état; si les opinions religieuses n'entraient pour rien dans mes préférences; si je ne me mêlais du commerce que pour l'aider et soutenir les grandes maisons de commerce défaillantes; si je ne voulais donner aucun règlement aux manufactures; si je récompensais parfois les inventeurs non par des privilèges exclusifs, mais par de l'argent et des honneurs; si j'empêchais la justice d'être ruineuse; si je rendais à la presse toute sa liberté, etc.

Mais lorsque le talent et la vertu mèneront à quelque chose, lorsque la nation entière aura toute l'aisance que chaque condition comporte, lorsqu'il n'y aura d'inégalité entre les fortunes que celle que l'industrie et le bonheur doivent y mettre, lorsque j'aurai anéanti toutes ces corporations où l'on ne peut entrer sans argent, et qu'on doit regarder comme autant de privilèges exclusifs qui condamnent des milliers de citoyens industrieux à mourir de faim ou à entrer dans une prison[1]; lorsque j'aurai encouragé l'agriculture, la mère nourrice de tout un empire; lorsque j'aurai des citoyens riches, que feront ces citoyens de leur or? L'or ne se mange pas. Ils l'emploieront à multiplier leurs jouissances. Et quelles sont ces jouissances? Celles de tous les sens. J'aurais donc des poètes, des philosophes, des peintres, des statuaires, des magots de la Chine[2], en un mot tout le produit d'un autre luxe, tous ces vices charmants qui font le bonheur de l'homme en ce monde-ci et sa damnation éternelle[3] dans l'autre.

Mais ce luxe ne sera plus l'enfant de la maison, il sera l'enfant de la prospérité.

....

1. Diderot prélude à l'édit de Turgot de 1776 qui abolit les structures des corporations de métiers. – 2. Figurines représentant un personnage obèse, assis. – 3. Selon la religion chrétienne.

- Relevez et classez les réformes préconisées par Diderot. En quoi sont-elles dans le droit fil des préoccupations des philosophes de l'*Encyclopédie* ?
- Précisez la valeur argumentative des « mais » qui ponctuent le texte (l. 7, 15, 18, 33).
- Comment Diderot prévient-il les objections que pourrait lui faire son interlocutrice ?
- En quoi réside le charme de la conversation de Diderot ?

➢ **Groupement de textes : voir 66.**

Bernardin de SAINT-PIERRE

1737 - 1814

Paul et Virginie (1784)

À l'Île de France (île Maurice) deux Françaises – dont l'une est la mère de Paul, l'autre la mère de Virginie – ont constitué une petite société idéale qui cherche à vivre dans le bonheur.

Elles avaient banni de leurs conversations la médisance, qui, sous une apparence de justice, dispose nécessairement le cœur à la haine ou à la fausseté; car il est impossible de ne pas haïr les hommes si on les croit méchants, et de vivre avec les méchants si on ne leur cache sa haine sous de fausses apparences de bienveillance. Ainsi la médisance nous oblige d'être mal avec les autres ou avec nous-mêmes. Mais, sans juger des hommes en particulier, elles ne s'entretenaient que des moyens de faire du bien à tous en général: et quoiqu'elles n'en eussent pas le pouvoir, elles en avaient une volonté perpétuelle qui les remplissait d'une bienveillance toujours prête à s'étendre au-dehors. En vivant donc dans la solitude, loin d'être sauvages, elles étaient devenues plus humaines. Si l'histoire scandaleuse de la société ne fournissait point de matière à leurs conversations, celle de la nature les remplissait de ravissement et de joie. Elles admiraient avec transport le pouvoir d'une providence qui, par leurs mains, avait répandu au milieu de ces arides rochers l'abondance, les grâces, les plaisirs purs, simples, et toujours renaissants.

- Dans quelle mesure la conversation, ici, se présente-t-elle comme un instrument de perfectibilité sociale ?
- En quoi le narrateur adopte-t-il le ton du moraliste ?
- Quel rôle joue la nature dans cette petite société ?

➢ **Groupement de textes: voir 61.**

Jules FERRY

1832 - 1893

Lettre aux instituteurs (1883)

Il est impossible que vous voyiez chaque jour tous ces enfants qui se pressent autour de vous, écoutant vos leçons, observant votre conduite, s'inspirant de vos exemples, à l'âge où l'esprit s'éveille, où le cœur s'ouvre, où la mémoire s'enrichit sans que l'idée vous vienne aussitôt de profiter de cette docilité, de cette confiance, pour leur transmettre, avec les connaissances scolaires proprement dites, les principes mêmes de la morale, j'entends simplement cette bonne et antique morale que nous avons reçue de nos pères et mères et que nous nous honorons tous de suivre dans les relations de la vie, sans nous mettre en peine d'en discuter les bases philosophiques. Vous êtes l'auxiliaire et, à certains égards, le suppléant du père de famille : parlez donc à son enfant comme vous voudriez que l'on parlât au vôtre : avec force et autorité, toutes les fois qu'il s'agit d'une vérité incontestée, d'un précepte de la morale commune ; avec la plus grande réserve, dès que vous risquez d'effleurer un sentiment religieux dont vous n'êtes pas juge.

Si parfois vous étiez embarrassé pour savoir jusqu'où il vous est permis d'aller dans votre enseignement moral, voici une règle pratique à laquelle vous pourrez vous tenir. Au moment de proposer aux élèves un précepte, une maxime quelconque, demandez-vous s'il se trouve à votre connaissance un seul honnête homme qui puisse être froissé de ce que vous allez dire. Demandez-vous si un père de famille, je dis un seul, présent à votre classe et vous écoutant pourrait de bonne foi refuser son assentiment à ce qu'il vous entendrait dire. Si oui, abstenez-vous de le dire ; sinon, parlez hardiment : car ce que vous allez communiquer à l'enfant, ce n'est pas votre propre sagesse, c'est la sagesse du genre humain, c'est une de ces idées d'ordre universel que plusieurs siècles de civilisation ont fait entrer dans le patrimoine de l'humanité. Si étroit que vous semble peut-être un cercle d'action ainsi tracé, faites-vous un devoir d'honneur de n'en jamais sortir, de rester en deçà de cette limite plutôt que vous exposer à la franchir ; vous ne toucherez jamais avec trop de scrupule à cette chose délicate et sacrée qu'est la conscience de l'enfant. Mais, une fois que vous êtes ainsi loyalement enfermé dans l'humble et sûre région de la morale usuelle, que vous demande-t-on? des discours? des dissertations savantes? de brillants exposés, un docte enseignement? Non! La famille et la société vous demandent de les aider à bien élever leurs enfants, à en faire des honnêtes gens. C'est-à-dire qu'elles attendent de vous non des paroles, mais des actes, non pas un enseignement de plus à inscrire au programme, mais un service tout pratique, que vous pouvez rendre au pays plutôt encore comme homme que comme professeur.

17 nov. 1883.

- Définissez de manière concise le type de « morale » que Jules Ferry veut voir enseignée.
- Justifiez l'emploi des temps et modes dans la phrase: « parlez donc... pas juge » (l. 11 à 15).
- Quel emploi l'auteur fait-il de la métaphore dans le passage: « Si étroit que vous semble... que vous demande-t-on » ? (l. 27 à 33) ?
- Dans un développement organisé, dites comment l'école et les cours d'instruction civique sont susceptibles de préparer à la citoyenneté.

➢ **Groupement de textes: voir 66.**

Émile ZOLA

1840 - 1902

Germinal (1885)

Chaque soir, après le travail, les mineurs s'attardent chez les Maheu pour déplorer leur dure condition d'existence. Étienne Lantier, jeune homme influencé par les doctrines socialistes et embauché depuis quelques mois par la Compagnie des mines, leur fait entrevoir la possibilité d'une autre organisation sociale.

Alors, la Maheude s'en mêlait.

« L'embêtant, voyez-vous, c'est lorsqu'on se dit que ça ne peut pas changer… Quand on est jeune, on s'imagine que le bonheur viendra, on espère des choses : et puis, la misère recommence toujours, on reste enfermé là-dedans… Moi, je ne veux du mal à personne, mais il y a des fois où cette injustice me révolte. »

Un silence se faisait, tous soufflaient un instant, dans le malaise vague de cet horizon fermé. Seul, le père Bonnemort, s'il était là, ouvrait des yeux surpris, car de son temps on ne se tracassait pas de la sorte : on naissait dans le charbon, on tapait à la veine[1], sans en demander davantage ; tandis que, maintenant, il passait un air qui donnait de l'ambition aux charbonniers.

« Faut cracher sur rien, murmurait-il. Une bonne chope est une bonne chope… Les chefs, c'est souvent de la canaille ; mais il y aura toujours des chefs, pas vrai ? inutile de se casser la tête à réfléchir là-dessus. »

Du coup, Étienne s'animait. Comment ! la réflexion serait défendue à l'ouvrier ! Eh ! justement, les choses changeraient bientôt, parce que l'ouvrier refléchissait à cette heure. Du temps du vieux, le mineur vivait dans la mine comme une brute, comme une machine à extraire la houille, toujours sous la terre, les oreilles et les yeux bouchés aux événements du dehors. Aussi les riches qui gouvernent avaient-ils beau jeu de s'entendre, de le vendre et de l'acheter, pour lui manger la chair : il ne s'en doutait même pas. Mais, à présent, le mineur s'éveillait au fond, germait dans la terre ainsi qu'une vraie graine ; et l'on verrait un matin ce qu'il pousserait au beau milieu des champs : oui, il pousserait des hommes, une armée d'hommes qui rétabliraient la justice. Est-ce que tous les citoyens n'étaient pas égaux depuis la Révolution ? Puisqu'on votait ensemble, est-ce que l'ouvrier devait rester l'esclave du patron qui le payait ? Les grandes Compagnies, avec leurs machines, écrasaient tout, et l'on n'avait même plus contre elles les garanties de l'ancien temps, lorsque les gens du même métier, réunis en corps, savaient se défendre. C'était pour ça, nom de Dieu ! et pour d'autres choses, que tout pèterait un jour, grâce à l'instruction. On n'avait qu'à voir dans le coron même : les grands-pères n'auraient pu signer leur nom, les pères le signaient déjà, et quant aux fils, ils lisaient et écrivaient comme des professeurs. Ah ! ça poussait, ça poussait petit à petit, une rude moisson d'hommes, qui mûrissait au soleil ! Du moment qu'on n'était plus collé chacun à sa place pour l'existence entière, et qu'on pouvait avoir l'ambition de prendre la place du voisin, pourquoi donc n'aurait-on pas joué des poings, en tâchant d'être le plus fort ?

Maheu, ébranlé, restait cependant plein de défiance.

Germinal, III, chap. 3.

....

1. C'est-à-dire dans la couche de charbon.

- Précisez les différentes conceptions de la société et de son avenir qui s'opposent dans ce passage.
- De laquelle de ces conceptions Zola vous paraît-il le plus proche ? À quels indices le supposez-vous ?
- Quelle métaphore donne son unité à ce passage ? Précisez-en la valeur symbolique et la portée philosophique.

➢ **Groupement de textes : voir 63 - 69.**

André GIDE

1869 - 1951

Les Nourritures terrestres (1897)

Les deux textes qui suivent terminent, le premier Les Nourritures terrestres *publié en 1897; le second* Les Nouvelles Nourritures, *paru en 1935. Le précepteur s'adresse à son élève Nathanaël.*

Nathanaël, à présent, jette mon livre. Émancipe-t'en. Quitte-moi; maintenant tu m'importunes; tu me retiens; l'amour que je me suis surfait pour toi m'occupe trop. Je suis las de feindre d'éduquer quelqu'un. Quand ai-je dit que je te voulais pareil à moi? – C'est parce que tu diffères de moi que je t'aime; je n'aime en toi que ce qui diffère de moi. Éduquer! – Qui donc éduquerais-je, que moi-même? Nathanaël, te le dirai-je? je me suis interminablement éduqué. Je continue. Je ne m'estime jamais que dans ce que je pourrais faire.

Nathanaël, jette mon livre; ne t'y satisfais point. Ne crois pas que *ta* vérité puisse être trouvée par quelque autre; plus que de tout, aie honte de cela. Si je cherchais tes aliments, tu n'aurais pas de faim pour les manger; si je te préparais ton lit, tu n'aurais pas sommeil pour y dormir.

Jette mon livre; dis-toi bien que ce n'est là *qu'une* des mille postures possibles en face de la vie. Cherche la tienne. Ce qu'un autre aurait aussi bien fait que toi, ne le fais pas. Ce qu'un autre aurait aussi bien dit que toi, ne le dis pas, – aussi bien écrit que toi, ne l'écris pas. Ne t'attache en toi qu'à ce que tu sens qui n'est nulle part ailleurs qu'en toi-même, et crée de toi, impatiemment ou patiemment, ah! le plus irremplaçable des êtres.

Les Nouvelles Nourritures (1935)

Ô toi pour qui j'écris – que j'appelais autrefois d'un nom qui me paraît aujourd'hui trop plaintif: Nathanaël, que j'appelle aujourd'hui: camarade – n'admets plus rien de plaintif en ton cœur.

Sache obtenir de toi ce qui rend la plainte inutile. N'implore plus d'autrui ce que, toi, tu peux obtenir.

J'ai vécu; maintenant c'est ton tour. C'est en toi désormais que se prolongera ma jeunesse. Je te passe pouvoir. Si je te sens me succéder, j'accepterai mieux de mourir. Je reporte sur toi mon espoir.

De te sentir vaillant me permet de quitter sans regrets la vie. Prends ma joie. Fais ton bonheur d'augmenter celui de tous. Travaille et lutte et n'accepte de mal rien de ce que tu pourrais changer. Sache te répéter sans cesse : il ne tient qu'à moi. On ne prend point son parti sans lâcheté de tout le mal qui dépend des hommes. Cesse de croire, si tu l'as jamais cru, que la sagesse est dans la résignation ; ou cesse de prétendre à la sagesse.

Camarade, n'accepte pas la vie telle que te la proposent les hommes. Ne cesse point de te persuader qu'elle pourrait être plus belle, la vie ; la tienne et celle des autres hommes ; non point une autre, future, qui nous consolerait de celle-ci et qui nous aiderait à accepter sa misère. N'accepte pas. Du jour où tu commenceras à comprendre que le responsable de presque tous les maux de la vie, ce n'est pas Dieu, ce sont les hommes, tu ne prendras plus ton parti de ces maux.

Ne sacrifie pas aux idoles.

Les Nouvelles Nourritures, recueilli dans *Les Nourritures terrestres,*

- Relevez la phrase qui vous paraît résumer le mieux la pensée de l'auteur dans chaque texte. Quelle évolution constatez-vous ?
- Précisez la situation d'énonciation choisie par Gide dans le premier texte et dites quel est son intérêt.
- À quels moyens le narrateur a-t-il recours pour convaincre Nathanaël dans le second texte ?
- Dans une argumentation construite et illustrée d'exemples, dites si le précepte de Gide « N'accepte pas la vie telle que les hommes te la proposent » doit être appliqué.

➢ **Groupement de textes : voir 61 - 71.**

Francis JAMMES
1868 - 1938
Clairières dans le ciel (1906)

ROSAIRE[1]

Agonie

Par le petit garçon qui meurt près de sa mère
tandis que des enfants s'amusent au parterre;
et par l'oiseau blessé qui ne sait pas comment
son aile tout à coup s'ensanglante et descend
par la soif et la faim et le délire ardent:
Je vous salue, Marie.

Flagellation

Par les gosses battus par l'ivrogne qui rentre
par l'âne qui reçoit des coups de pied au ventre
par l'humiliation de l'innocent châtié
par la vierge vendue qu'on a déshabillée,
par le fils dont la mère a été insultée:
Je vous salue, Marie.

Couronnement d'épines

Par le mendiant qui n'eut jamais d'autre couronne
que le vol des frelons, amis des vergers jaunes,
et d'autre sceptre qu'un bâton contre les chiens;
par le poète dont saigne le front qui est ceint
des ronces des désirs que jamais il n'atteint:
Je vous salue, Marie.

Portement de croix

Par la vieille qui, trébuchant sous trop de poids,
s'écrie: « Mon Dieu! » Par le malheureux dont les bras
ne purent s'appuyer sur une amour humaine
comme la Croix du Fils sur Simon de Cyrène;

par le cheval tombé sous le chariot qu'il traîne :
Je vous salue, Marie.

Crucifiement

Par les quatre horizons qui crucifient le Monde,
par tous ceux dont la chair se déchire ou succombe.
Par ceux qui sont sans pieds, par ceux qui sont sans mains,
et par le juste mis au rang des assassins :
Je vous salue, Marie.

Invention de Notre Seigneur au Temple

Par la mère apprenant que son fils est guéri,
par l'oiseau rappelant l'oiseau tombé du nid,
par l'herbe qui a soif et recueille l'ondée,
par le baiser perdu par l'amour redonné,
et par le mendiant retrouvant sa monnaie :
Je vous salue, Marie.

« Rosaire », in *Clairières dans le ciel,* Éd. Le Mercure de France.

....

1. Ensemble formé de quinze dizaines de « Je vous salue, Marie », prière à la Vierge mère du Christ, précédées chacune d'un « Notre Père », prière à Dieu.

- À quelle lecture interprétative du poème les titres des strophes nous invitent-ils ?
- Identifiez les procédés rhétoriques mis en jeu par Francis Jammes dans la troisième strophe. Quel est leur intérêt sur le plan argumentatif ?
- Dégagez la « leçon » morale du texte.

➢ **Groupement de textes : voir 71.**

ALAIN

1868 - 1951

Propos (1910)

Il y a un enseignement monarchique, j'entends un enseignement qui a pour objet de séparer ceux qui sauront et gouverneront de ceux qui ignoreront et obéiront. Je revois par l'imagination notre professeur de mathématiques, qui, certes, ne manquait pas de connaissances, je le revois écrasant de son ironie un peu lourde un de nos camarades, qui était aussi myope qu'on peut l'être. Cet enfant ne voyait les choses qu'au bout de son nez. Aussi promenait-il son nez d'un bout de la ligne à l'autre, afin de s'en donner une perception exacte ; quant à voir le triangle tout entier d'un seul regard, il n'y pouvait point songer. Je suppose qu'il aurait fallu l'exercer sur de toutes petites figures, pas plus larges que le bout de son nez ; ainsi, découvrant le triangle tout entier, il aurait pu y saisir des rapports, et raisonner après cela aussi bien qu'un autre.

Mais il s'agissait bien de cela. On le pressait. Il courait d'un sommet du triangle à l'autre, parlait pour remplir le temps, disait A pour B, droite pour angle, ce qui faisait des discours parfaitement ridicules, et nous avions des rires d'esclaves. Cet enfant fut ainsi condamné publiquement à n'être qu'un sot, parce qu'il était myope.

Cet écrasement des faibles exprime tout un système politique dans lequel nous sommes encore à moitié empêtrés. Il semble que le professeur ait pour tâche de choisir, dans la foule, une élite, et de décourager et rabattre les autres. Et nous nous croyons bons démocrates, parce que nous choisissons sans avoir égard à la naissance, ni à la richesse. Comptez que toute monarchie et toute tyrannie a toujours procédé ainsi, choisissant un Colbert ou un Racine, et écrasant ainsi le peuple par le meilleur de ses propres forces.

Que faisons-nous maintenant ? Nous choisissons quelques génies et un certain nombre de talents supérieurs ; nous les décrassons, nous les estampillons, nous les marions confortablement, et nous faisons d'eux une aristocratie d'esprit qui s'allie à l'autre, et gouverne tyranniquement au nom de l'égalité, admirable égalité, qui donne tout à ceux qui ont déjà beaucoup.

Selon mon idée, il faudrait agir tout à fait autrement. Instruire le peuple tout entier; se plier à la myopie, à la lourdeur d'esprit, aiguillonner la paresse, éveiller à tout prix ceux qui dorment, et montrer plus de joie pour un petit paysan un peu débarbouillé que pour un élégant mathématicien qui s'élève d'un vol sûr jusqu'aux sommets de l'École polytechnique. D'après cela, tout l'effort des Pouvoirs publics devrait s'employer à éclairer les masses par le dessous et par le dedans, au lieu de faire briller quelques pics superbes, quelques rois nés du peuple, et qui donnent un air de justice à l'inégalité.

1er juillet 1910.

Extrait de « Enseignement monarchique », in *Propos*, t. 1,

- Quel est le but de « l'enseignement monarchique » ? Quelle sont ses méthodes ? En quoi sont-elles appropriées à sa finalité ?
- Quel terme emploierions-nous aujourd'hui, au lieu de « monarchique » ? Faites-en le titre de ce propos.
- À quels indices perçoit-on la subjectivité d'Alain, lignes 19 à 32 ?
- Dans un développement argumenté et structuré, vous montrerez l'importance de l'éducation populaire.

➢ **Groupement de textes : voir 65 - 73.**

Guillaume APOLLINAIRE

1880 - 1918

Calligrammes (1918)

CHANT DE L'HONNEUR

Ô poètes des temps à venir ô chanteurs
Je chante la beauté de toutes nos douleurs
J'en ai saisi des traits mais vous saurez bien mieux
Donner un sens sublime aux gestes glorieux
Et fixer la grandeur de ces trépas pieux

L'un qui détend son corps en jetant des grenades
L'autre ardent à tirer nourrit les fusillades
L'autre les bras ballants porte des seaux de vin
Et le prêtre-soldat dit le secret divin

J'interprête pour tous la douceur des trois notes
Que lance un loriot canon quand tu sanglotes

Qui donc saura jamais que de fois j'ai pleuré
Ma génération sur ton trépas sacré

Prends mes vers ô ma France Avenir Multitude
Chantez ce que je chante un chant pur le prélude
Des chants sacrés que la beauté de notre temps
Saura vous inspirer plus purs plus éclatants
Que ceux que je m'efforce à moduler ce soir
En l'honneur de l'Homme la beauté du Devoir.

17 décembre 1915

« Chant de l'Honneur » (extrait), in *Calligrammes*,

- Relevez et analysez le champ lexical de la guerre.
- Quels procédés confèrent au texte sa dimension lyrique ?
- Quelles images du poète et de la poésie nous sont données ici par Apollinaire ?

➢ **Groupement de textes : voir 72.**

Georges BERNANOS

1888 - 1948

Journal d'un curé de campagne (1936)

Le curé d'Ambricourt confie ses réflexions à son journal.

Il y a certaines pensées que je n'ose confier à personne, et pourtant elles ne me paraissent pas folles, loin de là. Que serais-je, par exemple, si je me résignais au rôle où souhaiteraient volontiers me tenir beaucoup de catholiques préoccupés surtout de conservation sociale, c'est-à-dire en somme de leur propre conservation. Oh ! je n'accuse pas ces messieurs d'hypocrisie, je les crois sincères. Que de gens se prétendent attachés à l'ordre, qui ne défendent que des habitudes, parfois même un simple vocabulaire dont les termes sont si bien polis, rognés par l'usage qu'ils justifient tout sans jamais rien remettre en question ? C'est une des plus incompréhensibles disgrâces de l'homme, qu'il doive confier ce qu'il a de plus précieux à quelque chose d'aussi instable, d'aussi plastique, hélas, que le mot. Il faudrait beaucoup de courage pour vérifier chaque fois l'instrument, l'adapter à sa propre serrure. On aime mieux prendre le premier qui tombe sous la main, forcer un peu, et si le pêne joue, on n'en demande pas plus. J'admire les révolutionnaires qui se donnent tant de mal pour faire sauter des murailles à la dynamite, alors que le trousseau de clefs des gens bien pensants leur eût fourni de quoi entrer tranquillement par la porte sans réveiller personne.

Journal d'un curé de campagne, Éd. Plon.

- Le journal intime : étudiez en quoi ce passage traduit la sincérité de celui qui dit « Je ».
- Comment sont mis en question à la fois l'immobilisme social et la Révolution ?
- Quel est le statut du mot et celui de l'image dans cette réflexion ?

➢ **Groupement de textes : voir 61 - 64 - 66.**

Jacques PRÉVERT

1900 - 1977

Paroles (1945)

FÊTE FORAINE

Heureux comme la truite remontant le torrent
Heureux le cœur du monde
Sur son jet d'eau de sang
Heureux le limonaire
Hurlant dans la poussière
De sa voix de citron
Un refrain populaire
Sans rime ni raison
Heureux les amoureux
Sur les montagnes russes
Heureuse la fille rousse
Sur son cheval blanc
Heureux le garçon brun
Qui l'attend en souriant
Heureux cet homme en deuil
Debout dans sa nacelle
Heureuse la grosse dame
Avec son cerf-volant
Heureux le vieil idiot
Qui fracasse la vaisselle
Heureux dans son carosse
Un tout petit enfant
Malheureux les conscrits
Devant le stand de tir
Visant le cœur du monde
Visant leur propre cœur
Visant le cœur du monde
En éclatant de rire.

Paroles,

- Étudiez la composition du poème.
- Relevez et étudiez le champ lexical de la fête.
- Étudiez l'univers rythmique sonore du poème.

➢ **Groupement de textes : voir 70.**

Pierre-Henri SIMON

1903 - 1972

Le Jardin et la ville (1962)

À prendre les choses très généralement, qu'est-ce que former l'esprit ? C'est d'abord l'informer, lui donner, au fur et à mesure qu'il peut les assimiler, les connaissances qui fondent l'action. Il est évident que chaque individu ne peut refaire pour son compte la science et la morale : il devra, certes, tout repenser par lui-même de ce qu'il aura reçu, faute de quoi il ne serait pas une personne, mais il devra d'abord avoir reçu. Seulement, pour penser, pour accéder à une idée personnelle des choses, pour faire progresser, dans la mesure du possible, les sciences, les arts, les techniques et la morale même, il faudra que son esprit ait acquis une force, une souplesse, une aptitude critique : il n'aura donc pas suffi de l'informer, il faudra l'avoir exercé. Or plus l'élève est neuf, plus cet impératif d'exercice a d'importance ; plus tard, on pensera davantage à le rendre savant, mais tout d'abord à placer l'accent sur la gymnastique du jugement. [...]

Et sans doute attend-on que j'appelle ici Montaigne, la culture recherchée non tant pour les « commodités externes » que pour la forme de l'intelligence cultivée, les études dont il faut sortir « habile homme » plutôt « qu'homme savant », le précepteur choisi pour sa tête « bien faite plutôt que bien pleine ». Oui, je renvoie à ces phrases dorées, qui posent le principe de la pédagogie humaniste et qui, bien que consacrées à l'éducation aristocratique d'un « enfant de maison », ne laissent point d'être[1] applicables à toute expérience pédagogique, quel qu'en soit le niveau intellectuel et social. Je n'y mettrai qu'une nuance, c'est de rappeler, dans la phrase de Montaigne, les mots que l'on omet généralement : « Choisissez un conducteur qui eût plutôt la tête bien faite que bien pleine, et qu'on y requît tous les deux. » Qu'on y requît tous les deux : le parti justement pris d'orienter l'instruction sur l'exercice du jugement plutôt que sur la charge de la mémoire, et d'exiger « les mœurs de l'entendement plus que la science », n'a jamais impliqué, pour Montaigne ni pour aucun humaniste de bonne race, une indifférence aux connaissances et à l'étoffe de la pensée : l'apologie de la tête bien faite ne saurait être l'excuse de la tête vide, conséquence qu'une certaine paresse en a parfois tirée. Il est trop évident que l'esprit n'est pas un moulin qui puisse tourner sans rien moudre, ou du moins, s'il le fait, c'est un passe-temps bien superflu et bien dangereux, si jolie que soit la musique. La faculté critique ne peut s'exercer que sur une matière objective, et s'il est vrai que l'éducation doit choisir celle-ci selon un critère de complexité progressive, encore faut-il qu'il la donne à l'enfant. Je dirai même qu'il ne suffit pas de justifier les connaissances comme matières à exercer le jugement : elles ont intrinsèquement, dans la formation de l'esprit, leur valeur et leur utilité. C'est le naturisme de Rousseau qui a mis en circulation l'idée contestable que l'intelligence de l'homme est plus belle et plus forte dans sa virginité ; qu'elle doit n'apprendre que ce qui lui paraît immédiatement utile et ne savoir que ce qu'elle découvre, ou ce que son précepteur ingénieux la conduit subtilement à découvrir : en vérité, l'enfant est un héritier, et l'idée même de civilisation n'est pas séparable de celle d'un patrimoine continuellement accru et transmis, de telle sorte que chaque génération bénéficie de l'expérience de toutes celles qui l'ont précédée, pour concevoir sa sagesse et posséder sa science, et pour faire à son tour un pas en avant. Ce qui veut dire que l'esprit de l'enfant doit recevoir, au fur et à mesure qu'il a la force de les digérer (et cette force grandit par l'acte même d'apprendre), les connaissances qui font de lui un homme de son temps, un civilisé, un fils en possession de son patrimoine.

Le Jardin et la ville, Éd. du Seuil.

....

1. Sont pourtant.

- Identifiez le procédé argumentatif auquel l'auteur a recours à partir de la ligne 15.
- Quels reproches Pierre-Henri Simon fait-il au système pédagogique de Rousseau ?
- À quels indices perçoit-on les préférences de l'auteur pour Montaigne ?

➢ **Groupement de textes : voir 65 - 67 - 69 - 74.**

André MAUROIS

1885 - 1967

Lettre ouverte à un jeune homme (1966)

J'ai quatre-vingts ans ; vous en avez vingt. Tous ceux qui vous connaissent me parlent de vos mérites. Or vous me demandez de vous donner quelques conseils sur la conduite de la vie, bref une « lettre d'apprentissage », comme celle que, dans Balzac, Madame de Mortsauf écrit pour Félix de Vandenesse[1] ou celle que Goethe composa pour Wilhelm Meister[2]. Je vous avoue que votre requête m'a fait plaisir. Par choix délibéré, j'ai refusé de me plier aux modes intellectuelles ; j'ai renoncé aux faciles prestiges des jargons pseudo-philosophiques. C'était, croyais-je, me priver des suffrages d'adolescents facilement éblouis par *le clinquant des mots.* Votre appel me touche et me rassure. Je vais essayer de faire avec vous un tour d'horizon.

Et d'abord je vous prie de balayer et d'écarter de vos pensées *le pessimisme néo-romantique*[3], tout artificiel, qui a empoisonné une génération. On vous a dit que le monde est absurde. Qu'est-ce que cela signifie ? Une proposition est absurde quand elle est contraire à la raison. Une loi est absurde quand elle offense le sens commun. Mais que tout soit absurde est absurde. Le monde est ce qu'il est. Il ne relève ni de la raison, ni du sens commun. Il constitue une base de départ, une donnée. Que voudrait-on ? Que le monde eût été construit pour nous satisfaire ? Ce serait le plus surprenant des miracles. Le monde ne vaut rien. Il n'est ni favorable, ni hostile. On vous a dit que l'homme est un être né pour la mort et que vous devez en éprouver une constante angoisse. Pourquoi ? La mort n'est pas une pensée. « Le propre des pensées sur la mort », a écrit Montherlant[4], « c'est qu'elles ne contiennent pas de pensée ». Le mort de ceux que nous aimons nous bouleverse. Mais la nôtre ? La craindre, c'est nous représenter à la fois un monde où nous sommes et un monde où nous constatons notre absence. Ces deux idées ne peuvent coexister.

On vous a dit que nous vivons au-dessus d'un abîme et qu'au moment où nous prenons conscience de ce péril, nous ne sommes plus que vertige. Mais les hommes ont toujours vécu au-dessus d'un abîme, et ils ont aimé, travaillé, créé. Rien ne s'oppose à ce que vous les imitiez. On répondra: « Tout a changé. Les hommes du temps jadis s'appuyaient sur une foi. Et ils n'étaient pas, comme nous, sous la menace d'une destruction totale de la planète. » Qui vous empêche d'avoir une foi ? Les dieux sont morts ? Disons que les images de Dieu ont pris des formes nouvelles. Mais vous savez qu'il y a en vous quelque chose de plus grand que vous ; vous savez que cette grandeur existe en chaque homme et que le lâche se juge lui-même ; vous savez que les catastrophes qui menacent l'humanité seraient l'œuvre de l'humanité et qu'une volonté commune, tenace, pourrait les détourner ; vous savez que, si nous longeons un abîme, rien ne nous force à y tomber.

On vous a dit que les vieilles valeurs morales ont rejoint les vieilles lunes. C'est faux. Si vous décapez l'humanité présente des mots qui la masquent, vous retrouverez *l'homme éternel*. Des écrivains nous annoncent la fin des civilisations classiques. « Il faut bien se rendre à l'évidence, disent-ils ; ce XXe siècle met le point final à une période de cinq mille ans d'humanité – l'Ère des grandes civilisations classiques – et nous allons entrer dans une autre... Ce qui va venir n'aura plus aucune analogie avec ce groupe ; ce n'est pas une nouvelle variante de l'âme qui doit s'accomplir dans un corps historiquement préfiguré[5] ; c'est une âme nouvelle dans un corps nouveau ». Une âme nouvelle dans un corps nouveau ? Je n'en crois rien. Il n'est pas vrai que le corps soit nouveau. N'avons-nous pas un cœur, un foie, des artères, des nerfs comme les hommes de Cro-Magnon ? Quant à l'âme, les valeurs morales n'ont pas été inventées gratuitement par des moralistes séniles. Elles sont des valeurs parce que sans elles, ni une société, ni un bonheur ne peuvent survivre.

Lettre ouverte à un jeune homme sur la conduite de la vie, Éd. Albin Michel.

....

1. Personnages du *Lys dans la vallée*, roman de Balzac (1835). – 2. *Wilhelm Meister:* roman de Goethe (1796). – 3. Allusion aux philosophes de l'absurde: Sartre, Camus. – 4. Montherlant: écrivain français (1895-1972). – 5. Dont les caractères sont immuables.

- Précisez les statuts respectifs de « je », de « vous » et de « on » dans les deux premiers paragraphes.
- Quelle figure de style identifiez-vous dans le troisième paragraphe ? Quelle est sa valeur argumentative ?
- Reformulez de manière concise les thèses d'André Maurois dans le dernier paragraphe.

➢ **Groupement de textes: voir 65 - 67 - 69 - 73.**

Jean de LA BRUYÈRE

1645 - 1696

Les Caractères (1688)

« Petits hommes, hauts de six pieds[1], tout au plus de sept, qui vous enfermez aux foires comme géants et comme des pièces rares dont il faut acheter la vue, dès que vous allez jusques à huit pieds ; qui vous donnez sans pudeur de la *hautesse* et de l'*éminence*[2], qui est tout ce que l'on pourrait accorder à ces montagnes voisines du ciel et qui voient les nuages se former au-dessous d'elles ; espèces d'animaux glorieux et superbes[3], qui méprisez toute autre espèce, qui ne faites pas même comparaison avec l'éléphant et la baleine ; approchez, hommes, répondez un peu à *Démocrite*[4]. Ne dites-vous pas en commun proverbe : *des loup ravissants*[5], *des lions furieux, malicieux comme un singe ?* Et vous autres, qui êtes-vous ? J'entends corner sans cesse à mes oreilles : *L'homme est un animal raisonnable.* Qui vous a passé cette définition ? sont-ce les loups, les singes et les lions, ou si[6] vous vous l'êtes accordée à vous-mêmes ? C'est déjà une chose plaisante que vous donniez aux animaux, vos confrères, ce qu'il y a de pire, pour prendre pour vous ce qu'il y a de meilleur. Laissez-les un peu se définir eux-mêmes, et vous verrez comme ils s'oublieront et comme vous serez traités. Je ne parle point, ô hommes, de vos légèretés, de vos folies et de vos caprices, qui vous mettent au-dessous de la taupe et de la tortue, qui vont sagement leur petit train, et qui suivent sans varier l'instinct de leur nature ; mais écoutez-moi un moment. Vous dites d'un tiercelet de faucon[7] qui est fort léger, et qui fait une belle descente sur la perdrix : « Voilà un bon oiseau » ; et d'un lévrier qui prend un lièvre corps à corps : « C'est un bon lévrier. » Je consens aussi que vous disiez d'un homme qui court le sanglier, qui le met aux abois, qui l'atteint et qui le perce : « Voilà un brave "homme"[8]. » Mais si vous voyez deux chiens qui s'aboient, qui s'affrontent, qui se mordent et se déchirent, vous dites : « Voilà de sots animaux » ; et vous prenez un bâton pour les séparer. Que si l'on vous disait que tous les chats d'un grand pays se sont assemblés par milliers dans une plaine, et qu'après avoir miaulé tout leur soûl, ils se sont jetés avec fureur les uns sur les autres, et ont joué ensemble de la dent et de la griffe ; que de cette mêlée il est demeuré de part et d'autre neuf à dix mille chats sur la place, qui ont infecté l'air à dix lieues de là par leur puanteur, ne diriez-vous pas : « Voilà le plus abominable *sabbat*[9] dont on ait jamais ouï parler ? » Et si les loups en faisaient de même : « Quels hurlements ! quelle boucherie ! » Et si les uns ou les autres vous disaient qu'ils aiment la gloire, concluriez-vous de ce discours qu'ils la mettent à se trouver à ce beau rendez-vous, à détruire ainsi et à anéantir leur propre espèce ? ou après l'avoir conclu, ne ririez-vous pas de tout votre cœur de l'ingénuité de ces pauvres bêtes ? Vous avez déjà, en animaux raisonnables, et pour vous distinguer de ceux qui ne se servent que de leurs dents et de leurs ongles, imaginé les lances, les piques, les dards, les sabres et les cimeterres, et à mon gré fort judicieusement ; car avec vos seules mains que pouviez-vous faire les uns aux autres, que vous arracher les cheveux, vous égratigner au visage, ou tout au plus vous arracher les yeux de la tête ? au lieu que vous voilà munis d'instruments commodes, qui vous servent à vous faire réciproquement de larges plaies d'où peut couler votre sang jusqu'à la dernière goutte, sans que vous puissiez craindre d'en échapper. Mais comme vous devenez d'année à autre plus raisonnables, vous avez bien enchéri sur cette vieille manière de vous exterminer : vous avez de petits globes qui vous tuent tout d'un coup, s'ils peuvent seulement vous atteindre à la tête ou à la poitrine ; vous en avez d'autres, plus pesants et plus massifs, qui vous coupent en deux parts ou qui vous éventrent, sans compter ceux qui, tombant sur vos toits, enfoncent les planchers, vont du grenier à la cave, en enlèvent les voûtes, et font sauter en l'air, avec vos maisons, vos femmes qui sont en couche, l'enfant et la nourrice : et c'est encore où *git*[10] la gloire ; elle aime le *remue-ménage*, et elle est personne d'un grand fracas.

Les Caractères, XII, § 119.

....

1. Un pied = 0,32 m. – 2. Titres d'honneur. – 3. Orgueilleux. – 4. Philosophe grec (v. 460-370 av. J.-C.), fondateur du matérialisme et de l'atomisme. – 5. Ravisseurs. – 6. Ou bien. – 7. Faucon mâle. – 8. Un homme brave. – 9. Assemblée nocturne bruyante de sorciers au Moyen Âge ; vacarme. – 10. Réside.

- Quel est le système d'énonciation choisi par La Bruyère ? Quel en est l'intérêt ?
- Comment expliquez-vous la fréquence des exemples empruntés au monde des animaux ? Quelle tonalité apportent-ils au texte ?
- Analysez comment la scène finale se transforme en épopée (lignes 51 à 59).

➢ **Groupement de textes : voir 82 - 84 - 87.**

Alfred de MUSSET

1810 - 1857

La Confession d'un enfant du siècle (1836)

« Alors il s'assit sur un monde en ruines, une jeunesse soucieuse. » Tel est le portrait dressé par Musset de la jeunesse après 1815. C'est aux responsables du chaos politique et moral qu'il s'adresse ici.

Il s'agissait, messieurs les politiques, d'aller trouver les pauvres et de leur dire d'être en paix ; il s'agissait de laisser les vers et les taupes ronger les monuments de honte, mais de tirer des flancs de la momie[1] une vierge aussi belle que la mère du Rédempteur, l'espérance, amie des opprimés.

Voilà ce que fit le christianisme ; et maintenant, depuis tant d'années, qu'ont fait ceux qui l'ont détruit ? Ils ont vu que le pauvre se laissait opprimer par le riche, le faible par le fort, par cette raison qu'ils se disaient : Le riche et le fort m'opprimeront sur la terre ; mais quand ils voudront entrer au paradis, je serai à la porte et je les accuserai au tribunal de Dieu. Ainsi, hélas ! ils prenaient patience.

Les antagonistes du Christ ont donc dit au pauvre : Tu prends patience jusqu'au jour de justice, il n'y a point de justice ; tu attends la vie éternelle pour y réclamer ta vengeance, il n'y a point de vie éternelle ; tu amasses [dans un flacon] tes larmes et celles de ta famille, les cris de tes enfants et les sanglots de ta femme, pour les porter au pied de Dieu à l'heure de ta mort ; il n'y a point de Dieu.

Alors il est certain que le pauvre a séché ses larmes, qu'il a dit à sa femme de se taire, à ses enfants de venir avec lui, et qu'il s'est redressé sur la glèbe avec la force d'un taureau. Il a dit au riche : Toi qui m'opprimes, tu n'es qu'un homme ; et au prêtre : Tu en as menti, toi qui m'as consolé. C'était justement là ce que voulaient les antagonistes du Christ. Peut-être croyaient-ils faire ainsi le bonheur des hommes, en envoyant le pauvre à la conquête de la liberté.

Mais si le pauvre, ayant bien compris une fois que les prêtres le trompent, que les riches le dérobent, que tous les hommes ont les mêmes droits, que tous les biens sont de ce monde, et que sa misère est impie ; si le pauvre, croyant à lui et à ses deux bras pour toute croyance, s'est dit un beau jour : Guerre au riche ! à moi aussi la jouissance ici-bas, puisqu'il n'y en a pas d'autre ! à moi la terre, puisque le ciel est vide ! à moi et à tous, puisque tous sont égaux ! ô raisonneurs sublimes qui l'avez mené là, que lui direz-vous s'il est vaincu ?

Sans doute vous êtes des philanthropes, sans doute vous avez raison pour l'avenir, et le jour viendra où vous serez bénis ; mais pas encore, en vérité, nous ne pouvons pas vous bénir. Lorsque autrefois l'oppresseur disait : À moi la terre ! – À moi le ciel, répondait l'opprimé. À présent que répondra-t-il ?

Toute la maladie du siècle présent vient de deux causes ; le peuple qui a passé par 93 et par 1814 porte au cœur deux blessures. Tout ce qui était n'est plus ; tout ce qui sera n'est pas encore. Ne cherchez pas ailleurs le secret de nos maux.

1. Musset vient de faire allusion à l'empire romain décadent dont la momie est l'image, et dont allaient triompher la foi et la morale chrétiennes.

- Qui sont les « antagonistes du Christ » (l. 12) ? Relevez une autre expression employée par Musset pour les qualifier.
- Quel point de vue le narrateur adopte-t-il à partir de la ligne 18 et pourquoi ?
- Indiquez les différentes étapes de l'argumentation.

➢ **Groupement de textes : voir 79 - 82.**

Victor HUGO

1802 - 1885

Les Misérables (1862)

La vie intérieure de M. Myriel était pleine des mêmes pensées que sa vie publique. Pour qui eût pu la voir de près, c'eût été un spectacle grave et charmant que cette pauvreté volontaire dans laquelle vivait M. l'évêque de Digne.

Comme tous les vieillards et comme la plupart des penseurs, il dormait peu. Ce court sommeil était profond. Le matin il se recueillait pendant une heure, puis il disait sa messe, soit à la cathédrale, soit dans son oratoire. Sa messe dite, il déjeunait d'un pain de seigle trempé dans le lait de ses vaches. Puis il travaillait.

Un évêque est un homme fort occupé ; il faut qu'il reçoive tous les jours le secrétaire de l'évêché, qui est d'ordinaire un chanoine, presque tous les jours ses grands vicaires. Il a des congrégations[1] à contrôler, des privilèges à donner, toute une librairie ecclésiastique à examiner, paroissiens, catéchismes diocésains, livres d'heures[2], etc., des mandements[3] à écrire, des prédications[4] à autoriser, des curés et des maires à mettre d'accord, une correspondance cléricale, une correspondance administrative, d'un côté l'État, de l'autre le Saint-Siège, mille affaires.

Le temps que lui laissaient ces mille affaires, ses offices[5] et son bréviaire, il le donnait d'abord aux nécessiteux, aux malades et aux affligés ; le temps que les affligés, les malades et les nécessiteux lui laissaient, il le donnait au travail. Tantôt il bêchait la terre dans son jardin, tantôt il lisait et écrivait. Il n'avait qu'un mot pour ces deux sortes de travail ; il appelait cela *jardiner.* « L'esprit est un jardin », disait-il.

....

1. Compagnies de religieux. – 2. Livres de prières. – 3. Instructions adressées par un évêque aux fidèles de son diocèse. – 4. Sermons. – 5. Messes.

- Quel point de vue le narrateur adopte-t-il pour rendre compte du personnage ?
- Comment sont évoquées les occupations de l'évêque ?
- En quoi l'évêque est-il resté une personne simple ?

➢ **Groupement de textes : voir 76 - 82.**

Jules MICHELET
1798 - 1874
La Sorcière (1862)

Mais la grande révolution que font les sorcières, le plus grand pas *à rebours* contre l'esprit du Moyen Âge, c'est ce qu'on pourrait appeler la réhabilitation du ventre et des fonctions digestives. Elles professèrent hardiment : « Rien d'impur et rien d'immonde. » L'étude de la matière fut dès lors illimitée, affranchie. La médecine fut possible.

Qu'elles aient fort abusé du principe, on ne le nie pas. Il n'est pas moins évident. Rien d'impur que le mal moral. Toute chose physique est pure ; nulle ne peut être éloignée du regard et de l'étude, interdite par un vain spiritualisme, encore moins par un sot dégoût.

Là surtout le Moyen Âge s'était montré dans son vrai caractère, l'*Anti-Nature*, faisant dans l'unité de l'être des distinctions, des castes hiérarchiques. Non seulement l'esprit est *noble*, selon lui, le corps *non noble*, – mais il y a des parties du corps qui sont *nobles*, et d'autres non, roturières apparemment. – De même, le ciel est noble, et l'abîme ne l'est pas. Pourquoi ? « C'est que le ciel est haut. » Mais le ciel n'est ni haut ni bas. Il est dessus et dessous. L'abîme, qu'est-ce ? Rien du tout. – Même sottise sur le monde, et le petit monde de l'homme.

Celui-ci est d'une pièce ; tout y est solidaire de tout. Si le ventre est le serviteur du cerveau et le nourrit, le cerveau, aidant sans cesse à lui préparer le suc de digestion[1], ne travaille pas moins pour lui.

....

1. C'est la découverte qui immortalise Claude Bernard (note de l'auteur).

- Montrez que le texte se présente comme un plaidoyer.
- Dans quelle mesure la sorcière est-elle une figure du progrès ?
- Étudiez la variété des « voix » dans ce passage.

➢ **Groupement de textes : voir 81 - 92.**

Alfred de VIGNY

1797 - 1863

Les Destinées (1864, posthume)

La conversation a lieu dans un bal à Paris. Wanda, grande dame russe, raconte à un Français l'histoire de sa sœur qui a voulu partager, avec ses très jeunes enfants, l'exil de son mari dans les camps de Sibérie. Après dix ans de cachot, la mère demande une grâce au czar: que l'on apprenne à lire à ses enfants.

WANDA

Un jour de fête, on a demandé cette grâce
Au Czar, toujours affable et clément souverain,
Lorsqu'au front des soldats seul il passe et repasse.
Après dix ans d'attente, il répondit enfin:
« Un esclave a besoin d'un marteau, non d'un livre:
La lecture est fatale à ceux-là qui, pour vivre,
Doivent avoir bon bras pour gagner un bon pain. »

Ce mot fut un couteau pour le cœur de la mère;
Avant qu'il ne fût dit, quand s'asseyait ma sœur,
Ses larmes sillonnaient la neige sur la terre,
Tombant devant ses pieds, non sans quelque douceur.
Mais aujourd'hui, sans pleurs, elle passe l'année
À regarder ses fils d'une vue étonnée;
Ses yeux secs sont glacés d'épouvante et d'horreur!

LE FRANÇAIS

Wanda, j'écoute encor après votre silence;
J'ai senti sur mon cœur peser ce doigt d'airain
Qui porte au bout du monde à toute âme qui pense
Les épouvantements du fatal souverain.
– Cet homme enseveli vivant avec sa femme,
Ces esclaves enfants dont on va tuer l'âme,
Est-ce de notre siècle ou du temps d'Ugolin[1]?
Non, non, il n'est pas vrai que le Peuple en tout âge,
Lui seul ait travaillé, lui seul ait combattu;

Que l'immolation, la force et le courage
N'habitent pas un cœur de velours revêtu.
Plus belle était la vie et plus grande est sa perte,
Plus pur est le calice où l'hostie est offerte.
Sacrifice, ô toi seul peut-être es la vertu !

Tandis que vous parliez, je sentais dans mes veines
Les imprécations bouillonner sourdement.
Vous ne maudissez pas, ô vous, femmes Romaines !
Vous traînez votre joug silencieusement.
Éponines[2] du Nord, vous dormez dans vos tombes,
Vous soutenez l'esclave au fond des catacombes
D'où vous ne sortirez qu'au dernier jugement.

Peuple silencieux ! Souverain gigantesque !
Lutteurs de fer toujours muets et combattants !
Pierre[3] avait commencé ce duel romanesque :
Le verrons-nous finir ? – Est-il de notre temps ?
Le dompteur est debout nuit et jour et surveille
Le dompté qui se tait jusqu'à ce qu'il s'éveille,
Se regardant l'un l'autre ainsi que deux Titans.

« Wanda » (extrait, v. 71 à 112).

....

1. Tyran de Pise. Il fut enfermé avec ses enfants dans une tour pour y mourir de faim vers 1288. – 2. Héroïne gauloise exécutée en 79 à Rome, pour s'être révoltée contre l'empereur. – 3. Pierre le Grand (1672-1725) avait entrepris la modernisation et l'occidentalisation de la Russie.

- Quels indices permettent de distinguer le récit et le dialogue ?
- Analysez les réactions que suscitent les paroles du czar chez le Français. Pourquoi peut-on supposer que ce dernier est le double de Vigny ?
- Quels procédés de style identifiez-vous dans la dernière strophe ? Quelle tonalité donnent-ils au poème ?

➢ **Groupement de textes : voir 76 - 82.**

Villiers de L'ISLE-ADAM

1838 - 1889

L'Ève future (1886)

Edison[1], s'enfonçant en de nouveaux aspects de sa songerie de plus en plus sombre et railleuse, reprit bientôt :

« Ce qui est positivement surprenant dans l'Histoire – et, même, inconcevable, – c'est que, dans la foule des grands inventeurs, depuis tant de siècles, aucun n'ait découvert le Phonographe ! Et, cependant, la plupart d'entre eux ont innové des trouvailles d'une main-d'œuvre mille fois plus compliquée. Il est d'une confection si simple qu'elle ne doit rien aux matériaux de provenance scientifique. Abraham aurait pu le fabriquer et y prendre empreinte de sa vocation[2]. Une barbe d'acier, une feuille de papier à chocolat, ou peu s'en faut, un cylindre de cuivre et l'on emmagasine les voix et les bruits de la terre et du ciel.

« À quoi donc pensait l'ingénieur Bérose[3] ? Si, remettant à plus tard ses études sur les formes du gnomon[4] à Babylone, il y a quatre mille deux cents ans, il eût été doué d'un peu de sens et de réflexion, nul doute qu'il eût trouvé mon appareil. Et le subtil Ératosthène[5] ? Au lieu de consacrer près d'un demi-siècle, en son observatoire d'Alexandrie, voici deux mille ans, à mesurer (comme il l'a fait, d'ailleurs, fort exactement), l'arc de méridien compris entre les tropiques, n'eût-il pas été plus sage de songer, d'abord, à fixer une vibration quelconque sur une plaque de métal ?

....

1. Edison a inventé le phonographe en 1877. – 2. Ici, appel de Dieu. – 3. Historien et astronome babylonien, inventeur du cadran solaire. – 4. Cadran solaire. – 5. Savant (IIIᵉ s. av. J.-C.) qui mesura le méridien terrestre.

- Le phonographe : en quoi son invention était-elle si évidente ?
- À travers quels éléments apparaît l'orgueil de l'inventeur ?
- Identifiez le ton du texte et justifiez votre réponse.

➢ **Groupement de textes : voir 81 - 83.**

Émile ZOLA

1840 - 1902

Le Docteur Pascal (1893)

Debout devant l'armoire, en face des fenêtres, le docteur Pascal cherchait une note, qu'il y était venu prendre. Grande ouverte, cette immense armoire de chêne sculpté, aux fortes et belles ferrures, datant du dernier siècle, montrait sur ses planches, dans la profondeur de ses flancs, un amas extraordinaire de papiers, de dossiers, de manuscrits, s'entassant, débordant, pêle-mêle. Il y avait plus de trente ans que le docteur y jetait toutes les pages qu'il écrivait, depuis les notes brèves jusqu'aux textes complets de ses grands travaux sur l'hérédité. Aussi les recherches n'y étaient-elles pas toujours faciles. Plein de patience, il fouillait, et il eut un sourire, quand il trouva enfin.

Un instant encore, il demeura près de l'armoire, lisant la note, sous un rayon doré qui tombait de la fenêtre du milieu. Lui-même, dans cette clarté d'aube, apparaissait, avec sa barbe et ses cheveux de neige, d'une solidité vigoureuse bien qu'il approchât de la soixantaine, la face si fraîche, les traits si fins, les yeux restés limpides, d'une telle enfance, qu'on l'aurait pris, serré dans son veston de velours marron, pour un jeune homme aux boucles poudrées.

- Étudiez les caractéristiques du texte descriptif.
- Quelle image du chercheur est donnée dans ce texte ?
- Que symbolise l'« immense armoire » ?

➢ **Groupement de textes : voir 78 - 83.**

Charles PÉGUY

1873 - 1914

Mystère de la charité de Jeanne d'Arc (1910)

Jeannette vient de donner «tout le pain de son père» à deux petits mendiants. Torturée par la pensée qu'ils auront encore faim demain, elle médite sur les malheurs que la guerre a causés sur la terre de France.

JEANNETTE

– Leur père a été tué par les Bourguignons. Hélas, hélas, ce n'est pas même par les Anglais. On n'a pas besoin des Anglais. Pour massacrer les Français. Leur mère, hélas leur mère. Tous les deux ils ont échappé ils ne savent pas comment. Ils ne le sauront jamais. C'est le plus vieux qui m'a dit tout ça, quand il a eu fini de manger. Avant de repartir.

Un silence bref.

Les voilà repartis sur la route affameuse. Dans la poussière, dans la boue, dans la faim. Dans l'avenir, dans la détresse, dans l'anxiété de l'avenir. Qui leur donnera, mon Dieu qui leur donnera le pain de chaque jour. Mais au contraire ils marcheront dans la détresse et dans la faim de chaque jour. Ils pleuraient encore en riant. Et ils riaient en pleurant, comme un rayon de soleil tout à travers leurs larmes. Leurs grosses larmes oubliées glissaient et tombaient sur leur pain. C'était comme les dernières gouttes de pluie quand le soleil est revenu. Ils mangeaient sur leur pain, tartinées, le reste de leurs larmes. Qu'importent nos efforts d'un jour? qu'importent nos charités? Je ne peux pourtant pas donner toujours. Je ne peux pas donner tout. Je ne peux pas donner à tout le monde. Je ne peux pourtant pas faire manger aux passants tout le pain de mon père. Et même alors, est-ce que ça paraîtrait? dans la masse des affamés. *Elle cesse insensiblement de filer.* Pour un blessé que nous soignons par hasard, pour un enfant à qui nous donnons à manger, la guerre infatigable en fait par centaines, elle, et tous les jours, des blessés, des malades et des abandonnés. Tous nos efforts sont vains; nos charités sont vaines. La guerre est la plus forte à faire la souffrance. Ah! maudite soit-elle! et maudits ceux qui l'ont apportée sur la terre de France.

Elle s'est complètement arrêtée de filer.
Un silence.

Nous aurons beau faire, nous aurons beau faire, ils iront toujours plus vite que nous, ils en feront toujours plus que nous, davantage que nous. Il ne faut qu'un briquet pour brûler une ferme. Il faut, il a fallu des années pour la bâtir. Ça n'est pas difficile; ça n'est pas malin. Il faut des mois et des mois, il a fallu du travail et du travail pour pousser une moisson. Et il ne faut qu'un briquet pour flamber une moisson. Il faut des années et des années pour faire pousser un homme, il a fallu du pain et du pain pour le nourrir, et du travail et du travail et des travaux et des travaux de toutes sortes. Et il suffit d'un coup pour tuer un homme. Un coup de sabre, et ça y est. Pour faire un bon chrétien il faut que la charrue ait travaillé vingt ans. Pour défaire un chrétien il faut que le sabre travaille une minute. C'est toujours comme ça. C'est dans le genre de la charrue de travailler vingt ans. C'est dans le genre du sabre de travailler une minute; et d'en faire plus; d'être le plus fort. D'en finir. Alors nous autres nous serons toujours les moins forts. Nous irons toujours moins vite, nous en ferons toujours moins. Nous sommes le parti de ceux qui construisent. Ils sont le parti de ceux qui démolissent. Nous sommes le parti de la charrue. Ils sont le parti du sabre. Nous serons toujours battus. Ils auront toujours le dessus dessus nous, par-dessus nous.

Nous aurons beau dire.

- À quels indices peut-on supposer l'âge et la condition sociale de Jeannette ainsi que l'époque à laquelle se situe la scène?
- Relevez en les classant les pronoms personnels sujets à partir de la ligne 16. Justifiez leur emploi.
- Quels procédés rhétoriques identifiez-vous, lignes 29 à 38? Précisez leur fonction argumentative.

➢ **Groupement de textes: voir 75 - 84 - 87.**

Jean COCTEAU

1889 - 1963

Le Secret professionnel (1922)

On a coutume de représenter la poésie comme une dame voilée, langoureuse, étendue sur un nuage. Cette dame a une voix musicale et ne dit que des mensonges.

Maintenant, connaissez-vous la surprise qui consiste à se trouver soudain en face de son propre nom comme s'il appartenait à un autre, à voir, pour ainsi dire, sa forme et à entendre le bruit de ses syllabes sans l'habitude aveugle et sourde que donne une longue intimité. Le sentiment qu'un fournisseur, par exemple, ne connaît pas un mot qui nous paraît si connu, nous ouvre les yeux, nous débouche les oreilles. Un coup de baguette fait revivre le lieu commun.

Il arrive que le même phénomène se produise pour un objet, un animal. L'espace d'un éclair, nous *voyons* un chien, un fiacre, une maison *pour la première fois.* Tout ce qu'ils présentent de spécial, de fou, de ridicule, de beau nous accable. Immédiatement après, l'habitude frotte cette image puissante avec sa gomme. Nous caressons le chien, nous arrêtons le fiacre, nous habitons la maison. Nous ne les voyons plus.

Voilà le rôle de la poésie. Elle *dévoile*, dans toute la force du terme. Elle montre nues, sous une lumière qui secoue la torpeur, les choses surprenantes qui nous environnent et que nos sens enregistraient machinalement.

Inutile de chercher au loin des objets et des sentiments bizarres pour surprendre le dormeur éveillé. C'est là le système du mauvais poète et ce qui nous vaut l'exotisme.

Il s'agit de lui montrer ce sur quoi son cœur, son œil glissent chaque jour sous un angle et avec une vitesse tels qu'il lui paraît le voir et s'en émouvoir pour la première fois.

Voici bien la seule création permise à la créature.

Car, s'il est vrai que la multitude des regards patine les statues, les lieux communs, chefs-d'œuvre éternels, sont recouverts d'une épaisse patine qui les rend invisibles et cache leur beauté.

Mettez un lieu commun en place, nettoyez-le, frottez-le, éclairez-le de telle sorte qu'il frappe avec sa jeunesse et avec la même fraîcheur, le même jet qu'il avait à sa source, vous ferez œuvre de poète.

Tout le reste est littérature.

Le Secret professionnel, Éd. Stock.

- Dégagez la conception que Cocteau se fait du poète et de la poésie. Quelle phrase l'illustre le mieux ?
- Quel usage Cocteau fait-il de la métaphore ?
- Comment l'auteur use-t-il du merveilleux ? Quelle tonalité confère-t-il au texte ?

➢ **Groupement de textes : voir 80 - 89 - 90.**

Jean GUÉHENNO
1890 - 1978
Journal d'un homme de 40 ans (1934)

Guéhenno, lui-même blessé lors de la Première Guerre mondiale, a eu beaucoup d'amis massacrés. Il s'interroge ici sur le sens de ce sacrifice.

Encore si cette mort avait eu un sens, une valeur efficace. Mais tout est clair à présent, et il faut oser dire la seule chose qu'on n'ose jamais dire, parce qu'elle fait crier d'horreur les mères, les épouses, les enfants, les amis. Il faut oser ce qui paraît blasphème, et je manquerai même du respect qu'on attend pour tant de vieilles peines qui se sont consolées, comme elles ont pu, avec de vieux mensonges et de vieilles chansons. Je dirai donc que cette innombrable mort fut inutile. Je dirai donc que j'ai conscience que mes amis sont morts pour rien. Pour rien. Pour moins que rien, si ces millions de corps pourrissants empoisonnent l'Europe, si chaque tombe est un autel où s'entretiennent la rancune et la haine, si depuis vingt ans nous cédons à je ne sais quel prestige du sang et de la mort. Tout cela, où s'est dépensé tant de cœur, n'a été qu'une bêtise inutile et démesurée. Peut-être avons-nous été courageux. Mais sûrement nous avons été bêtes. Nous n'avons qu'ajouté à la misère du monde. Si tout cela n'avait pas été, le monde n'en irait que mieux. Qui niera l'évidence ? J'attends qu'on nous montre, en cette belle année 1933, ce que quelqu'un a gagné à la guerre. De tout ce qu'elle a achevé de bouleverser, il n'est rien qui n'eût pu être mis en ordre par les réflexions et les discussions d'hommes seulement un peu plus intelligents, plus attentifs, plus présents. Il nous faut avoir le courage de ces vérités, si nous voulons enfin mériter la paix.

Douze millions de morts pour rien. Qu'on ne dénonce pas ces cris comme les cris d'un partisan ! J'en ai assez de la partisanerie, si j'eus jamais pour elle quelque penchant. J'écris ces choses sans passion avec une infinie tristesse. Il n'est pas bien drôle de s'avouer qu'on a vécu, souffert, lutté pour rien, qu'il eût mieux valu ne pas être. Aux limites du désespoir, je me répète quelquefois comme une consolation dernière la parole de saint Augustin : « Le monde est ébranlé. Le vieil homme est comme secoué. La chair est sous le pressoir afin que l'esprit en découle et resplendisse. » Mais ne suis-je pas encore dupe des mots sublimes ? J'ai vu la chair saignante et mutilée et je crains que l'esprit ne soit mort avec elle. Peut-être les hommes n'oseront-ils plus passer ce fleuve de sang qui coule des Vosges à la mer, de Verdun à Ypres ? Des mots, des mots encore ! La terre a bu le sang, les os deviennent cendre, le grand cimetière des nations est tout envahi par les herbes. Tout sera prêt bientôt pour une nouvelle moisson.

Je ne puis me faire à l'idée de ce gaspillage. Tout est-il donc perdu ? Toute notre vie ? Toute notre jeunesse ? Toutes nos amitiés, toutes nos amours ? Non, rien de tout cela n'est mort. Je le ferais revivre, si j'étais un meilleur magicien, si je savais mieux aimer.

La mort c'est l'inhumain. Jeunes morts fraternels, je veux penser à vous vivants. Si vous saviez quelle joie j'y trouve. Vous êtes morts, parce qu'on vous a trompés. Mais votre foi n'est pas morte. Votre foi, tout ce qui vous faisait vivre. La seule idée de votre vie nous rend le mouvement de l'amour. D'ordinaire, on ne fait pas attention qu'on est vivant ou que ceux qu'on aime sont vivants ; on pense à mille autres choses qui n'ont pas d'importance. Je pense à vous, et voici que je regarde avec d'autres yeux les jeunes hommes d'aujourd'hui qui vivent autour de moi. Ah ! comme ils vous ressemblent ! Votre foi brille dans leurs yeux. Je ne supporterai pas qu'on les trompe. Il nous faut remonter de ces gouffres où votre mort nous a d'abord conduits. Tant que nous vivons, soyons vivants ! et faisons de la vie bon usage. C'est de nous qu'il dépend peut-être qu'enfin votre mort soit utile.

Journal d'un homme de 40 ans, Éd. Bernard Grasset.

- À qui s'adressent les reproches de Jean Guéhenno ? Qui cherche-t-il à convaincre ?
- Reformulez en trois ou quatre lignes son message.
- Relevez, dans les deux derniers paragraphes, deux réseaux lexicaux antithétiques. En quoi illustrent-ils l'argumentation ?

➢ **Groupement de textes : voir 75 - 82 - 87.**

Jean ANOUILH

1910 - 1987

Antigone (1944)

Créon, nouveau roi de Thèbes, a interdit que l'on accomplisse les rites funèbres sur le corps de Polynice, considéré comme rebelle. Antigone, la sœur de Polynice et nièce de Créon, vient de transgresser la loi édictée par son oncle et doit lui rendre des comptes.

ANTIGONE. – Vous êtes odieux !

CRÉON. – Oui, mon petit. C'est le métier qui le veut. Ce qu'on peut discuter, c'est s'il faut le faire ou ne pas le faire. Mais si on le fait, il faut le faire comme cela.

ANTIGONE. – Pourquoi le faites-vous ?

CRÉON. – Un matin, je me suis réveillé roi de Thèbes. Et Dieu sait si j'aimais autre chose dans la vie que d'être puissant.

ANTIGONE. – Il fallait dire non, alors !

CRÉON. – Je le pouvais. Seulement, je me suis senti tout d'un coup comme un ouvrier qui refusait un ouvrage. Cela ne m'a pas paru honnête. J'ai dit oui.

ANTIGONE. – Eh bien, tant pis pour vous. Moi, je n'ai pas dit « oui » ! Qu'est-ce que vous voulez que cela me fasse, à moi, votre politique, votre nécessité, vos pauvres histoires ? Moi, je peux dire « non » encore à tout ce que je n'aime pas et je suis seul juge. Et vous, avec votre couronne, avec vos gardes, avec votre attirail, vous pouvez seulement me faire mourir parce que vous avez dit « oui ».

Antigone, © Éditions de la Table ronde, 1946.

- Étudiez le registre familier dans ce dialogue.
- Quels arguments avance Créon pour justifier son métier de roi ?
- Pourquoi le « non » d'Antigone est-il tragique ?

➢ **Groupement de textes : voir 78 - 88.**

Boris VIAN

1920 - 1959

L'Écume des jours (1947)

Dès le début de la rue, la foule se bousculait pour accéder à la salle où Jean-Sol[1] donnait sa conférence.

Les gens utilisaient les ruses les plus variées pour déjouer la surveillance du cordon sanitaire chargé d'examiner la validité des cartes d'invitation, car on en avait mis en circulation de fausses par dizaines de milliers.

Certains arrivaient en corbillard et les gendarmes plongeaient une longue pique d'acier dans le cercueil, les clouant au chêne pour l'éternité, ce qui évitait de les en sortir pour l'inhumation et ne causait de tort qu'aux vrais morts éventuels dont le linceul se trouvait bousillé. D'autres se faisaient parachuter par avion spécial (et l'on se battait aussi au Bourget pour monter en avion). Une équipe de pompiers prenaient ceux-là pour cible et, au moyen de lances d'incendie, les déviaient vers la scène où ils se noyaient misérablement. D'autres, enfin, tentaient d'arriver par les égouts. On les repoussait à grands coups de souliers ferrés sur les jointures au moment où ils s'agrippaient au rebord pour se rétablir et sortir, et les rats se chargeaient du reste. Mais rien ne décourageait ces passionnés. Ce n'étaient pas les mêmes, il faut cependant l'avouer, qui se noyaient et qui persévéraient dans leurs tentatives, et la rumeur montait vers le zénith, se répercutant sur les nuages en un roulement caverneux.

L'Écume des jours, © Société Nouvelle des Éditions Pauvert, 1979.

1. Il s'agit de Jean-Sol Partre, double parodique de l'écrivain Jean-Paul Sartre.

- Soulignez la composition et la progression du passage.
- Étudiez les procédés d'exagération et le ton du texte.
- En quoi le statut de l'intellectuel se trouve-t-il ici subverti ?

➢ **Groupement de textes : voir 91 - 93.**

Albert CAMUS

1913 - 1960

Actuelles I (1950)

Le monde est ce qu'il est, c'est-à-dire peu de chose[1]. C'est ce que chacun sait depuis hier grâce au formidable concert que la radio, les journaux et les agences d'information viennent de déclencher au sujet de la bombe atomique. On nous apprend, en effet, au milieu d'une foule de commentaires enthousiastes, que n'importe quelle ville d'importance moyenne peut être totalement rasée par une bombe de la grosseur d'un ballon de football. Des journaux américains, anglais et français se répandent en dissertations élégantes sur l'avenir, le passé, les inventeurs, le coût, la vocation pacifique et les effets guerriers, les conséquences politiques et même le caractère indépendant de la bombe atomique. Nous nous résumerons en une phrase : la civilisation mécanique vient de parvenir à son dernier degré de sauvagerie. Il va falloir choisir, dans un avenir plus ou moins proche, entre le suicide collectif ou l'utilisation intelligente des conquêtes scientifiques.

En attendant, il est permis de penser qu'il y a quelque indécence à célébrer ainsi une découverte, qui se met d'abord au service de la plus formidable rage de destruction dont l'homme ait fait preuve depuis des siècles. Que dans un monde livré à tous les déchirements de la violence, incapable d'aucun contrôle, indifférent à la justice et au simple bonheur des hommes, la science se consacre au meurtre organisé, personne sans doute, à moins d'idéalisme impénitent, ne songera à s'en étonner.

Ces découvertes doivent être enregistrées, commentées selon ce qu'elles sont, annoncées au monde pour que l'homme ait une juste idée de son destin. Mais entourer ces terribles révélations d'une littérature pittoresque ou humoristique, c'est ce qui n'est pas supportable.

Déjà, on ne respirait pas facilement dans un monde torturé. Voici qu'une angoisse nouvelle nous est proposée, qui a toutes les chances d'être définitive. On offre sans doute à l'humanité sa dernière chance. Et ce peut être après tout le prétexte d'une édition spéciale. Mais ce devrait être plus sûrement le sujet de quelques réflexions et de beaucoup de silence.

Au reste, il est d'autres raisons d'accueillir avec réserve le roman d'anticipation que les journaux nous proposent. Quand on voit le rédacteur diplomatique de l'Agence Reuter annoncer que cette invention rend caducs les traités ou périmées les décisions mêmes de Postdam, remarquer qu'il est indifférent que les Russes soient à Kœnigsberg ou la Turquie aux Dardanelles, on ne peut se défendre de supposer à ce beau concert des intentions assez étrangères au désintéressement scientifique.

Qu'on nous entende bien. Si les Japonais capitulent après la destruction d'Hiroshima et par l'effet de l'intimidation, nous nous en réjouirons. Mais nous nous refusons à tirer d'une aussi grave nouvelle autre chose que la décision de plaider plus énergiquement encore en faveur d'une véritable société internationale, où les grandes puissances n'auront pas de droits supérieurs aux petites et aux moyennes nations, où la guerre, fléau devenu définitif par le seul effet de l'intelligence humaine, ne dépendra plus des appétits ou des doctrines de tel ou tel État.

Devant les perspectives terrifiantes qui s'ouvrent à l'humanité, nous apercevons encore mieux que la paix est le seul combat qui vaille d'être mené. Ce n'est plus une prière, mais un ordre qui doit monter des peuples vers les gouvernements, l'ordre de choisir définitivement entre l'enfer et la raison.

Combat, 8 août 1945, recueilli dans *Actuelles* I, © Éd. Gallimard.

1. Ces réflexions s'inscrivent après la destruction d'Hiroshima par une bombe atomique.

- En quoi l'article de Camus diffère-t-il de tous ceux des autres journalistes sur l'événement ?
- Quel jugement Camus porte-t-il sur la bombe atomique et sur la civilisation mécanique ?
- Distinguez les réflexions du moraliste de celles du journaliste. Montrez que selon Camus, les premières doivent avoir la primauté sur les secondes.
- En un développement argumenté, dites comment peut se faire « l'utilisation intelligente des conquêtes scientifiques ».

➢ **Groupement de textes : voir 75 - 82.**

Eugène IONESCO

1912 - 1994

Le roi se meurt (1962)

LE MÉDECIN

Majesté, le reine Marguerite dit la vérité, vous allez mourir.

LE ROI

Encore? Vous m'ennuyez! Je mourrai, oui, je mourrai. Dans quarante ans, dans cinquante ans, dans trois cents ans. Plus tard. Quand je voudrai, quand j'aurai le temps, quand je le déciderai. En attendant, occupons-nous des affaires du royaume. (*Il monte les marches du trône.*) Aïe! Mes jambes, mes reins. J'ai attrapé froid dans ce palais mal chauffé, avec ces carreaux cassés qui laissent entrer la tempête et les courants d'air. A-t-on remplacé sur le toit les tuiles que le vent avait arrachées? On ne travaille plus. Il faudra que je m'en occupe moi-même. J'ai eu d'autres choses à faire. On ne peut compter sur personne. (*À Marie*[1] *qui essaye de le soutenir.*) Non, j'arriverai. (*Il s'aide de son sceptre comme d'un bâton.*) Ce sceptre peut encore servir. (*Il réussit péniblement à s'asseoir, aidé tout de même par la reine Marie.*) Mais non, mais non, je peux. Ça y est! Ouf! Il est devenu bien dur ce trône. On devrait le faire rembourrer. Comment se porte le pays ce matin?

MARGUERITE

Ce qu'il en reste.

Le roi se meurt, © Éd. Gallimard, 1963.

....

1. Le personnage de Marie tente d'adoucir les derniers moments du Roi.

- Quelle image du roi est proposée dans ce passage?
- En quoi ce monologue du roi est-il tragique?
- Identifiez le registre de langue. Quel est son effet?

➢ **Groupement de textes: voir 79 - 85.**

Saint-John PERSE

1887 - 1975

Pour Dante (1965)

Il s'agit d'un extrait d'un discours en l'honneur du 7e centenaire du grand poète de la renaissance italienne, Dante Alighieri.

Nous t'invoquons, Poète, à l'ouverture d'un nouvel âge. Il n'est rien de futur qui ne s'ouvre au poète. Créer, toujours, fut promouvoir et commander au loin. Et le poète proféré se hâte dans l'histoire… Éternelle invasion de la parole poétique !

Pareils aux Conquérants nomades maîtres d'un infini d'espace, les grands poètes transhumants, honorés de leur ombre, échappent longuement aux clartés de l'ossuaire. S'arrachant au passé, ils voient, incessamment, s'accroître devant eux la course d'une piste qui d'eux-mêmes procède. Leurs œuvres, migratrices, voyagent avec nous, hautes tables de mémoire que déplace l'histoire.

Et celui-là fut d'Occident, où le songe est action, et l'action, novatrice. Dante debout dans le vent de l'histoire a porté sans faiblesse sa charge d'humanité ; et tôt levé dans la grandeur, instigateur et médiateur, il fut de ces grands devanciers pour qui vivre est créer, et créer s'engager dans une éternité d'histoire.

Poète, face invisible de l'homme… Le torrent poétique où se lave l'histoire s'écoule, inentendu des foules riveraines. Mais sur la face sainte de la terre, quelques soulèvements d'humeur nous laissent trace pour longtemps de leur puissant relief : entre deux grands versants de l'âge occidental, la haute intersection s'éclaire encore jusqu'à nous.

Pour Dante (extrait), © Éd. Gallimard.

- Étudiez le ton du passage.
- Définissez l'image de l'histoire selon Saint-John Perse.

➢ **Groupement de textes : voir 83 - 90.**

Claude ROY

1915 - 1997

Défense de la littérature (1968)

La littérature c'est toujours une manière d'agir sur soi et sur les hommes, et par conséquent de les faire agir. Ceux-là même qui condamnent l'action parce qu'elle ne serait pas, soi-disant, la sœur du rêve, agissent contre certaines actions, et se livrent à cette action précise qui consiste à essayer de décourager ou de détourner les hommes de certaines actions. [...]

Autant les écrivains qui se veulent à tout prix dégagés, dégagés de tout ce qui arrive de désagréable ou de tragique à leurs compagnons de la terre, autant les écrivains qui vivent dans leur petit coin en cultivant les petites fleurs et les petits oiseaux de leur petit jardin, autant ces écrivains-là sont en général peu engageants à force de pauvreté de cœur, d'économie de curiosité, autant ceux qui conjuguent trop bien le malheur de n'être que des écrivains et le désir d'être davantage (ou autre chose) risquent de n'être plus rien du tout. Il n'est pas déconseillé à un écrivain, au contraire, de se sentir partie liée avec tous les hommes, c'est-à-dire de travailler, de rire, d'aimer et de pêcher la truite, de faire la guerre quand il croit que c'est juste, et d'aider à changer la société quand il pense que c'est nécessaire (et c'est toujours nécessaire). Il y a une grande littérature qui est une littérature de combat, de dénonciation des abus ou des injustices, une littérature de révolte ou de polémique, une littérature d'intervention et de révolution. Mais cette littérature-là n'est jamais l'œuvre d'écrivains qui ont besoin de se faire excuser de n'être *que* des écrivains, qui, en un mot, ont un « complexe d'infériorité ». Pascal écrit les *Provinciales* et Fénelon les remontrances au roi, Voltaire écrit l'*Essai sur la tolérance* et Hugo *Les Châtiments*, [...] non pas parce qu'ils sentent la nécessité de se faire décerner un certificat d'utilité publique, mais parce que c'est plus fort qu'eux, qu'il leur faut dire ce qu'ils ont à dire. Ils ne sont pas engagés au sens où le militaire et le policier sont *engagés*, c'est-à-dire ont pris l'engagement d'obéir aux ordres de leur supérieur, sans les discuter et au besoin sans chercher à les comprendre, ils ne se sont pas engagés d'avance à dire ce qu'on attendait d'eux, ils ne sont pas engagés comme le sont la recrue, l'homme à gages ou le domestique, ils ne sont pas engagés comme un train est engagé sur des rails. Ils n'ont pas pris du service, mais ils ont pris feu et ils ont pris parti. Dans ce sens du mot *engagement* la question à se poser n'est plus, me semble-t-il : « Un écrivain doit-il s'engager ? », mais plutôt : « Comment un écrivain pourrait-il accepter d'être un homme diminué et un citoyen incomplet, c'est-à-dire ne pas quelquefois s'engager de toute son âme et de toutes ses forces ? » Comment peut-on, si un ennemi envahit notre pays, humilie les nôtres, proscrit, persécute ou extermine nos voisins, comment peut-on ne pas réagir ? Comment peut-on empêcher son sang de ne faire qu'un tour quand on est le témoin d'une injustice ? Comment peut-on supporter paisiblement, en jouant aux quilles ou en chantant des romances, de voir à côté de soi des hommes pauvres et exploités, d'entendre prononcer des mensonges ? Il n'y a qu'une façon de n'être pas engagé, c'est de ne pas être vivant, c'est de se faire pierre parmi les pierres ou plume au gré du vent. L'engagement vrai, c'est celui qui consiste à laisser parler sa raison et son cœur quand ils sont blessés par le malheur général et par la déraison des choses.

Défense de la littérature, © Éd. Gallimard.

- Reformulez en trois ou quatre lignes maximum la thèse de Claude Roy.
- Comment l'auteur s'y prend-t-il pour déprécier la thèse adverse ?
- À quels indices perçoit-on la subjectivité de Claude Roy, de la ligne 39 à la fin du texte ?
- Littérature engagée ou littérature d'évasion ? Vous direz, en un développement structuré et à partir d'exemples précis, quelle est celle que vous préférez et pourquoi ?

➢ **Groupement de textes : voir 83 - 88 - 93.**

Simone de BEAUVOIR

1908 - 1986

Tout compte fait (1972)

Simone de Beauvoir évoque les événements de Mai 68 en France et situe le rôle de son compagnon Jean-Paul Sartre dans ce mouvement social.

Mes amis et moi nous avons été attendre Sartre au Balzar[1]. Il est arrivé au bout d'une heure, suivi d'une cohorte d'étudiants, de journalistes et de photographes. Il a raconté qu'à son entrée dans l'amphithéâtre l'assistance était plutôt houleuse, mais en quelques phrases il avait obtenu le silence. Il avait dit aux auditeurs quels espoirs il mettait dans « cette démocratie sauvage que vous avez créée et qui dérange toutes les institutions ». Et pendant une heure il avait répondu à des questions. À la fin on l'avait chaleureusement applaudi. D'autres amis nous ont rejoints qui s'étaient installés dès huit heures sur les bancs de l'amphithéâtre et qui l'avaient vu peu à peu se remplir. À neuf heures on n'y aurait pas fait entrer une souris ; des étudiants s'étaient installés dans les bras de Descartes, d'autres sur les épaules de Richelieu[2]. Ce qu'il y avait de curieux, nous a-t-on dit, c'est que cette foule venait là de toute évidence pour écouter Sartre mais que, par horreur du « vedettariat », personne ne prononçait son nom.

Par la suite, nous sommes restés en contact avec le mouvement. Nous avons plus d'une fois rencontré Geismar ; Sartre a interviewé Cohn-Bendit pour *Le Nouvel Observateur*. Les jeunes de notre entourage faisaient tous partie des comités d'action.

Tout compte fait, © Éd. Gallimard.

1. Brasserie près de la Sorbonne, à Paris. – 2. Il s'agit des statues de Descartes et de Richelieu.

- Précisez en quoi ce texte relève des « mémoires ».
- Comment se traduit dans le passage l'effervescence de cette époque troublée ?
- Quelle image de l'intellectuel engagé nous est ici proposée ?

➢ **Groupement de textes : voir 86 - 90 - 93.**

Élisabeth BADINTER

née en 1944

L'un est l'autre (1986)

[...] Les hommes qui avaient milité pour la décolonisation furent les premiers à se sentir concernés par la contestation des femmes. Ils éprouvèrent le même sentiment de culpabilité qu'ils avaient ressenti naguère à l'égard des colonisés. Jadis, on contestait l'homme blanc. À présent, c'était l'homme tout court qui était sur la sellette, sans moyen de mettre quelque distance entre lui et l'accusateur. Quelques-uns épousèrent le combat féministe, mais la plupart ressentirent un inexprimable malaise. Ils comprenaient ou ne voulaient pas comprendre que la lutte des femmes représentait à plus ou moins long terme « un renversement total de leurs valeurs, de leurs lois, en un mot de toute leur civilisation[1] ».

La mise en cause des hommes par les femmes se renforça de celle des pères par les fils. À la fin des années soixante, les femmes et les jeunes contestant en même temps le mari et le père formèrent objectivement « une nouvelle alliance ». Les jeunes Occidentaux ne voulaient plus s'identifier aux pères. Bien que ces derniers n'aient pas de sang sur les mains, les valeurs qu'ils incarnaient semblaient à la fois dérisoires et mortelles. Le goût insatiable de la consommation, de la possession et du gadget, allié à la guerre économique, la course aux armements et à l'exploitation sans précédent de la nature, constituaient aux yeux des fils un modèle absurde, dénué de prestige et d'éthique. Les jeunes rejetèrent en bloc les valeurs viriles traditionnelles au profit de valeurs plus féminines. Niant toute idée d'autorité ou de supériorité naturelle, ils prônèrent la non-violence sous toutes ses formes. La guerre du Viet-nâm qui leur paraissait, à tort ou à raison, une résurgence du vieil impérialisme occidental – et donc de l'autoritarisme patriarcal – fut universellement honnie par la nouvelle génération des années soixante-soixante-dix. Les jeunes Occidentaux, qui ne voulaient plus jamais entendre parler de guerre, préféraient la vie à n'importe quel prix[2], militaient pour le respect de la nature et affichaient leur méfiance pour les progrès de la technique et de la science dès lors qu'ils pouvaient menacer l'environnement.

En contestant toutes les valeurs paternelles, les fils se rapprochaient inconsciemment de celles des mères, traditionnellement ennemies de la guerre, ignorantes de la concurrence, étrangères au pouvoir et à l'oppression. Le renversement des alliances eut bien lieu, qui mit fin à l'autorité et au prestige millénaire du père et du mari. Mais, en réalité, cette nouvelle alliance était fondée sur un malentendu. Au moment même où les jeunes hommes tournaient le dos aux stéréotypes de la virilité et adoptaient des comportements plus féminins, les femmes elles-mêmes abandonnaient une part de leurs attitudes millénaires et s'emparaient de domaines jadis chasses gardées des hommes. La génération des fils, qui avait été souvent solidaire du combat des femmes, s'aperçut trop tard qu'elle avait été flouée. Ceux qui s'étaient rapprochés des valeurs maternelles traditionnelles eurent du mal à admettre que les femmes prennent justement leurs distances avec celles-ci. Alors que les uns voulaient construire un monde moins agressif où la concurrence serait moins cruelle, les autres se posaient maintenant en redoutables concurrentes. Elles ne sont plus seulement tendresse et dévouement, mais aussi ambition et égoïsme. Le désarroi des pères devint celui des fils. À ce jour, il n'a pas cessé.

L'un est l'autre, © Éditions Odile Jacob.

....

1. Anne Tristan et A. de Pisan, *Histoires du M.L.F.*, Calmann-Lévy, 1977, p. 99. – 2. Cf. le slogan des « Verts », neutralistes : « Plutôt rouges que morts. » (notes de l'auteur).

- Reformulez en trois ou quatre lignes les thèses d'Élisabeth Badinter.
- Sur quels exemples fonde-t-elle son argumentation ? Peut-on en déduire qu'elle est universelle ?
- Repérez le champ lexical dans les trois dernières phrases. Dans quelle perspective Élisabeth Badinter situe-t-elle les enjeux de l'avenir ?
- L'égalité entre les hommes et les femmes est-elle un facteur de cohésion sociale ? Donnez votre avis en un développement organisé et argumenté.

➢ **Groupement de textes : voir 78.**

Pierre BOURDIEU

né en 1930

« Défense des intellectuels » (1986)

[…] Pour ma part, je pense que s'il y a une grande cause aujourd'hui, c'est la défense des intellectuels. Parce que s'il n'y a plus d'intellectuels, il n'y aura plus de défenseurs des grandes causes. Actuellement, on cherche à déconsidérer une manière de vivre la vie intellectuelle qui s'est inventée peu à peu tout au long du XIXe siècle. Certains essaient même de se faire une réputation de maître penseur en dénonçant les maîtres à penser, les gourous, etc. ? Et ceux qui aujourd'hui lancent les dénonciations sont les premiers (c'est facile à vérifier) à se précipiter sur les micros et dans les journaux pour tenter de jouer le rôle qu'ils dénoncent. D'ailleurs, soit dit en passant, ceux qui ont écrit les pamphlets les plus retentissants (à très court terme !) sur les intellectuels, dans le passé et le présent, ont en commun de ne briller ni par leur créativité ni par leur générosité. […]

Mais il y a aussi l'anti-intellectualisme permanent des puissants de tous les bords. Et les gouvernants de gauche, qui ont tendance à se prendre pour des intellectuels, ont montré qu'ils ne sont pas moins fermés à la critique intellectuelle que les gouvernants de droite.

Cet anti-intellectualisme est, je dirais, structural. Mais il est aujourd'hui conjoncturellement renforcé. D'abord parce que le grand ébranlement de Mai 1968, qui a secoué l'*establishment* dans le monde entier, a laissé des traces durables. Une intelligentsia conservatrice, jusque-là dominée et défensive, s'est constituée, mobilisée, s'est dotée d'instruments d'expression propres et s'est organisée en groupes d'intervention. Disons que le symbole en serait : « Commentaire » et « Commentary »[1].

Ensuite, la plupart des pays occidentaux sont entrés dans une phase de restauration conservatrice. Et l'histoire le montre : si grande que soit l'autonomie du monde intellectuel, les intellectuels ne sont jamais insensibles aux déplacements du centre de gravité des pouvoirs. D'autant que dans le cas de la France le désenchantement apporté par les quatre ou cinq ans de gouvernement de gauche tend à démobiliser ou à démoraliser, parfois jusqu'au cynisme, tous ceux qui ne savent plus à quelle cause se vouer.

Les intellectuels ne peuvent jouer un rôle que s'ils ont, évidemment, la liberté de le faire, et s'ils ont, et c'est l'essentiel, la conviction nécessaire pour le faire, c'est-à-dire le sentiment d'avoir un pouvoir, une efficacité et un devoir. C'est pourquoi ma défense des intellectuels n'a rien de corporatiste. Elle vise à redonner le moral à un groupe qui croit avoir reçu en héritage, au moins en France, de Zola en Gide, de Sartre en Foucault, une mission de défense de l'universel. On peut penser ce que l'on voudra de leurs motivations, il reste que dans certaines occasions les intellectuels se sentent tenus de défendre des causes désintéressées, et du coup, ils le font. C'est cela qu'il faut sauver. Et pour le sauver, il faut inventer de nouvelles formes d'action. Les intellectuels n'ont rien inventé en la matière depuis l'affaire Dreyfus et la pétition. Il faut concevoir des formes d'organisation permettant d'avoir une sorte d'« intellectuel collectif » : cela contre toutes les formes de détournement narcissique de l'action. Et aussi pour cumuler les compétences critiques et constructives.

Un « intellectuel collectif » donc et de surcroît un « intellectuel international » qui regrouperait (c'est en cours) des professionnels de la pensée : artistes, écrivains, savants, philosophes, etc., capables d'appliquer leur pensée, dans les limites de leur compétence, au monde qui les environne.

Il s'agirait au moins d'opposer un contre-pouvoir critique aux abus de pouvoir qui se commettent au nom de la science : le cas du nucléaire n'est que trop évident. Mais la même chose est vraie en matière de direction de la société ou de l'économie. Il ne s'agit pas de prendre le pouvoir, mais de prendre le contre-pouvoir, un peu de contre-pouvoir. Dès que le pouvoir se réclame de la science, il faut que la science se dote d'un contre-pouvoir.

« Défense des intellectuels », *Le Nouvel Observateur* 12-18 sept. 1986.

....

1. Allusion à la polémique concernant l'utilisation en français de termes étrangers.

- Définissez l'enjeu que pose le texte. Dans quelle phrase est-il le mieux exprimé ?
- Comment Pierre Bourdieu s'y prend-il pour déconsidérer les « anti-intellectuels » ?
- Analysez la force de persuasion de cet article.
- Dites, dans un développement composé, quel rôle peuvent tenir les intellectuels dans la vie sociale, culturelle, politique.

➢ **Groupement de textes : voir 86 - 90 - 91.**

Cyrano de BERGERAC

1619 - 1655

Voyage dans la lune (1662)

À ces boutades de fièvres chaudes[1], succéda l'espérance de faire réussir un si beau voyage. Je m'enfermai, pour en venir à bout, dans une maison de campagne assez écartée, où après avoir flatté mes rêveries de quelques moyens capables de m'y porter, voici comme je me donnai au ciel.

Je m'étais attaché autour de moi quantité de fioles pleines de rosée, et la chaleur du soleil qui les attirait m'éleva si haut, qu'à la fin je me trouvai au-dessus des plus hautes nuées. Mais comme cette attraction me faisait monter avec trop de rapidité, et qu'au lieu de m'approcher de la lune, comme je prétendais, elle me paraissait plus éloignée qu'à mon partement[2], je cassai plusieurs de mes fioles, jusqu'à ce que je sentis que ma pesanteur surmontait l'attraction et que je descendais vers la terre.

Mon opinion ne fut point fausse, car j'y retombai quelque temps après, et à compter l'heure que j'en étais parti, il devait être minuit. Cependant je reconnus que le soleil était alors au plus haut de l'horizon, et qu'il était midi. Je vous laisse à penser combien je fus étonné : certes je le fus de si bonne sorte que, ne sachant à quoi attribuer ce miracle, j'eus l'insolence de m'imaginer qu'en faveur de ma hardiesse, Dieu avait encore une fois recloué le soleil aux cieux, afin d'éclairer une si généreuse entreprise.

....

1. Le narrateur s'est proposé, par plaisanterie d'abord, de se rendre « dans la lune », après avoir pris connaissance d'un livre mystérieux qui traite de ce problème. – 2. Départ.

- En quoi l'expérience possède-t-elle une apparence scientifique ?
- Quels éléments relèvent du merveilleux dans ce passage ?
- Quels procédés permettent au narrateur d'établir une complicité avec son lecteur ?

➢ **Groupement de textes : voir 95-107.**

VOLTAIRE

1694 - 1778

Micromégas (1752)

Micromégas, habitant de l'étoile Sirius, est un géant qui a entrepris un voyage interplanétaire en compagnie d'un habitant de Saturne, lui-même géant mais de plus modeste taille. Ils sont parvenus jusqu'à la Terre et ont rencontré une petite équipe de savants.

Le voyageur[1] se sentit ému de pitié pour la petite race humaine, dans laquelle il découvrait de si étonnants contrastes. «Puisque vous êtes du petit nombre des sages, dit-il à ces messieurs, et qu'apparemment vous ne tuez personne pour de l'argent, dites-moi, je vous en prie, à quoi vous vous occupez. – Nous disséquons des mouches[2], dit le philosophe, nous mesurons des lignes, nous assemblons des nombres; nous sommes d'accord sur deux ou trois points que nous entendons[3]; et nous disputons sur deux ou trois mille que nous n'entendons pas.» Il prit aussitôt fantaisie au Sirien et au Saturnien d'interroger ces atomes pensants, pour savoir de quoi ils convenaient. «Combien comptez-vous, dit celui-ci, de l'étoile de la Canicule à la grande étoile des Gémeaux? » Ils répondirent tous à la fois: «Trente-deux degrés et demi. – Combien comptez-vous d'ici à la lune? – Soixante demi-diamètres de la terre en nombre rond. – Combien pèse votre air? » Il croyait les attraper, mais tous lui dirent que l'air pèse environ neuf cents fois moins qu'un pareil volume de l'eau la plus légère, et dix-neuf mille fois moins que l'or du ducat[4]. Le petit nain de Saturne[5], étonné de leurs réponses, fut tenté de prendre pour des sorciers ces mêmes gens auxquels il avait refusé une âme un quart d'heure auparavant[6].

Micromégas, ch. VII.

1. Micromégas. – 2. Allusion aux travaux du savant Réaumur. – 3. Comprenons. – 4. Pièce de monnaie d'or fin. – 5. Ce Saturnien mesure 2 000 mètres alors que Micromégas a près de 40 kilomètres de haut. – 6. Quand les géants ont vu les hommes pour la première fois ils se sont demandé, surtout le Saturnien, si des êtres aussi minuscules pouvaient avoir une âme.

- Étudiez la progression du texte.
- Quel rôle joue le dialogue entre les deux géants et les Terriens ?
- Comment s'exprime l'ironie voltairienne ?

➢ **Groupement de textes : voir 94-107.**

Denis DIDEROT

1713 - 1784

Le rêve de d'Alembert (1769)

Après un entretien avec Diderot, le mathématicien d'Alembert fait un « rêve » que Mlle de Lespinasse note avec précision. Inquiète sur la santé mentale de son ami, elle consulte le Docteur Bordeu.

MADEMOISELLE DE LESPINASSE. – Après ce préambule, il s'est mis à crier[1] : Mademoiselle de Lespinasse ! Mademoiselle de Lespinasse ! – Que voulez-vous ? – Avez-vous quelquefois vu un essaim d'abeilles s'échapper de leur ruche ?... Le monde ou la masse générale de la matière est la ruche... Les avez-vous vues s'en aller former à l'extrémité de la branche d'un arbre, une longue grappe de petits animaux ailés, tous accrochés les uns aux autres par les pattes ?... Cette grappe est un être, un individu, un animal quelconque... Mais ces grappes devraient se ressembler toutes... Oui, s'il[2] n'admettait qu'une seule matière homogène... Les avez-vous vues ? – Oui, je les ai vues – Vous les avez vues ? – Oui, mon ami ; je vous dis qu'oui. – Si l'une de ces abeilles s'avise de pincer d'une façon quelconque, l'abeille à laquelle elle s'est accrochée, que croyez-vous qu'il en arrive ? Dites donc ! – Je n'en sais rien. – Dites toujours... Vous l'ignorez donc, – mais le philosophe ne l'ignore pas, – lui. Si vous le voyez jamais, – et vous le verrez ou vous ne le verrez pas, – car il[3] me l'a promis, – il vous dira que celle-ci pincera la suivante ; qu'il s'excitera dans toute la grappe autant de sensations qu'il y a de petits animaux ; que le tout s'agitera, se remuera, changera de situation et de forme ; qu'il s'élèvera du bruit, de petits cris ; et que celui qui n'aurait jamais vu une pareille grappe s'arranger, serait tenté de la prendre pour un animal à cinq ou six cents têtes, et à mille ou douze cents ailes... (Eh bien, Docteur ?)

BORDEU. – Eh bien, savez-vous que ce rêve est fort beau, et que vous avez bien fait de l'écrire.

MADEMOISELLE DE LESPINASSE. – Rêvez-vous aussi ?

BORDEU. – Si peu que je m'engagerais presque à vous dire la suite.

MADEMOISELLE DE LESPINASSE. – Je vous en défie.

BORDEU. – Vous m'en défiez ?

MADEMOISELLE DE LESPINASSE. – Oui.

BORDEU. – Et si je rencontre[4] ?

MADEMOISELLE DE LESPINASSE. – Si vous rencontrez, je vous promets… Je vous promets de vous tenir pour le plus grand fou qu'il y ait au monde.

BORDEU. – Regardez sur votre papier et écoutez-moi. L'homme qui prendrait cette grappe pour un animal se tromperait ; mais, Mademoiselle, – je présume qu'il a continué de vous adresser la parole, – voulez-vous qu'il juge plus sainement ? Voulez-vous transformer la grappe d'abeilles en un seul et unique animal ? Amollissez les pattes par lesquelles elles se tiennent ; de contiguës qu'elles étaient, rendez-les continues. Entre ce nouvel état de la grappe et le précédent, il y a certainement une différence marquée ; et quelle peut être cette différence, sinon qu'à présent c'est un tout, un animal, un, et qu'auparavant, ce n'était qu'un assemblage d'animaux… Tous nos organes…

MADEMOISELLE DE LESPINASSE. – Tous nos organes !

BORDEU. – Pour celui qui a exercé la médecine et fait quelques observations…

MADEMOISELLE DE LESPINASSE. – Après.

BORDEU. – Après ? ne sont que des animaux distincts que la loi de continuité tient dans une sympathie, une unité, une identité générale.

MADEMOISELLE DE LESPINASSE. – J'en suis confondue. C'est cela, et presque mot pour mot. Je puis donc assurer à présent à toute la terre qu'il n'y a aucune différence entre un médecin qui veille et un philosophe qui rêve.

....

1. D'Alembert. – 2. Diderot qui, dans l'entretien, avait doté la matière de sensibilité. – 3. C'est toujours de Diderot qu'il s'agit. – 4. Devine.

- À quoi tient l'impression de vérité qui se dégage du texte ?
- Par quels moyens Diderot met-il une question scientifique complexe à la portée d'un large public ?

  Quelle est la portée de la dernière phrase ?
- À partir de quels indices peut-on déduire le matérialisme de Diderot ?

➢ **Groupement de textes : voir 97-98-110.**

BUFFON

1707 - 1788

Les époques de la nature (1778)

[…] Dans les animaux, la plupart des qualités qui paraissent individuelles ne laissent pas de se transmettre et de se propager par la même voie que les propriétés spécifiques ; il était donc plus facile à l'homme d'influer sur la nature des animaux que sur celle des végétaux. Les races dans chaque espèce d'animal ne sont que des variétés constantes qui se perpétuent par la génération, au lieu que dans les espèces végétales il n'y a point de races, point de variétés assez constantes pour être perpétuées par la reproduction. Dans les seules espèces de la poule et du pigeon, l'on a fait naître très récemment de nouvelles races en grand nombre, qui toutes peuvent se propager d'elles-mêmes ; tous les jours dans les autres espèces on relève, on ennoblit les races en les croisant ; des temps en temps on acclimate, on civilise quelques espèces étrangères ou sauvages. Tous ces exemples modernes et récents prouvent que l'homme n'a connu que tard l'étendue de sa puissance, et que même il ne la connaît pas encore assez ; elle dépend en entier de l'exercice de son intelligence ; ainsi plus il observera, plus il cultivera la Nature, plus il aura de moyens pour se la soumettre et de facilités pour tirer de son sein des richesses nouvelles, sans diminuer les trésors de son inépuisable fécondité.

Et que ne pourrait-il pas sur lui-même, je veux dire sur sa propre espèce, si la volonté était toujours dirigée par l'intelligence ? Qui sait jusqu'à quel point l'homme pourrait perfectionner sa nature, soit au moral, soit au physique ? Y a-t-il une seule nation qui puisse se vanter d'être arrivée au meilleur gouvernement possible, qui serait de rendre tous les hommes, non pas également heureux, mais moins inégalement malheureux ; en veillant à leur conservation, à l'épargne de leurs sueurs et de leur sang par la paix, par l'abondance des subsistances, par les aisances de la vie et les facilités pour leur propagation : voilà le but moral de toute société qui chercherait à s'améliorer. Et pour le physique, la Médecine et les autres arts dont l'objet est de nous conserver sont-ils aussi avancés, aussi connus que les arts destructeurs, enfantés par la guerre ? Il semble que de tout temps l'homme ait fait moins de réflexions sur le bien que de recherches pour le mal ; toute société est mêlée de l'un et de l'autre ; et comme de tous les sentiments qui affectent la multitude, la crainte est le plus puissant, les grands talents dans l'art de faire du mal ont été les premiers qui aient frappé l'esprit de l'homme, ensuite ceux qui l'ont amusé ont occupé son cœur, et ce n'est qu'après un trop long usage de ces deux moyens de faux honneur et de plaisir stérile, qu'enfin il a reconnu que sa vraie gloire est la science, et la paix son vrai bonheur.

« Les époques de la Nature », *Histoire naturelle* (1749-1778).

- Après avoir rapidement reformulé la thèse soutenue par l'auteur, vous préciserez les grandes étapes de l'argumentation.
- Comment expliquez-vous, à partir de la ligne 20, le recours à la forme interrogative ?
- Définissez, d'après ce texte, le statut du savant au XVIIIe siècle.
- Dans un développement composé vous direz si, à l'aube du XXIe siècle, la jeunesse partage la même foi en la science que Buffon.

➢ **Groupement de textes : voir 98-106-113-114.**

CONDORCET

1743 - 1794

Esquisse d'un tableau historique des progrès de l'esprit humain (1793)

Si nous nous bornions à montrer les avantages qu'on a retirés des sciences dans leurs usages immédiats, ou dans leur application aux arts, soit pour le bien-être des individus, soit pour la prospérité des nations, nous n'aurions fait connaître encore qu'une faible partie de leurs bienfaits.

Le plus important peut-être est d'avoir détruit les préjugés, redressé en quelque sorte l'intelligence humaine, forcée de se plier aux fausses directions que lui impriment les croyances absurdes transmises à l'enfance de chaque génération, avec les erreurs de la superstition et la crainte de la tyrannie.

Toutes les erreurs en politique, en morale, ont pour base des erreurs philosophiques, qui elles-mêmes sont liées à des erreurs physiques. Il n'existe, ni un système religieux, ni une extravagance surnaturelle, qui ne soient fondés sur l'ignorance de la nature. Les inventeurs, les défenseurs de ces absurdités, ne pouvaient prévoir le perfectionnement successif de l'esprit humain. Persuadés que les hommes savaient, de leurs temps, tout ce qu'ils pouvaient jamais savoir, et croiraient toujours ce qu'ils croyaient alors, ils appuyaient avec confiance leurs rêveries sur les opinions générales de leur pays et de leur siècle.

Les progrès des connaissances physiques sont même d'autant plus funestes à ces erreurs, que souvent ils les détruisent sans paraître les attaquer, et en répandant sur ceux qui s'obstinent à les défendre le ridicule avilissant de l'ignorance.

En même temps l'habitude de raisonner juste sur les objets de ces sciences, les idées précises que donnent leurs méthodes, les moyens de reconnaître ou de prouver une vérité, doivent conduire naturellement à comparer le sentiment qui nous force d'adhérer à des opinions fondées sur ces motifs réels de crédibilité, et celui qui nous attache à nos préjugés d'habitude, ou qui nous force de céder à l'autorité; et cette comparaison suffit pour apprendre à se défier de ces dernières opinions, pour faire sentir qu'on ne les croit réellement pas, lors même qu'on se vante de les croire, qu'on les professe avec la plus pure sincérité. Or ce secret, une fois découvert, rend leur destruction prompte et certaine.

Enfin, cette marche des sciences physiques que l'intérêt et les passions ne viennent pas troubler, où l'on ne croit pas que la naissance, la profession, les places donnent le droit de juger ce qu'on n'est pas en état d'entendre, cette marche plus sûre ne pouvait être observée sans que les hommes éclairés cherchassent dans les autres sciences à s'en rapprocher sans cesse; elle leur offrait à chaque pas le modèle qu'ils devaient suivre, d'après lequel ils pouvaient juger de leurs propres efforts, reconnaître les fausses routes où ils auraient pu s'engager, se préserver de la crédulité comme du pyrrhonisme[1], d'une soumission trop entière même à l'autorité des lumières et de la renommée.

Sans doute, l'analyse métaphysique conduisait aux mêmes résultats; mais elle n'eût donné que des préceptes abstraits; et ici les mêmes principes abstraits, mis en action, étaient éclairés par l'exemple, fortifiés par le succès.

Jusqu'à cette époque les sciences n'avaient été que le patrimoine de quelques hommes; déjà elles sont devenues communes, et le moment approche où leurs éléments, leurs principes, leurs méthodes les plus simples deviendront vraiment populaires. C'est alors que leur intérêt pour les arts, que leur influence sur la justesse générale des esprits seront d'une utilité vraiment universelle.

1. Doctrine du philosophe grec Pyrrhon (v. 365-275 av. J.-C.) selon laquelle on ne peut rien connaître avec certitude. Synonyme de scepticisme.

- Relevez, en les classant, les avantages que l'homme a retirés des sciences.
- Donnez, d'après le contexte, le sens des mots « crédibilité » (l. 29) et « crédulité » (l. 44). Quel rôle la science a-t-elle joué dans la différenciation de ces deux attitudes ?
- Identifiez les procédés stylistiques employés par Condorcet, lignes 36 à 45, en précisant leur valeur argumentative.
- En un dévoloppement structuré, dites si le rôle de la science est de détruire les préjugés, la superstition.

➢ **Groupement de textes : voir 97-100-106-113-114.**

STENDHAL

1783 - 1842

Le Rouge et le Noir (1830)

Verrières est abritée du côté du nord par une haute montagne, c'est une des branches du Jura. Les cimes brisées du Verra se couvrent de neige dès les premiers froids d'octobre. Un torrent, qui se précipite de la montagne, traverse Verrières avant de se jeter dans le Doubs, et donne le mouvement à un grand nombre de scies à bois; c'est une industrie fort simple et qui procure un certain bien-être à la majeure partie des habitants plus paysans que bourgeois. Ce ne sont pas cependant les scies à bois qui ont enrichi cette petite ville. C'est à la fabrique des toiles peintes, dites de Mulhouse, que l'on doit l'aisance générale qui, depuis la chute de Napoléon, a fait rebâtir les façades de presque toutes les maisons de Verrières.

À peine entre-t-on dans la ville que l'on est étourdi par le fracas d'une machine bruyante et terrible en apparence. Vingt marteaux pesants, et retombant avec un bruit qui fait trembler le pavé, sont élevés par une roue que l'eau du torrent fait mouvoir. Chacun de ces marteaux fabrique, chaque jour, je ne sais combien de milliers de clous. Ce sont de jeunes filles fraîches et jolies qui présentent aux coups de ces marteaux énormes les petits morceaux de fer qui sont rapidement transformés en clous. Ce travail, si rude en apparence, est un de ceux qui étonnent le plus le voyageur qui pénètre pour la première fois dans les montagnes qui séparent la France de l'Helvétie. Si, en entrant à Verrières, le voyageur demande à qui appartient cette belle fabrique de clous qui assourdit les gens qui montent la grande rue, on lui répond avec un accent traînard: *Eh! elle est à M. le maire.*

- Dans quelle mesure la présentation de la ville est-elle réaliste?
- Comment est exprimée l'activité économique de Verrières?
- Quels éléments montrent que les forces de la nature et le labeur humain se complètent?

➢ **Groupement de textes : voir 103-109.**

Alfred de MUSSET

1810 - 1857

Rolla (1833)

Et que nous reste-t-il, à nous, les déicides[1] ?
Pour qui travailliez-vous, démolisseurs stupides[2],
Lorsque vous disséquiez le Christ sur son autel ?
Que vouliez-vous semer sur sa céleste tombe,
Quand vous jetiez au vent la sanglante colombe
Qui tombe en tournoyant dans l'abîme éternel ?
Vous vouliez pétrir l'homme à votre fantaisie ;
Vous vouliez faire un monde. – Eh bien, vous l'avez fait.
Votre monde est superbe, et votre homme est parfait !
Les monts sont nivelés, la plaine est éclaircie ;
Vous avez sagement taillé l'arbre de vie ;
Tout est bien balayé sur vos chemins de fer,
Tout est grand, tout est beau, mais on meurt dans votre air.
Vous y faites vibrer de sublimes paroles ;
Elles flottent au loin dans des vents empestés.
Elles ont ébranlé de terribles idoles ;
Mais les oiseaux du ciel en sont épouvantés.
L'hypocrisie est morte ; on ne croit plus aux prêtres ;
Mais la vertu se meurt, on ne croit plus à Dieu.

« Rolla » (extrait) 1833, *Poésies nouvelles.*

1. – Ceux qui ont tué Dieu. – 2. Le poète s'adresse ici aux philosophes du XVIIIe (et à Voltaire en particulier) qui, par leur attitude sceptique, ont détourné les esprits de la religion.

- Comment le poète considère-t-il ses contemporains ?
- Quel est le statut de Dieu dans cette vision du poète ?
- Relevez les procédés qui expriment la vigueur de la condamnation.

➢ **Groupement de textes : voir 98-102.**

François-René de CHATEAUBRIAND

1768 - 1848

Mémoires d'outre-tombe (1848-1850)

On affirme que dans cette civilisation à naître l'espèce s'agrandira ; je l'ai moi-même avancé : cependant n'est-il pas à craindre que l'individu ne diminue ? Nous pourrons être de laborieuses abeilles occupées en commun de notre miel. Dans le monde *matériel* les hommes s'associent pour le travail, une multitude arrive plus vite et par différentes routes à la chose qu'elle cherche ; des masses d'individus élèveront les Pyramides ; en étudiant chacun de son côté, ces individus rencontreront des découvertes dans les sciences, exploreront tous les coins de la création physique. Mais dans le monde *moral* en est-il de la sorte ? Mille cerveaux auront beau se coaliser, ils ne composeront jamais le chef-d'œuvre qui sort de la tête d'un Homère.

On a dit[1] qu'une cité dont les membres auront une égale répartition de bien et d'éducation présentera aux regards de la Divinité un spectacle au-dessus du spectacle de la cité de nos pères. La folie du moment est d'arriver à l'unité des peuples et de ne faire qu'un seul homme de l'espèce entière, soit ; mais en acquérant des facultés générales, toute une série de sentiments privés ne périra-t-elle pas ? Adieu les douceurs du foyer ; adieu les charmes de la famille ; parmi tous ces êtres blancs, jaunes, noirs, réputés vos compatriotes, vous ne pourriez vous jeter au cou d'un frère. N'y avait-il rien dans la vie d'autrefois, rien dans cet espace borné que vous aperceviez de votre fenêtre encadrée de lierre ? Au-delà de votre horizon vous soupçonniez des pays inconnus dont vous parlait à peine l'oiseau de passage, seul voyageur que vous aviez vu à l'automne. C'était bonheur de songer que les collines qui vous environnaient ne disparaîtraient pas à vos yeux ; qu'elles renfermeraient vos amitiés et vos amours ; que le gémissement de la nuit autour de votre asile serait le seul bruit auquel vous vous endormiriez ; que jamais la solitude de votre âme ne serait troublée, que vous y rencontreriez toujours les pensées qui vous y attendent pour reprendre avec vous leur entretien familier. Vous saviez où vous étiez né, vous saviez où serait votre tombe ; en pénétrant dans la forêt vous pouviez dire :

Beaux arbres qui m'avez vu naître,
Bientôt vous me verrez mourir.

L'homme n'a pas besoin de voyager pour s'agrandir ; il porte avec lui l'immensité. Tel accent échappé de votre sein ne se mesure pas et trouve un écho dans des milliers d'âmes : qui n'a point en soi cette mélodie, la demandera en vain à l'univers. Asseyez-vous sur le tronc de l'arbre abattu au fond des bois : si dans l'oubli profond de vous-même, dans votre immobilité, dans votre silence vous ne trouvez pas l'infini, il est inutile de vous égarer aux rivages du Gange.

Quelle serait une société universelle qui n'aurait point de pays particulier, qui ne serait ni française, ni anglaise, ni allemande, ni espagnole, ni portugaise, ni italienne, ni russe, ni tartare, ni turque, ni persane, ni indienne, ni chinoise, ni américaine, ou plutôt qui serait à la fois toutes ces sociétés ? Qu'en résulterait-il pour ses mœurs, ses sciences, ses arts, sa poésie ? Comment s'exprimeraient des passions ressenties à la fois à la manière des différents peuples dans les différents climats ? Comment entrerait dans le langage cette confusion de besoins et d'images produits des divers soleils qui auraient éclairé une jeunesse, une virilité et une vieillesse communes ? Et quel serait ce langage ? De la fusion des sociétés résultera-t-il un idiome universel, ou bien y aura-t-il un dialecte de transaction servant à l'usage journalier, tandis que chaque nation parlerait sa propre langue, ou bien les langues diverses seraient-elles entendues de tous ? Sous quelle règle semblable, sous quelle loi unique existerait cette société ? Comment trouver place sur une terre agrandie par la puissance d'ubiquité, et rétrécie par les petites proportions d'un globe fouillé partout ? Il ne resterait qu'à demander à la science le moyen de changer de planète.

Mémoires d'outre-tombe, livre 44.

....

1. Il s'agit de Tocqueville.

- Relevez et classez les différentes menaces qui, selon l'auteur, pèsent sur la civilisation future.
- Quels éléments stylistiques (vocabulaire, images, rythme des phrases) viennent remplacer l'argumentation, lignes 17 à 30 ?
- Précisez la tonalité de cette conclusion des *Mémoires d'outre-tombe*.

➢ **Groupement de textes : voir 100-102-106-112.**

Charles BAUDELAIRE

1821 - 1867

Fusées **(1851)**

Le monde va finir. La seule raison pour laquelle il pourrait durer, c'est qu'il existe. Que cette raison est faible, comparée à toutes celles qui annoncent le contraire, particulièrement à celle-ci : qu'est-ce que le monde a désormais à faire sous le ciel ? – Car, en supposant qu'il continuât à exister matériellement, serait-ce une existence digne de ce nom et du dictionnaire historique ? Je ne dis pas que le monde sera réduit aux expédients et au désordre bouffon des républiques du Sud-Amérique, – que peut-être même nous retournerons à l'état sauvage, et que nous irons, à travers les ruines herbues de notre civilisation, chercher notre pâture, un fusil à la main. Non ; – car ce sort et ces aventures supposeraient encore une certaine énergie vitale, écho des premiers âges. Nouvel exemple et nouvelles victimes des inexorables lois morales, nous périrons par où nous avons cru vivre. La mécanique nous aura tellement américanisés, le progrès aura si bien atrophié en nous toute la partie spirituelle, que rien parmi les rêveries sanguinaires, sacrilèges, ou anti-naturelles des utopistes ne pourra être comparé à ses résultats positifs. Je demande à tout homme qui pense de me montrer ce qui subsiste de la vie. De la religion, je crois inutile d'en parler et d'en chercher les restes, puisque se donner encore la peine de nier Dieu est le seul scandale en pareilles matières. La propriété avait disparu virtuellement avec la suppression du droit d'aînesse ; mais le temps viendra où l'humanité, comme un ogre vengeur, arrachera leur dernier morceau à ceux qui croiront avoir hérité légitimement des révolutions. Encore, là ne serait pas le mal suprême.

L'imagination humaine peut concevoir, sans trop de peine, des républiques ou autres états communautaires, dignes de quelque gloire, s'ils sont dirigés par des hommes sacrés, par de certains aristocrates. Mais ce n'est pas particulièrement par des institutions politiques que se manifestera la ruine universelle, ou le progrès universel ; car peu m'importe le nom. Ce sera par l'avilissement des cœurs. Ai-je besoin de dire que le peu qui restera de politique se débattra péniblement dans les étreintes de l'animalité générale, et que les gouvernants seront forcés, pour se maintenir et pour créer un fantôme d'ordre, de recourir à des moyens qui feraient frissonner notre humanité actuelle, pourtant si endurcie ? – Alors, le fils fuira la famille, non pas à dix-huit ans, mais à douze, émancipé par sa précocité gloutonne ; il la fuira, non pas pour chercher des aventures héroïques, non pas pour délivrer une beauté prisonnière dans une tour, non pas pour immortaliser un galetas[1] par de sublimes pensées, mais pour fonder un commerce, pour s'enrichir, et pour faire concurrence à son infâme papa, – fondateur et actionnaire d'un journal qui répandra les lumières et qui ferait considérer *Le Siècle*[2] d'alors comme un suppôt de la superstition. [...] – Alors, ce qui ressemblera à la vertu, – que dis-je, – tout ce qui ne sera pas l'ardeur vers Plutus[3] sera réputé un immense ridicule. La justice, si, à cette époque fortunée, il peut encore exister une justice, fera interdire les citoyens qui ne sauront pas faire fortune. – Ton épouse, ô Bourgeois ! ta chaste moitié dont la légitimité fait pour toi la poésie, introduisant désormais dans la légalité une infamie irréprochable, gardienne vigilante et amoureuse de ton coffre-fort, ne sera plus que l'idéal parfait de la femme entretenue. Ta fille, avec une nubilité enfantine, rêvera dans son berceau qu'elle se vend un million. Et toi-même, ô Bourgeois, – moins poète encore que tu n'es aujourd'hui, – tu n'y trouveras rien à redire ; tu ne regretteras rien. Car il y a des choses dans l'homme, qui se fortifient et prospèrent à mesure que d'autres se délicatisent et s'amoindrissent, et, grâce au progrès de ces temps, il ne te restera de tes entrailles que des viscères ! – Ces temps sont peut-être bien proches ; qui sait même s'ils ne sont pas venus, et si l'épaississement de notre nature n'est pas le seul obstacle qui nous empêche d'apprécier le milieu dans lequel nous respirons !

1. Petit local dans les combles ; allusion à Balzac. – 2. Journal anticlérical. – 3. Le dieu de la richesse chez les Romains ; d'où la richesse, l'enrichissement.

- Quelles seront les caractéristiques du monde de demain selon Baudelaire, du point de vue politique, social et moral ?
- D'après la suite du texte, indiquez le sens de l'expression « le monde va finir » (l. 1) ? Quelle tonalité donne-t-elle au passage ?
- Comment s'expriment le dégoût et la pitié de l'auteur, lignes 46 à 56 ?

➢ **Groupement de textes : voir 100-101-106-109-112.**

Gérard de NERVAL

1808 - 1855

Promenades et Souvenirs (1855)

Si je pouvais faire un peu de bien en passant, j'essayerais d'appeler quelque attention sur ces pauvres villes délaissées dont les chemins de fer ont détourné la circulation et la vie. Elles s'asseyent tristement sur les débris de leur fortune passée, et se concentrent en elles-mêmes, jetant un regard désenchanté sur les merveilles d'une civilisation qui les condamne ou les oublie. Saint-Germain m'a fait penser à Senlis, et comme c'était un mardi, j'ai pris l'omnibus de Pontoise, qui ne circule plus que les jours de marché. J'aime à contrarier les chemins de fer, – et Alexandre Dumas, que j'accuse d'avoir un peu brodé dernièrement sur mes folies de jeunesse, a dit avec vérité que j'avais dépensé deux cents francs et mis huit jours pour l'aller voir à Bruxelles, par l'ancienne route de Flandre, – et en dépit du chemin de fer du Nord[1].

Non, je n'admettrai jamais, quelles que soient les difficultés des terrains, que l'on fasse huit lieues, ou, si vous voulez, trente-deux kilomètres pour aller à Poissy en évitant Saint-Germain, et trente lieues pour aller à Compiègne en évitant Senlis. Ce n'est qu'en France que l'on peut rencontrer des chemins si contrefaits. Quand le chemin belge perçait douze montagnes pour arriver à Spa[2], nous étions en admiration devant ces faciles contours de notre principale artère, qui suivent tour à tour les lits capricieux de la Seine et de l'Oise, pour éviter une ou deux pentes de l'ancienne route du Nord.

1. Ce chemin de fer l'aurait conduit en quelques heures à Bruxelles. – 2. Ville de Belgique au sud-est de Liège.

- Quelles critiques le narrateur adresse-t-il aux chemins de fer ? Pourquoi ?
- Montrez en quoi le narrateur est sensible au charme des anciennes routes.
- Comment le narrateur parvient-il à installer une complicité entre lui et son lecteur ?

➢ **Groupement de textes : voir 99-104.**

Gustave FLAUBERT

1821 - 1880

Bouvard et Pécuchet (1881)

Bouvard et Pécuchet, deux amis à la retraite, s'intéressent aux sciences et aux techniques de leur époque.

Bouvard avait, très souvent, besoin de faire arranger ses outils chez le forgeron.

Un jour qu'il s'y rendait, il fut accosté par un homme portant sur le dos un sac de toile, et qui lui proposa des almanachs, des livres pieux, des médailles bénites, enfin le *Manuel de la Santé*, par François Raspail.

Cette brochure lui plut tellement, qu'il écrivit à Barberou[1] de lui envoyer le grand ouvrage. Barberou l'expédia, et indiquait, dans sa lettre, une pharmacie pour les médicaments.

La clarté de la doctrine les séduisit. Toutes les affections proviennent des vers. Ils gâtent les dents, creusent les poumons, dilatent le foie, ravagent les intestins, et y causent des bruits. Ce qu'il y a de mieux pour s'en délivrer, c'est le camphre[2]. Bouvard et Pécuchet l'adoptèrent. Ils en prisaient, ils en croquaient et distribuaient des cigarettes, des flacons d'eau sédative et des pilules d'aloès. Ils entreprirent même la cure d'un bossu.

C'était un enfant qu'ils avaient rencontré un jour de foire. Sa mère, une mendiante, l'amenait chez eux tous les matins. Ils frictionnaient sa bosse avec de la graisse camphrée, y mettaient pendant vingt minutes un cataplasme de moutarde, puis la recouvraient de diachylum[3], et pour être sûrs qu'il reviendrait, lui donnaient à déjeuner.

1. Une de leurs connaissances à Paris. – 2. Substance issue du camphrier et utilisée dans les préparations pharmaceutiques. – 3. Sorte de sparadrap.

- Comment se manifeste l'intérêt de Bouvard et Pécuchet pour la médecine ?
- Quelle vision de la médecine se font les deux personnages ?
- Quels éléments montrent que le narrateur tourne en ridicule ces deux personnages ?

➢ **Groupement de textes : voir 103-111.**

Joris-Karl HUYSMANS

1848 - 1907

À rebours (1884)

Au reste, l'artifice[1] paraissait à des Esseintes[2] la marque distinctive du génie de l'homme.

Comme il le disait, la nature a fait son temps; elle a définitivement lassé, par la dégoûtante uniformité de ses paysages et de ses ciels, l'attentive patience des raffinés. Au fond, quelle platitude de spécialiste confinée dans sa partie, quelle petitesse de boutiquière tenant tel article à l'exclusion de tout autre, quel monotone magasin de prairies et d'arbres, quelle banale agence de montagnes et de mers!

Il n'est, d'ailleurs, aucune de ses inventions réputée si subtile ou si grandiose que le génie humain ne puisse créer; aucune forêt de Fontainebleau, aucun clair de lune que des décors inondés de jets électriques ne produisent, aucune cascade que l'hydraulique n'imite à s'y méprendre; aucun roc que le carton-pâte ne s'assimile; aucune fleur que de spécieux taffetas et de délicats papiers peints n'égalent!

À n'en pas douter, cette sempiternelle radoteuse a maintenant usé la débonnaire[3] admiration des vrais artistes, et le moment est venu où il s'agit de la remplacer, autant que faire se pourra, par l'artifice.

1. Ce qui est fait par l'homme, le produit de son habileté. – 2. Nom du héros. – 3. Bienveillante.

- Comment la nature est-elle déconsidérée par des Esseintes ?
- Pourquoi des Esseintes est-il un défenseur de l'artifice ?
- En quoi le texte relève-t-il du type argumentatif ?

➢ **Groupement de textes : voir 104-112.**

Ernest RENAN

1823 - 1892

L'Avenir de la science (1890)

En résumé, si, par l'incessant travail du XIXe siècle, la connaissance des faits s'est singulièrement augmentée, la destinée humaine est devenue plus obscure que jamais. Ce qu'il y a de grave, c'est que nous n'entrevoyons pas pour l'avenir, à moins d'un retour à la crédulité, le moyen de donner à l'humanité un catéchisme désormais acceptable. Il est donc possible que la ruine des croyances idéalistes soit destinée à suivre la ruine des croyances surnaturelles, et qu'un abaissement réel du moral de l'humanité date du jour où elle a vu la réalité des choses. À force de chimères, on avait réussi à obtenir du bon gorille un effort moral surprenant ; ôtées les chimères, une partie de l'énergie factice qu'elles éveillaient disparaîtra. Même la gloire, comme force de traction, suppose à quelques égards l'immortalité, le fruit n'en devant d'ordinaire être touché qu'après la mort. Supprimez l'alcool au travailleur dont il fait la force, mais ne lui demandez plus la même somme de travail.

Je le dis franchement, je ne me figure pas comment on rebâtira, sans les anciens rêves, les assises d'une vie noble et heureuse. L'hypothèse où le vrai sage serait celui qui, s'interdisant les horizons lointains, renferme ses perspectives dans les jouissances vulgaires, cette hypothèse, dis-je, nous répugne absolument. Mais ce n'est pas aujourd'hui que le bonheur et la noblesse de l'homme reposent sur un porte-à-faux. Continuons de jouir du don suprême qui nous a été départi, celui d'être et de contempler la réalité. La science restera toujours la satisfaction du plus haut désir de notre nature, la curiosité ; elle fournira toujours à l'homme le seul moyen qu'il ait pour améliorer son sort. Elle préserve de l'erreur plutôt qu'elle ne donne la vérité ; mais c'est déjà quelque chose d'être sûr de n'être pas dupe. L'homme formé selon ces disciplines vaut mieux en définitive que l'homme instinctif des âges de foi. Il est exempt d'erreurs où l'être inculte est fatalement entraîné. Il est plus éclairé, il commet moins de crimes, il est moins sublime et moins absurde. Cela, dira-t-on, ne vaut pas le paradis que la science nous enlève. Qui sait d'abord si elle nous l'enlève ? Et puis, après tout, on n'appauvrit personne en tirant de son portefeuille les mauvaises valeurs et les faux billets. Mieux vaut un peu de bonne science que beaucoup de mauvaise science. On se trompe moins en avouant qu'on ignore qu'en s'imaginant savoir beaucoup de choses qu'on ne sait pas.

- Quel est l'enjeu posé par le texte ? Dans quelle phrase est-il le plus clairement exprimé ?
- Identifiez les deux champs lexicaux antithétiques, lignes 1 à 8. Précisez quelle est leur fonction.
- Ce texte est rendu vivant par certains procédés de style : repérez-les.
- Dans un développement argumenté, dites si la science préserve de l'erreur, plus qu'elle ne donne la vérité.

➢ **Groupement de textes : voir 97-98-100-101-102.**

Antoine de SAINT-EXUPÉRY

1900 - 1944

Vol de nuit (1931)

Fabien est ici aux commandes de son avion.

Pourtant la nuit montait, pareille à une fumée sombre, et déjà comblait les vallées. On ne distinguait plus celles-ci des plaines. Déjà pourtant s'éclairaient les villages, et leurs constellations se répondaient. Et lui aussi, du doigt, faisait cligner ses feux de position, répondait aux villages. La terre était tendue d'appels lumineux, chaque maison allumant son étoile, face à l'immense nuit, ainsi qu'on tourne un phare vers la mer. Tout ce qui couvrait une vie humaine déjà scintillait. Fabien admirait que l'entrée dans la nuit se fît cette fois, comme une entrée en rade, lente et belle.

Il enfouit sa tête dans la carlingue. Le radium des aiguilles commençait à luire. L'un après l'autre le pilote vérifia des chiffres et fut content. Il se découvrait solidement assis dans ce ciel. Il effleura du doigt un longeron[1] d'acier, et sentit dans le métal ruisseler la vie : le métal ne vibrait pas, mais vivait. Les cinq cents chevaux du moteur faisaient naître dans la matière un courant très doux, qui changeait sa glace en chair de velours. Une fois de plus, le pilote n'éprouvait, en vol, ni vertige, ni ivresse, mais le travail mystérieux d'une chair vivante.

Vol de nuit, © Éd. Gallimard.

1. Poutre.

- En quoi l'avion se trouve-t-il en harmonie avec le monde ?
- Quels procédés font de l'avion une présence animée ?
- Comment se trouve rendue la sérénité du passage ?

➢ **Groupement de textes : voir 108-110.**

Antoine de SAINT-EXUPÉRY

1900 - 1944

Terre des hommes (1939)

L'usage d'un instrument savant n'a pas fait de toi un technicien sec. Il me semble qu'ils confondent but et moyen ceux qui s'effraient par trop de nos progrès techniques. Quiconque lutte dans l'unique espoir de biens matériels, en effet, ne récolte rien qui vaille de vivre. Mais la machine n'est pas un but. L'avion n'est pas un but : c'est un outil. Un outil comme la charrue.

Si nous croyons que la machine abîme l'homme c'est que, peut-être, nous manquons un peu de recul pour juger les effets de transformations aussi rapides que celles que nous avons subies. Que sont les cent années de l'histoire de la machine en regard des deux cent mille années de l'histoire de l'homme ? C'est à peine si nous nous installons dans ce paysage de mines et de centrales électriques. C'est à peine si nous commençons d'habiter cette maison nouvelle, que nous n'avons même pas achevé de bâtir. Tout a changé si vite autour de nous : rapports humains, conditions de travail, coutumes. Notre psychologie elle-même a été bousculée dans ses bases les plus intimes. Les notions de séparation, d'absence, de distance, de retour, si les mots sont demeurés les mêmes, ne contiennent plus les mêmes réalités. Pour saisir le monde aujourd'hui, nous usons d'un langage qui fut établi pour le monde d'hier. Et la vie du passé nous semble mieux répondre à notre nature, pour la seule raison qu'elle répond mieux à notre langage.

Chaque progrès nous a chassés un peu plus loin hors d'habitudes que nous avions à peine acquises, et nous sommes véritablement des émigrants qui n'ont pas fondé encore leur patrie.

Nous sommes tous de jeunes barbares que nos jouets neufs émerveillent encore. Nos courses d'avions n'ont point d'autre sens. Celui-là monte plus haut, court plus vite. Nous oublions pourquoi nous le faisons courir. La course, provisoirement, l'emporte sur son objet. Et il en est toujours de même. Pour le colonial qui fonde un empire, le sens de la vie est de conquérir. Le soldat méprise le colon. Mais le but de cette conquête n'était-il pas l'établissement de ce colon ? Ainsi dans l'exaltation de nos progrès, nous avons fait servir les hommes à l'établissement des voies ferrées, à l'érection des usines, au forage de puits de pétrole. Nous avions un peu oublié que nous dressions ces constructions pour servir les hommes. Notre morale fut, pendant la durée de la conquête, une morale de soldats. Mais il nous faut, maintenant, coloniser. Il nous faut rendre vivante cette maison neuve qui n'a point encore de visage. La vérité, pour l'un, fut de bâtir, elle est, pour l'autre, d'habiter.

Terre des hommes, © Éd. Gallimard.

- À quelle métaphore l'auteur a-t-il recours pour étayer sa thèse ?
- Repérez les indices permettant d'imaginer le statut du destinataire ?
- Quelle est la conception morale et philosophique exprimée dans ce texte ?

➢ **Groupement de textes : voir 107-110-112-114.**

Jean GIONO

1895 - 1970

Le Poids du ciel (1949)

Ce texte a été écrit en 1938, quand la mécanisation n'a pas encore atteint les profondeurs de la France rurale.

Actuellement, l'ouvrier qui travaille suivant des procédés techniques est l'esclave total du patronat ou du gouvernement qui a remplacé le patronat. Il n'a même pas la liberté de son travail. On emploie vingt hommes différents pour découper, battre, rouler et souder une boîte de fer-blanc. Et ces vingt hommes n'ont même pas de contact avec le fer-blanc ; ils ne savent faire que les gestes nécessaires pour décider une machine à agir à leur place. À côté de la prodigieuse habileté naturelle d'un habitant des forêts de l'Amazone, équilibrant avec le polissage de ses doigts le bois d'une flèche de sarbacane, ces ouvriers sont de grossiers sauvages. On ne peut même pas dire que ce travail machinal les ait abêtis ; quelle gloire il leur resterait s'ils pouvaient encore avoir des réflexes de bêtes ? Non, ce travail machinal les a dénaturés, privés de leur nature. Ils ne s'en aperçoivent pas encore, mais le monde ne sait déjà plus que faire de tels hommes. Hors de l'usine, à trois mètres de leur machine, ce sont des êtres parfaitement inutiles. Si quelque catastrophe les privait de leurs béquilles techniques, ils mourraient de faim sans pouvoir assurer leur vie sur un monde fait pour la leur assurer. Ce sont des ouvriers modernes tels que la civilisation les a dénaturés et asservis. Elle prétend supprimer la peine des hommes. Jusqu'à quel point sont-ils sincères, ceux qui le prétendent ? Car la technique supprime la diversité du travail de l'homme ; elle supprime le problème, elle supprime le jeu. Elle transforme le travail en besogne ; elle augmente le malheur intérieur des hommes qui sont astreints à ces besognes d'où toutes possibilités d'intérêt ou de joie ont été supprimées. Civilisation de l'artifice, ayant un absolu besoin de gouvernements d'artifice, la civilisation technique ne peut exister sans politique ; l'esclave technique est un magnifique instrument de politique. Il est assez asservi pour n'avoir plus de réaction propre, il est assez malheureux pour avoir constamment le dynamisme de la révolte ; il est facile à agglomérer; conscient d'avoir perdu ses qualités individuelles, il aime le troupeau, il aime obéir. On ne peut pas savoir le degré de sincérité de ceux qui prétendent que la technique supprime la peine des hommes; ils poussent à toutes les révoltes, sauf à celle contre la technique; ils ouvrent de temps en temps des portes dans les prisons ouvrières, mais toutes ces portes aboutissent à des nasses, à de solides filets de pêcheurs qui font la poche devant ces portes ouvertes, et les ouvriers ne peuvent jamais vraiment sortir. L'ouvrier est l'état le plus malheureux de l'homme; il est plus bas que l'état de misère physiologique; c'est l'homme devenu matière première. Il est incapable d'agir, on le fait agir. Il n'y a pas de civilisation ouvrière; il y a une civilisation bâtie et qui continue à s'élever sur l'esclavage total de l'ouvrier; bâtie par d'autres que l'ouvrier, jamais pour des fins ouvrières. C'est un état si malheureux qu'il n'a pas d'amis. On n'aime pas une carrière de marbre, un puits de pétrole, une mine de charbon: on l'exploite.

Il y a cependant un moment de l'ouvrier où le paysan l'aime soudain et le fait sien au fond de son cœur. C'est quand l'ouvrier lui montre que lui aussi sait faire avec ses mains une œuvre indispensable, c'est-à-dire quand l'ouvrier s'élève au-dessus de sa condition ouvrière et devient un artisan; quand il abandonne la masse technique pour aborder individuellement le problème de l'existence.

Le Poids du ciel, © Éd. Gallimard.

- À qui s'adressent les critiques de Giono ? Dans quelle phrase peut-on le lire ?
- Relevez et classez les conséquences que le travail industriel entraîne pour l'ouvrier.
- Giono emploie plusieurs fois l'expression « l'état de l'ouvrier » (l. 37, 42). Donnez le sens de cette expression. Quelle différence faites-vous entre « l'état de l'ouvrier » et « la condition humaine » ?

➢ **Groupement de textes : voir 99-102.**

Marguerite YOURCENAR

1903 - 1987

L'Œuvre au noir (1968)

L'alchimiste Zénon, accusé de soutenir des théories contraires à celles de l'Église catholique, vient d'être jeté en prison.

En rentrant chez soi, c'est-à-dire en prison, et sachant fort bien que l'issue de cette maladie d'incarcération serait fatale, Zénon las d'arguties[1] s'arrangeait pour réfléchir le moins possible. Mieux valait fournir à son esprit des occupations machinales qui lui éviteraient de tomber dans la terreur ou la fureur: il était lui-même le patient qu'il s'agissait de soutenir et de ne pas désespérer. Sa connaissance des langues lui vint en aide: il avait su les trois ou quatre langages savants qu'on apprend à l'école et s'était en cours de route et de vie familiarisé tant bien que mal avec une bonne demi-douzaine des différents parlers vulgaires. Souvent, il avait regretté de traîner avec soi ce bagage de mots dont il n'usait plus: il y avait quelque chose de grotesque à savoir le bruit ou le signe dont on se sert pour désigner l'idée de vérité ou l'idée de justice en dix ou douze langues. Ce fatras devint un passe-temps: il établit des listes, forma des groupes, compara des alphabets et des règles de grammaire. Il joua plusieurs jours avec le projet d'un idiome logique, aussi net que la notation musicale, capable d'exprimer avec ordre tous les faits possibles. Il s'inventa des langages chiffrés, comme s'il avait quelqu'un à qui adresser des messages secrets. Les mathématiques aussi furent utiles: il supputait par-dessus le toit de la prison la déclinaison des astres; il refit minutieusement les calculs concernant la quantité d'eau bue et évaporée chaque jour par la plante qui sans doute se desséchait dans son officine.

Il repensa longuement aux machines volantes et plongeantes, aux enregistrements de sons par des mécaniques imitant la mémoire humaine dont Riemer et lui avaient jadis dessiné les dispositifs, et qu'il lui arrivait encore de profiler sur ses calepins. Mais une méfiance l'avait pris de ces rallonges artificielles à ajouter aux membres de l'homme; peu importait qu'on pût s'enfoncer dans l'océan sous une cloche de fer et de cuir tant que le plongeur réduit à ses seules ressources étoufferait dans l'onde ; ou encore qu'on montât au ciel à l'aide de pédales et de machines tant que le corps humain resterait cette lourde masse qui choit comme une pierre. Peu importait surtout qu'on trouvât moyen d'enregistrer la parole humaine, qui déjà ne remplissait que trop le monde de son bruit de mensonge. Des fragments de tables alchimiques apprises par cœur à Léon[2] sortirent brusquement de l'oubli. Auscultant tantôt sa mémoire, tantôt son jugement il s'obligea à retracer point par point certaines de ses opérations de chirurgien : cette transfusion du sang, par exemple, qu'il avait tentée deux fois. Le premier essai avait réussi par-delà son attente, mais le second avait amené la mort subite, non de celui qui versait le sang, mais de celui qui l'avait reçu, comme s'il y avait vraiment entre deux liquides rouges coulant d'individus différents des haines et des amours dont nous ne sommes pas instruits. Les mêmes accords et les mêmes répulsions expliquaient sans doute chez les couples la stérilité ou la fécondité.

L'Œuvre au noir, © Éd. Gallimard.

....

1. Raisonnement subtil. – 2. Le prieuré de Léon où Zénon a fait des études de théologie.

- Quels indices permettent de situer Zénon dans le temps, d'identifier ce qui lui est reproché et la situation dans laquelle il se trouve ?
- Définissez la méthode de Zénon et le but de ses recherches.
- Quel regard Marguerite Yourcenar porte-t-elle sur Zénon ? Justifiez votre réponse.
- Transposez les interrogations de Zénon à notre époque en faisant exprimer à un savant ses craintes et ses espoirs.

➢ **Groupement de textes : voir 96-97-98-112.**

Raymond QUENEAU

1903 - 1976

Le Chant du Styrène (1969)

Ô temps, suspends ton bol, ô matière plastique
D'où viens-tu ? Qui es-tu ? et qu'est-ce qui explique
Tes rares qualités ? De quoi donc es-tu fait ?
D'où donc es-tu parti ? Remontons de l'objet
À ses aïeux lointains ! Qu'à l'envers se déroule
Son histoire exemplaire. En premier lieu, le moule.
Incluant la matrice, être mystérieux,
Il engendre le bol ou bien tout ce qu'on veut.
Mais le moule est lui-même inclus dans une presse
Qui injecte la pâte et conforme la pièce,
Ce qui présente donc le très grand avantage
D'avoir l'objet fini sans autre façonnage.
Le moule coûte cher ; c'est un inconvénient.
On le loue il est vrai, même à ses concurrents.
Le formage sous vide est une autre façon
D'obtenir des objets : par simple aspiration.
À l'étape antérieure, soigneusement rangé,
Le matériau tiédi est en plaque extrudé[1].
Pour entrer dans la buse[2] il fallait un piston
Et le manchon chauffant – ou le chauffant manchon
Auquel on fournissait – Quoi ? Le polystyrène
Vivace et turbulent qui se hâte et s'égrène.
Et l'essaim granulé sur le tamis vibrant
Fourmillait tout heureux d'un si beau colorant.

Le Chant du Styrène (extrait), recueilli dans *Chêne et Chien*, © Éd. Gallimard.

1. Modelé au moyen d'une presse. – 2. Tuyau, conduit.

- Relevez et étudiez le champ lexical se rapportant à la technique.
- Quels éléments sont utilisés par le poète pour rendre poétique le sujet dont il parle ?
- Quels sont les différents registres du comique (parodie, humour, ironie...) utilisés ?

➢ **Groupement de textes : voir 105.**

Jean ROSTAND

1894 - 1977

Le Courrier d'un biologiste (1970)

Il apparaît, dans l'ensemble, que l'évolution humaine a comporté un recul graduel des limites de l'humain, et certains pensent que cette évolution n'est point terminée. Mais elle peut encore changer de route, et l'attitude de l'opinion publique au moment du procès de Liège[1] a de quoi nous faire réfléchir à cet égard.

Après tout, il n'est pas impossible que l'humanité s'engage dans la voie que lui indiquent les moins « vitalistes »[2] d'entre nous. Il n'est pas impossible que ce soient eux qui aient raison, si tant est que c'est avoir raison que de penser comme pensera l'avenir…

Peut-être l'humanité s'affranchira-t-elle de certains des tabous dont aujourd'hui elle se fait gloire. Et l'on peut prévoir que, si jamais un mouvement se dessinait en ce sens, les choses risqueraient d'aller vite et le changement d'aller loin…

Quand l'habitude serait prise d'éliminer les monstres, de moindres tares feraient figure de monstruosités. De la suppression de l'horrible à celle de l'indésirable, il n'y a qu'un pas. Quand on aurait pris l'habitude de raréfier les nonagénaires, les octogénaires seraient jugés fort décrépits, en attendant que ce fussent les septuagénaires… Peu à peu, la mentalité collective, l'optique sociale se modifieraient. Toute déchéance, physique ou morale, entraînerait une réduction du droit de vivre.

Chaque année qui passe, chaque épreuve, chaque maladie serait ressentie comme une destitution ; à la tristesse de vieillir et de se détériorer s'ajouterait comme une sorte de honte à être encore là…

En revanche, pour une telle collectivité, que d'avantages, que de profits de toutes sortes ! Quel meilleur rendement, quel gain de productivité et d'efficacité ! Quelle économie de peine stérile, de laideur, de douleur !… Elle offrirait, à coup sûr, un spectacle plus réconfortant et plaisant que la nôtre. Plus de fous dans les asiles, d'incurables dans les hôpitaux, plus de monstres dans les hospices, plus d'assassins dans les prisons, plus de grands vieillards dans la rue, affligeant le regard…

Mais cette société, nettoyée et assainie, cette société plus dynamique, plus tonique, plus virile, plus robuste, plus saine et plus agréable à contempler, cette société où la pitié n'aurait plus d'emploi, où le dolorisme[3] n'aurait plus cours, cette société sans déchets, sans bavures, où les normaux et les forts bénéficieraient de toutes les ressources qu'absorbent jusqu'ici les anormaux et les faibles, cette société qui renouerait avec Sparte[4] et ravirait les disciples de Nietzsche[5], je ne suis pas sûr quelle mériterait encore d'être appelée une société humaine.

Le Courrier d'un biologiste, © Éd. Gallimard.

....

1. Il s'agissait de juger l'infanticide d'un nouveau-né mal formé. – 2. Ici, ceux qui respectent la vie dans son principe même. – 3. Conviction que la douleur a une valeur morale. – 4. Ville de la Grèce antique où l'individu était complètement soumis à l'État et où l'on supprimait les enfants faibles ou mal formés. – 5. Philosophe allemand exaltant la volonté de puissance.

- Quelle est la thèse de Rostand ? Quelle est celle qu'il combat ?
- À quel procédé de raisonnement l'auteur a-t-il recours, lignes 14 à 21 ?
- Étudiez l'ironie de l'antiphrase, dans le dernier paragraphe.

➢ **Groupement de textes : voir 101-102-108-110-114.**

Louis PAUWELS

1920 - 1997

Lettre ouverte aux gens heureux... (1972)

Quand j'entends des paresseux et des ignorants parler du malheur de vivre dans le progrès, je songe à ce qui se passait, dans les années 1870-1890, sous le toit d'une baraque laboratoire de Menlo Park. À cette époque, l'âge d'or de l'invention donnait des ailes à des ingénieurs à col dur et cœur pur. Quand Edison eut dessiné son premier phonographe, il travailla trente-six heures avec son mécanicien. Ils eurent des larmes aux yeux et des frissons partout lorsque, de la boîte, sortit une voix nasillarde qui disait: «Marie a un petit agneau.» Quand la première lampe à incandescence s'illumina, toute l'équipe demeura quarante-six heures sous ce toit, fascinée, fixant la lumière jaune, jusqu'à ce que le filament soit complètement brûlé.

Tout notre monde moderne est né dans les veillées de ces Edison. C'est ce monde-là qui permet à nos clochards de prendre un Boeing pour Katmandou et aux dégoûtés de la technique de se faire entendre à la radio. Est-ce que les Edison avaient foi dans le progrès? Certainement. Pensaient-ils que le progrès ferait le bonheur des hommes? Sans aucun doute. Mais au-delà de la foi et de la morale, c'étaient des possédés. Ils étaient possédés par le génie du faire. Tout ce qui peut marcher doit être mis en marche. Tout ce qui est réalisable doit être réalisé. Pourquoi? Parce que. Ils étaient emportés par la passion de l'ingénieur. C'était peut-être un aveuglement, mais qui nous a éclairés.

Je ne pense pas qu'il soit sorti de l'Église du pessimisme une seule idée utile aux hommes. Cependant, j'admets que la contestation a mis au jour un sentiment nouveau et utile. C'est l'amour du bien-être, au sens fort de l'expression. Quelque chose vient de modifier la mentalité des responsables. Il ne s'agit plus uniquement d'inventer, mais de se poser la question: est-ce que ça contentera les hommes? Est-ce que ça va diminuer ou augmenter le plaisir d'exister? Il y a là une révolution, qui n'est guère perçue, mais dont nos petits-enfants éprouveront les bons effets. L'ingénieur se découvre un autre maître que Faust[1]: le bonheur d'autrui.

Mais finalement, nous devons ce grand changement plutôt aux Edison qu'aux philosophes du mal de vivre. Quand on cesse de se salir les mains en travaillant, on commence à se soucier de ne pas salir le monde. Le travail, s'il est une contrainte, a cessé d'être, grâce aux machines, une dégoûtante punition. On n'a plus besoin seulement du sommeil qui répare la bête éreintée. Dans le loisir, il nous faut les luxes des privilégiés d'hier : la solitude, le silence, la verdure, le ciel pur. Les damnés de la terre sont devenus des délicats de l'environnement. Excellente chose, mais que nous devons au progrès même.

Lettre ouverte aux gens heureux et qui ont bien raison de l'être,
Éd. Albin Michel.

....
1. Il vendit son âme au diable en échange de biens terrestres.

- Énoncez de manière concise la thèse de l'auteur.
- Distinguez les idées des exemples dans le second paragraphe.
- À quels moyens l'auteur a-t-il recours pour discréditer la thèse adverse ?

➢ **Groupement de textes : voir 97-98-101-102-106-108.**

François JACOB

né en 1920

Le Jeu des possibles (1981)

Contrairement à ce qu'on croit souvent, l'important dans la science, c'est autant l'esprit que le produit. C'est autant l'ouverture, la primauté de la critique, la soumission à l'imprévu, si contrariant soit-il, que le résultat, si nouveau soit-il. Il y a belle lurette que les scientifiques ont renoncé à l'idée d'une vérité ultime et intangible, image exacte d'une « réalité » qui attendrait au coin de la rue d'être dévoilée. Ils savent maintenant devoir se contenter du partiel et du provisoire. Une telle démarche procède souvent à l'encontre de la pente naturelle à l'esprit humain qui réclame unité et cohérence dans sa représentation du monde sous ses aspects les plus divers. De fait, ce conflit, entre l'universel et le local, entre l'éternel et le provisoire, on le voit périodiquement réapparaître dans une série de polémiques opposant ceux qui refusent une vision totale et imposée du monde à ceux qui ne peuvent s'en passer. Que la vie et l'homme soient devenus objets de recherche et non plus de révélation, peu l'acceptent.

Depuis quelques années, on fait beaucoup de reproches aux scientifiques. On les accuse d'être sans cœur et sans conscience, de ne pas s'intéresser au reste de l'humanité ; et même d'être des individus dangereux qui n'hésitent pas à découvrir des moyens de destruction et de coercition terribles et à s'en servir. C'est leur faire beaucoup d'honneur. La proportion d'imbéciles et de malfaisants est une constante qu'on retrouve dans tous les échantillons d'une population, chez les scientifiques comme chez les agents d'assurances, chez les écrivains comme chez les paysans, chez les prêtres comme chez les hommes politiques. Et malgré le Dr Frankenstein[1] et le Dr Folamour[1], les catastrophes de l'histoire sont le fait moins des scientifiques que des prêtres et des hommes politiques.

Car ce n'est pas seulement l'intérêt qui fait s'entre-tuer les hommes. C'est aussi le dogmatisme. Rien n'est aussi dangereux que la certitude d'avoir raison. Rien ne cause autant de destruction que l'obsession d'une vérité considérée comme absolue. Tous les crimes de l'histoire sont des conséquences de quelque fanatisme. Tous les massacres ont été accomplis par vertu, au nom de la religion vraie, du nationalisme légitime, de la politique idoine[2], de l'idéologie juste ; bref au nom du combat contre la vérité de l'autre, du combat contre Satan. Cette froideur et cette objectivité qu'on reproche si souvent aux scientifiques, peut-être conviennent-elles mieux que la fièvre et la subjectivité pour traiter certaines affaires humaines. Car ce ne sont pas les idées de la science qui engendrent les passions. Ce sont les passions qui utilisent la science pour soutenir leur cause. La science ne conduit pas au racisme et à la haine. C'est la haine qui en appelle à la science pour justifier son racisme. On peut reprocher à certains scientifiques la fougue qu'ils apportent parfois à défendre leurs idées. Mais aucun génocide n'a encore été perpétré pour faire triompher une théorie scientifique. À la fin de ce XXe siècle, il devrait être clair pour chacun qu'aucun système n'expliquera le monde dans tous ses aspects et tous ses détails. Avoir contribué à casser l'idée d'une vérité intangible et éternelle n'est peut-être pas l'un des moindres titres de gloire de la démarche scientifique.

Le Jeu des possibles, © Librairie Arthème Fayard.

....

1. Savants, héros de romans et de films, ayant construit, l'un un monstre destructeur des humains, l'autre une bombe pour détruire des hommes. – 2. Appropriée.

- Déduisez du texte les caractéristiques de l'esprit scientifique.
- Pourquoi, selon l'auteur, ceux qui critiquent la science se trompent-ils de cible ?
- Analysez l'art de convaincre de François Jacob dans le dernier paragraphe.

➢ **Groupement de textes : voir 97-98-106-108-110-113.**

Jean de LA FONTAINE

1621 - 1695

Fables **(1693)**

LA FORÊT ET LE BÛCHERON

Un bûcheron venait de rompre ou d'égarer
Le bois dont il avait emmanché sa cognée.
Cette perte ne put sitôt se réparer
Que la forêt n'en fût quelque temps épargnée.
L'homme enfin la prie humblement
De lui laisser tout doucement
Emporter une unique branche,
Afin de faire un autre manche :
« Il irait employer ailleurs son gagne-pain ;
Il laisserait debout maint chêne et maint sapin
Dont chacun respectait la vieillesse et les charmes. »
L'innocente forêt lui fournit d'autres armes.
Elle en eut du regret. Il emmanche son fer.
Le misérable ne s'en sert
Qu'à dépouiller sa bienfaitrice
De ses principaux ornements.
Elle gémit à tous moments :
Son propre don fait son supplice.

Voilà le train du monde et de ses sectateurs ;
On s'y sert du bienfait contre les bienfaiteurs.
Je suis las d'en parler ; mais que de doux ombrages
Soient exposés à ces outrages,
Qui ne se plaindrait là-dessus ?
Hélas ! j'ai beau crier et me rendre incommode[1],
L'ingratitude et les abus
N'en seront pas moins à la mode.

(Livre XII)

1. Désagréable

- À quoi voit-on que l'on a affaire à une fable ?
- De quelle manière est dénoncée la fausseté du bûcheron ?

➢ **Groupement de textes : voir 119-133.**

Jean-Jacques ROUSSEAU
1712 - 1778
Les Confessions (posth. 1781)

La chose que je regrette le plus dans les détails de ma vie dont j'ai perdu la mémoire est de n'avoir pas fait des journaux de mes voyages. Jamais je n'ai tant pensé, tant existé, tant vécu, tant été moi, si j'ose ainsi dire, que dans ceux que j'ai faits seul et à pied. La marche a quelque chose qui anime et avive mes idées ; je ne puis presque penser quand je reste en place ; il faut que mon corps soit en branle pour y mettre mon esprit. La vue de la campagne, la succession des aspects agréables, le grand air, le grand appétit, la bonne santé que je gagne en marchant, la liberté du cabaret, l'éloignement de tout ce qui me fait sentir ma dépendance, de tout ce qui me rappelle à ma situation, tout cela dégage mon âme, me donne une plus grande audace de penser, me jette en quelque sorte dans l'immensité des êtres pour les combiner, les choisir, me les approprier à mon gré, sans gêne et sans crainte. Je dispose en maître de la nature entière ; mon cœur, errant d'objet en objet, s'unit, s'identifie à ceux qui le flattent, s'entoure d'images charmantes, s'enivre de sentiments délicieux. Si pour les fixer je m'amuse à les décrire en moi-même, quelle vigueur de pinceau, quelle fraîcheur de coloris, quelle énergie d'expression je leur donne ! On a, dit-on, trouvé de tout cela dans mes ouvrages, quoique écrits vers le déclin de mes ans. Oh ! si l'on eût vu ceux de ma première jeunesse, ceux que j'ai faits durant mes voyages, ceux que j'ai composés et que je n'ai jamais écrits… Pourquoi, direz-vous, ne les pas écrire ? Et pourquoi les écrire ? vous répondrai-je : pourquoi m'ôter le charme actuel de la jouissance, pour dire à d'autres que j'avais joui ? Que m'importaient des lecteurs, un public, et toute la terre, tandis que je planais dans le ciel ? D'ailleurs, portais-je avec moi du papier, des plumes ? Si j'avais pensé à tout cela, rien ne me serait venu. Je ne prévoyais pas que j'aurais des idées ; elles viennent quand il leur plaît, non quand il me plaît. Elles ne viennent point, ou elles viennent en foule, elles m'accablent de leur nombre et de leur force. Dix volumes par jour n'auraient pas suffi. Où prendre du temps pour les écrire ? En arrivant je ne songeais qu'à bien dîner. En partant je ne songeais qu'à bien marcher. Je sentais qu'un nouveau paradis m'attendait à la porte. Je ne songeais qu'à l'aller chercher.

Jamais je n'ai si bien senti tout cela que dans le retour dont je parle. En venant à Paris, je m'étais borné aux idées relatives à ce que j'y allais faire. Je m'étais élancé dans la carrière[1] où j'allais entrer, et je l'avais parcourue avec assez de gloire : mais cette carrière n'était pas celle où mon cœur m'appelait et les êtres réels nuisaient aux êtres imaginaires.

Les Confessions, L. IV.

1. Voie que l'on suit.

- Répertoriez les différents pronoms personnels sujets en précisant à qui ils renvoient.
- Dites en quoi ce texte est argumentatif.
- Identifiez les procédés stylistiques qui renforcent l'argumentation, lignes 16 à 22.
- Dans un développement organisé et argumenté, vous direz l'intérêt du journal de voyage.

➢ **Groupement de textes : voir 117-132.**

Jean-Jacques ROUSSEAU

1712 - 1778

Les Rêveries du promeneur solitaire (posth. 1782)

Le jeudi 24 octobre 1776, je suivis après dîner les boulevards jusqu'à la rue du Chemin-Vert par laquelle je gagnai les hauteurs de Ménilmontant, et de là prenant les sentiers à travers les vignes et les prairies, je traversai jusqu'à Charonne le riant paysage qui sépare ces deux villages, puis je fis un détour pour revenir par les mêmes prairies en prenant un autre chemin. Je m'amusais à les parcourir avec ce plaisir et cet intérêt que m'ont toujours donnés les sites agréables, et m'arrêtant quelquefois à fixer des plantes dans la verdure. J'en aperçus deux que je voyais assez rarement autour de Paris et que je trouvai très abondantes dans ce canton-là. L'une est le *Picris hieracioïdes*, de la famille des composées, et l'autre le *Buplevrum falcatum*, de celle des ombellifères. Cette découverte me réjouit et m'amusa très longtemps et finit par celle d'une plante encore plus rare, surtout dans un pays élevé, savoir le *Cerastium aquaticum* que, malgré l'accident qui m'arriva le même jour, j'ai retrouvé dans un livre que j'avais sur moi et placé dans mon herbier.

Enfin, après avoir parcouru en détail plusieurs autres plantes que je voyais encore en fleurs, et dont l'aspect et l'énumération qui m'était familière me donnaient néanmoins toujours du plaisir, je quittai peu à peu ces menues observations pour me livrer à l'impression non moins agréable mais plus touchante que faisait sur moi l'ensemble de tout cela.

- Quels éléments signalent qu'il s'agit d'un texte autobiographique ?
- Que traduit l'opposition entre les temps du passé ?
- Comment est exprimé l'intérêt du narrateur pour le règne végétal ?

➢ **Groupement de textes : voir 116-124-130.**

Prosper MÉRIMÉE

1803 - 1870

La Vénus d'Ille (1837)

M. Peyrehorade a mis au jour une statue antique qu'il montre au narrateur, grand connaisseur en matière d'art.

La chevelure, relevée sur le front, paraissait avoir été dorée autrefois. La tête, petite comme celle de presque toutes les statues grecques, était légèrement inclinée en avant. Quant à la figure, jamais je ne parviendrai à exprimer son caractère étrange, et dont le type ne se rapprochait de celui d'aucune statue antique dont il me souvienne. Ce n'était point cette beauté calme et sévère des sculpteurs grecs, qui, par système, donnaient à tous les traits une majestueuse immobilité. Ici, au contraire, j'observais avec surprise l'intention marquée de l'artiste de rendre la malice arrivant jusqu'à la méchanceté. Tous les traits étaient contractés légèrement : les yeux un peu obliques, la bouche relevée des coins, les narines quelque peu gonflées. Dédain, ironie, cruauté, se lisaient sur ce visage d'une incroyable beauté cependant. En vérité, plus on regardait cette admirable statue, et plus on éprouvait le sentiment pénible qu'une si merveilleuse beauté pût s'allier à l'absence de toute sensibilité.

« Si le modèle a jamais existé, dis-je à M. de Peyrehorade, et je doute que le Ciel ait jamais produit une telle femme, que je plains ses amants ! Elle a dû se complaire à les faire mourir de désespoir. Il y a dans son expression quelque chose de féroce, et pourtant je n'ai jamais vu rien de si beau.

– *C'est Vénus tout entière à sa proie attachée !*[1] s'écria M. de Peyrehorade, satisfait de mon enthousiasme.

1. Vers tiré de *Phèdre*, de Racine.

- Par quels éléments est soulignée la beauté de la statue ?
- Comment s'exprime l'aspect inquiétant de l'idole antique ?
- En quoi peut-on dire que la description de la statue tend à la présenter comme un être animé ?

➢ **Groupement de textes : voir 126-132.**

Hippolyte TAINE

1826 - 1893

La Fontaine et ses fables (1860)

Un seul genre de vie intéresse au dix-septième siècle, la vie de salon ; on n'en admet pas d'autres ; on ne peint que celle-là ; on efface, on transforme, on avilit, on déforme les êtres qui n'y peuvent entrer, l'enfant, la bête, l'homme du peuple, l'inspiré, le fou, le barbare ; on finit par ne plus voir dans l'homme que l'homme bien élevé, capable de discourir et de causer, irréprochable observateur des convenances. Et cet homme ainsi réduit va s'écourtant tous les jours. À mesure qu'on avance dans le dix-huitième siècle, les règles se rétrécissent, la langue se raffine, le joli remplace le beau ; l'étiquette définit plus minutieusement toutes les démarches et toutes les paroles ; il y a un code établi qui enseigne la bonne façon de s'asseoir et de s'habiller, de faire une tragédie et un discours, de se battre et d'aimer, de mourir et de vivre : si bien que la littérature devient une machine à phrases, et l'homme une poupée à révérences. Rousseau, qui le premier protesta et déclama contre cette vie restreinte et factice, parut découvrir la nature, La Fontaine, sans protester ni déclamer, l'avait découverte avant lui.

Il a défendu ses bêtes contre Descartes qui en faisait des machines. Il n'ose pas philosopher en docteur, il demande permission ; il hasarde son idée, comme une supposition timide, il essaye d'inventer une âme à l'usage des rats et des lapins. Il décrit avec complaisance cette âme charmante que Gassendi[1] appelait « la fleur la plus vive et la plus pure du sang ». Il « subtilise un morceau de matière, un extrait de la lumière, une quintessence d'atome, je ne sais quoi de plus vif et de plus mobile encore que le feu ». Il met cette âme en l'enfant comme en l'animal, et nous fait ainsi parents de ses bêtes. Seulement il en ajoute chez nous une seconde « commune à nous et aux anges, fille du ciel, trésor à part, capable de suivre en l'air les phalanges[2] célestes, lumière faible et tendre pendant nos premiers ans, mais qui finit par percer les ténèbres de la matière ». Ces gracieuses rêveries, imitées de Platon, vraie philosophie de poète, peignent son sentiment plutôt que sa croyance. En effet, c'est le sentiment qui l'attache à ses pauvres héros à quatre pattes, petites gens qu'on dédaigne et qu'on rebute. Il plaide pour eux, il les aime [...], à force de naturel, il comprenait la nature, et voyait l'âme où elle est, c'est-à-dire partout.

Nous avons fait comme lui, à force de science et d'expérience. Depuis deux cents ans les êtres qu'on séparait au dix-septième siècle se sont rejoints, et les choses ont repris leur parenté naturelle. Elles sortent les unes des autres, celles d'en haut de celles d'en bas, en sorte que la plus noble prend sa substance et sa nourriture dans la plus basse, et qu'ensemble elles forment une chaîne dont on ne peut détacher aucun anneau.

....

1. Philosophe et savant du XVIIe siècle. – 2. Formations compactes.

- En quoi et pourquoi, selon Taine, La Fontaine a-t-il été un précurseur ?
- À quels indices perçoit-on la sympathie de Taine pour l'œuvre de La Fontaine et son dédain pour la littérature du XVIIe siècle en général ? Que lui reproche-t-il ?
- Quels procédés stylistiques identifiez-vous, lignes 30 à 34 ? Quel rôle jouent-ils dans l'argumentation ?

➢ **Groupement de textes : voir 115-124-125.**

Jules VERNE

1828 - 1905

Vingt Mille Lieues sous les mers (1870)

Le capitaine Nemo fait visiter au narrateur le monde sous-marin qui lui appartient; ici il lui montre un énorme mollusque.

Les deux valves du mollusque étaient entrouvertes. Le capitaine s'approcha et introduisit son poignard entre les coquilles pour les empêcher de se rabattre; puis, de la main, il souleva la tunique membraneuse et frangée sur les bords qui formait le manteau de l'animal.

Là, entre les plis foliacés[1], je vis une perle libre dont la grosseur égalait celle d'une noix de cocotier. Sa forme globuleuse, sa limpidité parfaite, son orient[2] admirable en faisaient un bijou d'un inestimable prix. Emporté par la curiosité, j'étendais la main pour la saisir, pour la peser, pour la palper! Mais le capitaine m'arrêta, fit un signe négatif, et, retirant son poignard par un mouvement rapide, il laissa les deux valves se refermer subitement.

Je compris alors quel était le dessein du capitaine Nemo. En laissant cette perle enfouie sous le manteau du tridacne[3], il lui permettait de s'accroître insensiblement. Avec chaque année la sécrétion du mollusque y ajoutait de nouvelles couches concentriques. Seul, le capitaine connaissait la grotte où « mûrissait » cet admirable fruit de la nature; seul il l'élevait, pour ainsi dire, afin de la transporter un jour dans son précieux musée. Peut-être même, suivant l'exemple des Chinois et des Indiens, avait-il déterminé la production de cette perle en introduisant sous les plis du mollusque quelque morceau de verre et de métal, qui s'était peu à peu recouvert de la matière nacrée.

....

1. Qui ont l'apparence d'une feuille. – 2. Reflet nacré de la perle. – 3. Nom de ce gigantesque mollusque.

- Comment se trouve décrit l'univers marin?
- Quels éléments expriment l'émerveillement du narrateur face à la perle?
- Quelle image du capitaine Nemo nous est proposée dans ce passage?

➢ **Groupement de textes: voir 123-127.**

Émile ZOLA

1840 - 1902

Le Ventre de Paris (1873)

La scène a lieu dans les Halles de Paris.

L'arrivage des écrevisses d'Allemagne, en boîtes et en paniers, était très fort ce matin-là. Les poissons blancs de Hollande et d'Angleterre encombraient aussi le marché. On déballait les carpes du Rhin, mordorées, si belles avec leurs roussissures[1] métalliques, et dont les plaques d'écailles ressemblent à des émaux cloisonnés et bronzés ; les grands brochets, allongeant leurs becs féroces, brigands des eaux, rudes, d'un gris de fer ; les tanches, sombres et magnifiques, pareilles à du cuivre rouge taché de vert-de-gris. Au milieu de ces dorures sévères, les mannes[2] de goujons et de perches, les lots de truites, les tas d'ablettes communes, de poissons plats pêchés à l'épervier[3], prenaient des blancheurs vives, des échines bleuâtres d'acier peu à peu amollies dans la douceur transparente des ventres ; et de gros barbillons, d'un blanc de neige, étaient la note aiguë de lumière de cette colossale nature morte. Doucement, dans les viviers, on versait des sacs de jeunes carpes ; les carpes tournaient sur elles-mêmes, restaient un instant à plat, puis filaient, se perdaient. Des paniers de petites anguilles se vidaient d'un bloc, tombaient au fond des cases comme un seul nœud de serpents ; tandis que les grosses, celles qui avaient l'épaisseur d'un bras d'enfant, levant la tête, se glissaient d'elles-mêmes sous l'eau, du jet souple des couleuvres qui se cachent dans un buisson.

....

1. Taches de couleur rousse. – 2. Vastes paniers d'osier. – 3. Filet de forme conique.

- Par quels moyens se traduit l'abondance des poissons ?
- Quels sont les procédés utilisés pour décrire ce tableau vivant (couleurs, formes...) ?
- Étudiez le système des images.

➢ **Groupement de textes : voir 120-122-126.**

Arthur RIMBAUD

1854 - 1891

Poésies **(posth. 1891)**

AU CABARET-VERT

Cinq heures du soir.

Depuis huit jours, j'avais déchiré mes bottines
Aux cailloux des chemins. J'entrais à Charleroi.
– *Au Cabaret-Vert*: je demandai des tartines
De beurre et du jambon qui fût à moitié froid.

Bienheureux, j'allongeai les jambes sous la table
Verte: je contemplai les sujets très naïfs
De la tapisserie. – Et ce fut adorable,
Quand la fille aux tétons énormes, aux yeux vifs,

– Celle-là, ce n'est pas un baiser qui l'épeure[1] ! –
Rieuse, m'apporta des tartines de beurre,
Du jambon tiède, dans un plat colorié,

Du jambon rose et blanc parfumé d'une gousse
D'ail, – et m'emplit la chope immense, avec sa mousse
Que dorait un rayon de soleil arriéré.

Octobre 70.

1. L'effarouche.

- Étudiez l'importance des sensations dans le poème.
- Comment se trouve exprimée l'image du bonheur ?
- Montrez comment Rimbaud joue avec la forme du sonnet (rythme, typographie...).

➢ **Groupement de textes : voir 121-126.**

Paul CLAUDEL

1868 - 1955

L'Oiseau noir dans le soleil levant (1929)

LA CANNE

Je parle de la canne du promeneur et non pas de la crosse du montagnard qui lui sert de membre supplémentaire et de frein. La canne est dans ma main cette règle qui démontre une relation avec mes mesures personnelles la plus commode. Elle me prolonge et donne en un rythme sans cesse interrompu et changeant le bras comme compagnie et comme contrôle au mouvement régulier des jambes. Elle me devance et elle me suit, elle est le javelot de l'inspiration et le sillage du regret, elle est l'instrument acharné de ma conquête. Elle me permet de toucher, de tâter, de ressentir, de frapper, de retrouver cette route où l'impulsion de ma volonté me transporte, c'est mou, c'est dur, elle est le contact de mon âme avec la route ; elle est comme une épée à mon poing, la résolution inflexible de l'étape que j'ai décidée. Elle est l'antenne obéissante au service de la remarque et de la rencontre, toujours prête à se porter ici ou là. Elle remplace pour l'homme en état de rêverie et transfert, ou, comme disent les philosophes, de *puissance*, tous les instruments précis qui lui servent à l'état d'action. Elle est cette présence, cette constance dans ma main, cette chose bien adaptée au poing, cette amplification de ma force, je peux taper avec. Tout ce que l'âme dit à la main, la main le dit à la canne et la canne le répète à la route. Je veux, je dois, je puis, je sais, je vais savoir, je me souviens, ça va, ça ne va pas, il est temps, tout est fini, tout cela s'écrit avec une canne. En avant ! j'ai saisi ma canne ! Il y a encore un bout de chemin aujourd'hui que je vais faire.

Juillet 1926.

L'Oiseau noir dans le soleil levant,

- Montrez en quoi le texte se présente comme un éloge de la canne.
- Que représente concrètement la canne pour celui qui dit « Je » ?
- En quoi peut-on dire que la canne possède aussi une valeur symbolique ?

➢ **Groupement de textes : voir 120.**

COLETTE

1873 - 1954

Sido (1929)

Car j'aimais tant l'aube, déjà, que ma mère me l'accordait en récompense. J'obtenais qu'elle m'éveillât à trois heures et demie, et je m'en allais, un panier vide à chaque bras, vers des terres maraîchères qui se réfugiaient dans le pli étroit de la rivière, vers les fraises, les cassis et les groseilles barbues.

À trois heures et demie, tout dormait dans un bleu originel, humide et confus, et quand je descendais le chemin de sable, le brouillard retenu par son poids baignait d'abord mes jambes, puis mon petit torse bien fait, atteignait mes lèvres, mes oreilles et mes narines plus sensibles que tout le reste de mon corps... J'allais seule, ce pays mal pensant était sans danger. C'est sur ce chemin, c'est à cette heure que je prenais conscience de mon prix, d'un état de grâce indicible et de ma connivence avec le premier souffle accouru, le premier oiseau, le soleil encore ovale, déformé par son éclosion...

Ma mère me laissait partir, après m'avoir nommée « Beauté, Joyau-tout-en-or » ; elle regardait courir et décroître sur la pente son œuvre – « chef-d'œuvre », disait-elle. J'étais peut-être jolie ; ma mère et mes portraits de ce temps-là ne sont pas toujours d'accord... Je l'étais à cause de mon âge et du lever du jour, à cause des yeux bleus assombris par la verdure, des cheveux blonds qui ne seraient lissés qu'à mon retour, et de ma supériorité d'enfant éveillée sur les autres enfants endormis.

Sido, Éd. Krâ 1929, Hachette 1961.

- Étudiez l'opposition entre le « Je » du personnage enfant (« Je » de l'énoncé) et le « Je » de la narratrice adulte (« Je » de l'énonciation).
- Relevez et étudiez le champ lexical des sensations.
- Comment la nature se trouve-t-elle présentée dans ce passage ?

➢ **Groupement de textes : voir 116-125-128.**

Albert CAMUS

1913 - 1960

Noces (1938)

Sur la côte algérienne, l'auteur contemple le paysage au moment de la nuit tombante.

Maintenant, les arbres s'étaient peuplés d'oiseaux. La terre soupirait lentement avant d'entrer dans l'ombre. Tout à l'heure, avec la première étoile, la nuit tombera sur la scène du monde. Les dieux éclatants du jour retourneront à leur mort quotidienne. Mais d'autres dieux viendront. Et pour être plus sombres, leurs faces ravagées seront nées cependant dans le cœur de la terre.

À présent du moins, l'incessante éclosion des vagues sur le sable me parvenait à travers tout un espace où dansait un pollen doré. Mer, campagne, silence, parfums de cette terre, je m'emplissais d'une vie odorante et je mordais dans le fruit déjà doré du monde, bouleversé de sentir son jus sucré et fort couler le long de mes lèvres. Non, ce n'était pas moi qui comptais, ni le monde, mais seulement l'accord et le silence qui de lui à moi faisait naître l'amour. Amour que je n'avais pas la faiblesse de revendiquer pour moi seul, conscient et orgueilleux de le partager avec toute une race, née du soleil et de la mer, vivante et savoureuse, qui puise sa grandeur dans sa simplicité et, debout sur les plages, adresse son sourire complice au sourire éclatant de ses ciels.

« Noces à Tipasa » in *Noces*, © Éd. Gallimard.

- Dans quelle mesure la nature se trouve-t-elle personnifiée ?
- Comment s'exprime le bonheur de celui qui dit « Je » ?
- Étudiez le thème de la naissance dans le passage.

➢ **Groupement de textes : voir 116-117-124.**

Jean-Paul SARTRE

1905 - 1980

La Nausée (1938)

Le narrateur vient visiter le musée de Bouville.

Il faisait très chaud et le gardien ronflait doucement. Je jetai un coup d'œil circulaire sur les murs : je vis des mains et des yeux ; çà et là une tache de lumière mangeait un visage. Comme je me dirigeais vers le portrait d'Olivier Blévigne, quelque chose me retint : de la cimaise le négociant Pacôme faisait tomber sur moi un clair regard.

Il était debout, la tête légèrement rejetée en arrière il tenait d'une main, contre son pantalon gris perle, un chapeau haut de forme et des gants. Je ne pus me défendre d'une certaine admiration : je ne voyais rien en lui de médiocre, rien qui donnât prise à la critique : petits pieds, mains fines, larges épaules de lutteur, élégance discrète, avec un soupçon de fantaisie. Il offrait courtoisement aux visiteurs la netteté sans rides de son visage ; l'ombre d'un sourire flottait même sur ses lèvres. Mais ses yeux gris ne souriaient pas. Il pouvait avoir cinquante ans : il était jeune et frais comme à trente. Il était beau.

Je renonçai à le prendre en défaut. Mais lui ne me lâcha pas. Je lus dans ses yeux un jugement calme et implacable.

Je compris alors tout ce qui nous séparait : ce que je pouvais penser sur lui ne l'atteignait pas ; c'était tout juste de la psychologie, comme on en fait dans les romans. Mais son jugement me transperçait comme un glaive et mettait en question jusqu'à mon droit d'exister. Et c'était vrai, je m'en étais toujours rendu compte : je n'avais pas le droit d'exister.

- Étudiez la progression dramatique du passage.
- En quoi le tableau représentant le négociant Pacôme s'impose-t-il avec force au narrateur ?
- Quelle valeur symbolique possède cette visite au musée (voir surtout le premier et le dernier paragraphe) ?

➢ **Groupement de textes : voir 118-127-129,**

Francis PONGE

1899 - 1988

Le Parti pris des choses (1942)

LE GALET

Apporté un jour par l'une des innombrables charrettes du flot, qui depuis lors, semble-t-il, ne déchargent plus que pour les oreilles leur vaine cargaison, chaque galet repose sur l'amoncellement des formes de son antique état, et des formes de son futur.

Non loin des lieux où une couche de terre végétale recouvre encore ses énormes aïeux, au bas du banc rocheux où s'opère l'acte d'amour de ses parents immédiats, il a son siège au sol formé du grain des mêmes, où le flot terrassier le recherche et le perd.

Mais ces lieux où la mer ordinairement le relègue sont les plus impropres à toute homologation[1]. Ses populations y gisent au su de la seule étendue. Chacun s'y croit perdu parce qu'il n'a pas de nombre, et qu'il ne voit que des forces aveugles pour tenir compte de lui.

Et en effet, partout où de tels troupeaux reposent, ils couvrent pratiquement tout le sol, et leur dos forme un parterre incommode à la pose du pied comme à celle de l'esprit.

Pas d'oiseaux. Des brins d'herbe parfois sortent entre eux. Des lézards les parcourent, les contournent sans façon. Des sauterelles par bonds s'y mesurent plutôt entre elles qu'elles ne les mesurent. Des hommes parfois jettent distraitement au loin l'un des leurs.

« Le Galet » (extrait), in *Le Parti pris des choses*, © Éd. Gallimard.

....

1. Reconnaissance officielle après vérification selon des normes.

- En quoi le galet est-il présenté comme un élément du monde originel ?
- Par quels procédés est rendu l'anonymat du galet ?
- Étudiez les images et le ton du texte.

➢ **Groupement de textes : voir 120-129-132.**

Samuel BECKETT

1906 - 1989

Malone meurt (1951)

Le narrateur, aux derniers instants de sa vie, se souvient.

Quand je m'arrête, comme tantôt, les bruits reprennent avec une force étrange, ceux dont c'est l'heure. De sorte qu'il me semble retrouver l'ouïe de ma jeunesse. Alors dans mon lit, dans l'obscurité, les nuits de tempête, je savais faire la part, dans le hurlement du dehors, des feuilles, des branches, des troncs gémissants, de l'herbe même et de la maison qui m'abritait. Chaque arbre avait sa façon de crier, comme par temps calme son murmure. J'entendais au loin le portail en fer tirer sur ses piliers et s'entrechoquer ses battants à claire-voie, par où s'engouffrait le vent. Et il n'était jusqu'au sable de l'allée qui n'eût sa voix. La nuit sans souffle pour moi était une autre tempête, faite d'innombrables halètements, que je m'amusais à dépister. Oui, je me suis beaucoup amusé avec leur soi-disant calme, jeune. Le bruit que je préférais n'avait rien de noble. C'était l'aboiement des chiens, la nuit, dans les petits hameaux accrochés aux flancs de la montagne, où vivaient les casseurs de pierres, depuis des générations. Il me parvenait, à moi dans la maison dans la plaine, sauvage et flûté, à peine perceptible, vite las. Les chiens de la vallée répondaient, de leur grosse voix pleine de crocs, de mâchoires et de bave.

Malone meurt, Éd. de Minuit.

- Quel type de souvenirs revient à la mémoire du narrateur ?
- Quel rôle joue la sensation dans cet univers ?
- Comment s'exprime l'opposition entre le présent et le passé ?

➢ **Groupement de textes : voir 124.**

Alain ROBBE-GRILLET

né en 1922

Pour un nouveau roman (1963)

Comme l'ouvrier qui a déposé le marteau dont il n'a plus besoin, nous nous retrouvons une fois de plus *en face* des choses.

Décrire cette surface n'est donc que cela : constituer cette extériorité et cette indépendance. Probablement n'ai-je pas plus à dire « sur » la boîte de mon encrier qu'« avec » elle ; si j'écris qu'elle est un parallélépipède, je n'ai pas la prétention d'en dégager une quelconque essence ; j'ai encore moins le projet de la livrer au lecteur pour que son imagination s'en empare et l'orne de colorations multiples : je désirerais plutôt l'en empêcher.

Les reproches les plus courants faits à de tels renseignements géométriques – « Cela ne parle pas à l'esprit », « Une photographie ou un croquis coté rendraient mieux compte de la forme », etc. – sont des reproches bizarres : comment n'y aurais-je pas songé le premier ? Aussi bien s'agit-il de tout autre chose. La photographie ou le dessin ne visent qu'à reproduire l'objet, ils sont d'autant plus réussis qu'ils peuvent donner lieu à des interprétations aussi nombreuses (et aux mêmes erreurs) que le modèle. La description formelle, tout à l'opposé, est avant tout une limitation : lorsqu'elle dit « parallélépipède », elle sait qu'elle n'atteint aucun au-delà, mais elle coupe court en même temps à toute possibilité d'en rechercher un.

Enregistrer la distance entre l'objet et moi, et les distances propres de l'objet (ses distances *extérieures*, c'est-à-dire ses mesures), et les distances des objets entre eux, et insister encore sur le fait que ce sont *seulement des distances* (et non pas des déchirements), cela revient à établir que les choses sont là et qu'elles ne sont rien d'autre que des choses, chacune limitée à soi. Le problème n'est plus de choisir entre un accord heureux et une solidarité malheureuse. Il y a désormais refus de *toute* complicité.

Il y a donc d'abord refus du vocabulaire analogique et de l'humanisme traditionnel, refus en même temps de l'idée de tragédie, et de toute autre idée conduisant à la croyance en une nature profonde, et supérieure, de l'homme ou des choses (et des deux ensemble), refus enfin de tout ordre préétabli.

Le regard apparaît aussitôt dans cette perspective comme le sens privilégié, et particulièrement le regard appliqué aux contours (plus qu'aux couleurs, aux éclats, ou aux transparences). La description optique est en effet celle qui opère le plus aisément la fixation des distances : le regard, s'il veut rester simple regard, laisse les choses à leur place respective.

Mais il comporte aussi ses risques. Se posant à l'improviste sur un détail, il l'isole, l'extrait, voudrait l'emporter en avant, constate son échec, s'acharne, ne réussit plus ni à l'enlever tout à fait ni à le remettre en place… ; le rapport d'« absurdité » n'est pas loin. Ou bien c'est la contemplation qui s'appesantit à tel point que tout se met à vaciller, à bouger, à se fondre… ; alors la « fascination » commence, et la « nausée ».

Pour un nouveau roman, Éd. de Minuit.

- Quels objectifs poursuivent les écrivains du « nouveau roman » ? En quoi ces écrivains diffèrent-ils des romanciers traditionnels ?
- Quels moyens stylistiques viennent renforcer l'argumentation, lignes 21 à 33 ?
- À quel genre de roman accordez-vous vos préférences : celui qui, comme le définit Robbe-Grillet, s'attache aux choses ou celui qui peint autre chose ? Développez votre argumentation en un tout organisé.

➢ **Groupement de textes : voir 127-128-130-132.**

Georges PEREC

1936 - 1982

Les Choses (1965)

Ils[1] vivaient dans un appartement minuscule et charmant, au plafond bas, qui donnait sur le jardin. Et se souvenant de leur chambre de bonne – un couloir sombre et étroit, surchauffé, aux odeurs tenaces – ils y vécurent d'abord dans une sorte d'ivresse, renouvelée chaque matin par le pépiement des oiseaux. Ils ouvraient les fenêtres, et, pendant de longues minutes, parfaitement heureux, ils regardaient leur cour. La maison était vieille, non point croulante encore, mais vétuste, lézardée. Les couloirs et les escaliers étaient étroits et sales, suintants d'humidité, imprégnés de fumées graisseuses. Mais entre deux grands arbres et cinq jardinets minuscules, de formes irrégulières, pour la plupart à l'abandon, mais riches de gazon rare, de fleurs en pots, de buissons, de statues naïves même, circulait une allée de gros pavés irréguliers, qui donnait au tout un air de campagne. C'était l'un de ces rares endroits à Paris où il pouvait arriver, certains jours d'automne, après la pluie, que montât du sol une odeur, presque puissante, de forêt, d'humus, de feuilles pourrissantes.

Les Choses, Éd. Julliard.

1. Il s'agit d'un jeune couple, Jérôme et Sylvie, qui sont installés dans un appartement parisien.

- Par quels moyens s'exprime la satisfaction du jeune couple ?
- Quel rôle joue le jardin dans cet espace parisien ?
- En quoi peut-on dire qu'il se dégage de ce texte une impression de mélancolie ?

➢ **Groupement de textes : voir 116-127-129.**

Pierre-Henri SIMON

1903 - 1972

Ce que je crois (1966)

Il est bien certain que le retour à la nature, par quelque itinéraire qu'on le tente et même si on le revêt d'une dignité métaphysique en parlant d'un « retour aux sources », est un répit, un exercice, *un rite*, tout ce qu'on voudra qui évoque l'illusion d'un arrachement impossible à un mode d'existence mortel s'il va à son terme, mais devenu nécessaire et irréversible. Que la vie humaine soit aujourd'hui menacée de toutes les façons par les directions, la structure et le rythme de la civilisation scientifique, c'est l'évidence même : *la génétique artificielle* peut produire des monstres, les expériences nucléaires des désastres, la guerre atomique la catastrophe absolue ; par l'excès de tension, la vie dans les villes fait des déprimés nerveux, encore que la détente de l'énergie, l'ennui et le désespoir puissent venir par des voies tout inverses, par l'excès du confort et la suppression du stress, par la suralimentation, l'abus de l'alcool et des drogues. Il n'en reste pas moins que la concentration urbaine va s'accentuer, les activités industrielles se multiplier, les énergies contenues dans l'atome obéir à une domestication croissante qui transformera les conditions de l'économie et de l'existence matérielle dans des mesures imprévisibles. Davantage : les sociologues ne mettent pas en doute que l'évolution des sociétés, même de celles dont la structure demeure libérale et capitaliste, ira nécessairement dans un sens de conscience croissante ; qu'il s'agisse de la procréation de l'enfant, du choix d'un métier, de l'organisation de la production ou du système éducatif, les décisions et la conduite des individus et des masses obéiront de moins en moins à des motivations instinctives, à des options de fantaisie ou de liberté, et de plus en plus à des calculs sociaux, à des plans, à une discipline autoritaire. Et il est aussi inévitable que cette autorité soit de moins en moins personnelle, mais anonyme, *bureaucratique* et même mécanisée dans la mesure où les déterminations dépendront des données statistiques fournies par les plus redoutables de toutes les machines : celles qui calculent, enregistrent et se souviennent. Ce que peut devenir, dans ces conditions, « le retour à la nature », en dehors de quelques divertissements de folklore et de quelques pratiques d'hygiène, on l'aperçoit mal, et surtout on ne voit pas du tout en quoi le recours à l'instinct, fût-il sain en lui-même, pourra équilibrer cette énorme puissance de pensée sociale qui va imposer à la personne l'encadrement et la direction de sa vie, le choix de ses actes et jusqu'à la forme de son bonheur.

Ce que je crois, Éd. Bernard Grasset.

- Montrez que ce texte est structuré comme une démonstration.
- À quel type de vocabulaire l'auteur a-t-il recours lignes 18 à 31 ? Quelle est sa fonction ?
- Dans le contexte où il est employé, donnez un synonyme du mot « rite » (l. 3).
- Le retour à la nature est-il une simple mode ou au contraire répond-il à un besoin profond ? Donnez votre avis sur cette question dans un développement ordonné et argumenté.

➢ **Groupement de textes : voir 112-116-117-133.**

Francis PONGE

1899 - 1988

Le Savon (1967)

… Et maintenant, cher lecteur, pour ta toilette intellectuelle, voici un petit morceau de savon. Bien manié, gageons qu'il y suffira. Prenons en mains cette pierre magique.

*

Il y a quelque chose d'adorable dans la personnalité, le caractère du savon ; d'inimitable dans son comportement.

D'abord une réserve, une tenue, une patience sur sa soucoupe aussi parfaites que celles du galet. Mais en même temps, moins de rugosité, moins de sécheresse. Quelque chose certes de tenace, compact et qui se tient les rênes courtes, mais d'amène[1] aussi, d'avenant, poli, doux, agréable en mains. Et parfumé (quoique non sui generis[2]). Plus vulgaire peut-être, mais en compensation plus sociable.

Cela tient à l'huile qui le compose et qui fait le substrat[3] de ses qualités. Point d'écorce, ni seulement d'épiderme : parce qu'aucune prétention à l'être autonome.

Tandis que le galet est plus que misanthrope : il semble ignorer tout à fait l'homme, – le savon est fait pour l'homme, il ne l'oublie pas ; n'oublie aucunement son devoir.

C'est une pierre qui n'existait pas dans la nature. Elle s'y glisse avec une aisance, une grâce, une bonhomie, un entregent[4] parfaits.

Le Savon (extrait), © Éd. Gallimard.

1. Aimable. – 2. (Latin) Propre à l'espèce. – 3. Substance de base qui sert de support aux qualités du savon. – 4. Urbanité, courtoisie.

- En quoi le savon est-il si proche de l'humain ?
- Dans quelle mesure le savon est-il une « pierre magique » ?
- Définissez le ton du texte.

➢ **Groupement de textes : voir 118-127-129.**

Albert JACQUARD

né en 1925

Au péril de la science ? Interrogations d'un généticien (1982)

Grâce à la technologie que nous avons mise au point, nous modifions presque à notre gré, et modifierons plus facilement encore dans un avenir proche, les conditions naturelles dans lesquelles nous vivons. Depuis peu nous avons pris conscience des conséquences à long terme de cette action ; nous avons constaté qu'en dehors même du cataclysme nucléaire que nous pouvons déclencher, nous épuisons les ressources disponibles, lentement accumulées au cours des périodes géologiques, et perturbons des équilibres millénaires.

Notre planète n'est pas si grande, et nous sommes condamnés à y rester. En quelques instants nous détruisons, pour des satisfactions souvent futiles, des richesses lentement créées par la nature : pour informer le « public » de la défaillance de tel champion ou du divorce de telle vedette, nous détruisons des hectares de forêts transformés en papier journal, dont une infime partie fera l'objet d'un regard et qui sera, quelques instants plus tard, devenu poussière et gaz carbonique. Les déchets que nous produisons s'accumulent et les océans eux-mêmes sont transformés en poubelle, une poubelle qu'aucun éboueur ne viendra jamais vider. Notre recherche immédiate de confort et de plaisir menace à long terme notre survie ; elle menace, dans le même mouvement, toutes les espèces qui cohabitent avec nous sur la Terre.

Un des cas les plus aberrants et les plus spectaculaires de destruction absurde d'une richesse collective est le massacre des baleines ; toutes les espèces de ce mammifère se raréfient et risquent de disparaître. L'effectif de la baleine bleue, géant absolu non seulement de la mer, mais de toutes les espèces qui vivent ou ont vécu sur la Terre, n'est plus que d'environ 3 000, alors qu'il dépassait 40 000 il y a un demi-siècle. Des mesures de protection, bien tardives, ont été prises, mais les deux principaux pays responsables, le Japon et l'URSS, se sont longtemps opposés à leur application. L'objectif de ce massacre est particulièrement dérisoire : avec la chair des baleines, on fabrique essentiellement des aliments pour chiens et chats, des lubrifiants et du rouge à lèvres.

Pour que la vie se maintienne sur notre planète, faudra-t-il souhaiter, comme Nietzsche[1], et organiser la mort de l'homme ?

Au péril de la science ? Interrogations d'un généticien, Éd. du Seuil.

1. Philosophe allemand (1844-1900).

- Indiquez les étapes de l'argumentation.
- Quels procédés rhétoriques viennent renforcer l'argumentation, lignes 9 à 20 ?
- À quelles causes Albert Jacquard attribue-t-il la destruction de la nature ?
- « Notre recherche immédiate du confort et du plaisir menace à long terme notre survie. » Vous étayerez cette thèse dans un développement structuré.

➢ **Groupement de textes : voir 115-131.**

Jean de SPONDE

1557 - 1595

Les Amours (1598)

Quand le vaillant Hector, le grand rampart de Troye,
Sortit tout enflammé, sur les nefs des Gregeois[1],
Et qu'Achille charmoit d'une plaintive voix
Son oisive douleur, sa vengeance de joye[2];

Comme quand le Soleil dedans l'onde flamboye,
L'onde des rais tremblants repousse dans les toits[3];
La Grece tout ainsi flottante ceste fois
Eust peut d'estre[4] à la fin la proye de sa proye.

Un seul bouclier d'Ajax se trouvant le plus fort
Soustint ceste fureur et dompta cet effort.
J'eusse perdu de mesme en ceste horrible absence

Mon amour, assailli d'une armée d'ennuis,
Dans le travail des jours, dans la langueur des nuicts;
Si je ne l'eusse armé d'un bouclier de constance.

Les Amours, XIV.

1. Des Grecs. – 2. Achille pleurait son ami Patrocle qui avait été tué par le Troyen Hector. – 3. L'onde repousse (renvoie) des rayons tremblants dans (vers) les toits. – 4. eut pu être.

- Étudiez la construction du sonnet.
- Quel rôle joue la référence à l'Antiquité ?
- Quelle est la vision de l'amour du poète ?

➢ **Groupement de textes : voir 137-139-150.**

Jean RACINE

1639 - 1699

Iphigénie (1674)

Agamemnon est le général en chef de l'armée grecque qui doit se rendre à Troie pour exterminer les Troyens. Mais les dieux exigent un sacrifice suprême.

AGAMEMNON. – Tu te souviens du jour qu'en Aulide assemblés
Nos vaisseaux par les vents semblaient être appelés.
Nous partions ; et déjà par mille cris de joie
Nous menacions de loin les rivages de Troie.
Un prodige étonnant[1] fit taire ce transport[2].
Le vent qui nous flattait nous laissa dans le port.
Il fallut s'arrêter, et la rame inutile
Fatigua vainement une mer immobile.
Ce miracle inouï me fit tourner les yeux
Vers la divinité[3] qu'on adore en ces lieux.
Suivi de Ménélas, de Nestor, et d'Ulysse[4]
J'offris sur ses autels un secret sacrifice.
Quelle fut sa réponse ! Et quel devins-je, Arcas[5],
Quand j'entendis ces mots prononcés par Calchas[6] !
Vous armez contre Troie une puissance vaine,
Si dans un sacrifice auguste et solennel
Une fille du sang d'Hélène[7]
De Diane en ces lieux n'ensanglante l'autel.
Pour obtenir les vents que le ciel vous dénie[8]
Sacrifiez Iphigénie.
ARCAS. – Votre fille ! (Acte I, scène 1.)

1. Qui frappe comme le tonnerre. – 2. Émotion violente. – 3. Diane. – 4. Chefs grecs. – 5. Arcas est ici le confident d'Agamemnon. – 6. Devin, prêtre. – 7. Le sang d'Hélène c'est aussi celui de sa sœur Clytemnestre, mère d'Iphigénie. – 8. Refuse.

- Étudiez la composition du texte.
- En quoi la dimension tragique est-elle imposée par les dieux ?
- Comment s'exprime le ton pathétique dans ce passage ?

➢ **Groupement de textes : voir 136-143-146-148-151-155.**

Charles PERRAULT

1628 - 1703

Contes (1697)

En l'absence de son fils le Roi, l'Ogresse a tenté de faire tuer ses petits-enfants pour les manger. Le maître d'hôtel a réussi à les sauver ainsi que leur mère la Reine.

Un soir qu'elle rôdait à son ordinaire dans les cours et basses-cours du Château pour y halener[1] quelque viande fraîche, elle entendit dans une salle basse le petit Jour qui pleurait, parce que la Reine sa mère le voulait faire fouetter, à cause qu'il avait été méchant, et elle entendit aussi la petite Aurore qui demandait pardon pour son frère. L'Ogresse reconnut la voix de la Reine et de ses enfants, et furieuse d'avoir été trompée, elle commanda dès le lendemain au matin, avec une voix épouvantable qui faisait trembler tout le monde, qu'on apportât au milieu de la cour une grande cuve, qu'elle fit remplir de crapauds, de vipères, de couleuvres et de serpents, pour y faire jeter la Reine et ses enfants, le Maître d'Hôtel, sa femme et sa servante : elle avait donné ordre de les amener les mains liées derrière le dos. Ils étaient là, et les bourreaux se préparaient à les jeter dans la cuve, lorsque le Roi, qu'on n'attendait pas si tôt, entra dans la cour à cheval ; il était venu en poste[2], et demanda tout étonné ce que voulait dire cet horrible spectacle ; personne n'osait l'en instruire, quand l'Ogresse, enragée de voir ce qu'elle voyait, se jeta elle-même la tête la première dans la cuve, et fut dévorée en un instant par les vilaines bêtes qu'elle y avait fait mettre. Le Roi ne laissa pas d'en être fâché : elle était sa mère ; mais il s'en consola bientôt avec sa belle femme et ses enfants.

« La belle au bois dormant », *Contes.*

1. Sentir le gibier. – 2. Relais de chevaux et voitures qui permet de voyager rapidement.

- En quoi l'Ogresse n'appartient-elle plus à l'ordre humain ?
- Quelles valeurs sont représentées par les humains ?
- Quels éléments signalent que nous avons affaire à la fin du conte ?

➢ **Groupement de textes : voir 135.**

MARIVAUX
1688 - 1763
La Double Inconstance (1723)

Le Prince est tombé amoureux de Silvia mais celle-ci se trouve déjà engagée avec Arlequin. Les gens du Prince décident d'agir.

TRIVELIN. – Il n'y a qu'à réduire ce drôle-là, s'il ne veut pas[1].

LE PRINCE. – Non; la loi, qui veut que j'épouse une de mes sujettes, me défend d'user de violence contre qui que ce soit.

FLAMINIA. – Vous avez raison. Soyez tranquille, j'espère que tout se fera à l'amiable; Silvia vous connaît déjà, sans savoir que vous êtes le Prince, n'est-il pas vrai?

LE PRINCE. – Je vous ai dit qu'un jour à la chasse, écarté de ma troupe, je la rencontrai près de sa maison; j'avais soif, elle alla me chercher à boire: je fus enchanté de sa beauté et de sa simplicité, et je lui en fis l'aveu. Je l'ai vue cinq ou six fois de la même manière, comme simple officier du palais; mais, quoiqu'elle m'ait traité avec beaucoup de douceur, je n'ai pu la faire renoncer à Arlequin, qui m'a surpris deux fois avec elle.

FLAMINIA. – Il faut mettre à profit l'ignorance où elle est de votre rang. On l'a déjà prévenue que vous ne la verriez pas sitôt[2]; je me charge du reste, pourvu que vous vouliez bien agir comme je voudrai.

LE PRINCE. – J'y consens. Si vous m'acquérez le cœur de Silvia, il n'est rien que vous ne deviez attendre de ma reconnaissance.

Il sort.

....

1. Trivelin parle d'Arlequin, au cas où celui-ci refuserait d'abandonner sa qualité d'amant auprès de Silvia. – 2. Silvia a été enlevée et se trouve à la Cour.

- Quel rôle joue le personnage de Flaminia dans la scène?
- Comment se présente le personnage du Prince?
- Quel univers est décrit par le récit de la rencontre?

➢ **Groupement de textes: voir 134-139-150.**

VOLTAIRE

1694 - 1778

Le Taureau blanc (1774)

Cependant, le serpent contait des histoires à la belle Amaside pour calmer ses douleurs. Il lui disait comment il avait guéri autrefois tout un peuple de la morsure de certains petits serpents, en se montrant seulement au bout d'un bâton[1]. Il lui apprenait les conquêtes d'un héros[2] qui fit un si beau contraste avec Amphion, architecte de Thèbes en Béotie. Cet Amphion faisait venir les pierres de taille au son du violon : un rigodon et un menuet[3] lui suffisaient pour bâtir une ville ; mais l'autre les détruisait au son du cornet à bouquin[4] ; il fit pendre trente et un rois très puissants dans un canton de quatre lieues de long et de large ; il fit pleuvoir de grosses pierres du haut du ciel sur un bataillon d'ennemis fuyant devant lui ; et, les ayant ainsi exterminés, il arrêta le soleil et la lune en plein midi, pour les exterminer encore entre Gabaon et Aïalon sur le chemin de Bethoron, à l'exemple de Bacchus, qui avait arrêté le soleil et la lune dans son voyage aux Indes.

La prudence que tout serpent doit avoir ne lui permit pas de parler à la belle Amaside du puissant bâtard, Jephté, qui coupa le cou à sa fille parce qu'il avait gagné une bataille, il aurait jeté trop de terreur dans le cœur de la belle princesse ; mais il lui conta les aventures du grand Samson, qui tuait mille Philistins avec une mâchoire d'âne, qui attachait ensemble trois cents renards par la queue, et qui tomba dans les filets d'une fille moins belle, moins tendre et moins fidèle que la charmante Amaside.

Il lui racontait les amours malheureux de Sichem et de l'agréable Dina, âgée de six ans, et les amours plus fortunés de Booz et de Ruth, ceux de Juda avec sa bru Thamar, ceux de Loth avec ses deux filles qui ne voulaient pas que le monde finît, ceux d'Abraham et de Jacob avec leurs servantes, ceux de Ruben avec sa mère, ceux de David et de Bethsabée, ceux du grand roi Salomon, enfin tout ce qui pouvait dissiper la douleur d'une belle princesse.

(Chap. VIII)

« Tous ces contes-là m'ennuient, répondit la belle Amaside, qui avait de l'esprit et du goût. Ils ne sont bons que pour être commentés chez les Irlandais par ce fou d'Abbadie, ou chez les Velches par ce phrasier d'Houteville[5]. Les contes qu'on pouvait faire à la quadrisaïeule de la quadrisaïeule de ma grand-mère ne sont plus bons pour moi, qui ait été élevée par le sage Mambrès, et qui ai lu l'*Entendement humain* du philosophe égyptien nommé Locke[6], et la *Matrone d'Éphèse*[7]. Je veux qu'un conte soit fondé sur la vraisemblance, et qu'il ne ressemble pas toujours à un rêve. Je désire qu'il n'ait rien de trivial ni d'extravagant. Je voudrais surtout que, sous le voile de la fable, il laissât entrevoir aux yeux exercés quelque vérité fine qui échappe au vulgaire. Je suis lasse du soleil et de la lune dont une vieille dispose à son gré, des montagnes qui dansent, des fleuves qui remontent à leur source, et des morts qui ressuscitent ; mais surtout quand ces fadaises sont écrites d'un style ampoulé et inintelligible, cela me dégoûte horriblement. Vous sentez qu'une fille qui craint de voir avaler son amant par un gros poisson, et d'avoir elle-même le cou coupé par son propre père, a besoin d'être amusée ; mais tâchez de m'amuser selon mon goût. »

(Chap. IX)

....

1. Allusion au bâton de Moïse qui guérissait des morsures. – 2. Josué. Successeur de Moïse, il fit entrer les Israélites dans la Terre Promise. On lui attribue les prodiges dont il va être question. Tous les épisodes cités sont tirés de la Bible. – 3. Danses du XVIIIe s. – 4. Instrument à vent constitué d'une corne de bœuf. – 5. Théologiens auteurs d'apologies chrétiennes. – 6. Philosophe anglais (1632-1704). – 7. Conte extrait du *Satyricon* de Pétrone (? - 66 apr. J.-C.).

- En quoi la réflexion de la princesse Amaside est-elle inattendue ? Quelle est sa fonction dans l'argumentation ?
- Quelle est la stratégie de Voltaire pour discréditer les épisodes de la Bible ?
- Définissez, d'après ces deux chapitres, le conte voltairien.

➢ **Groupement de textes : voir 135-146-148-151-153.**

Aloysius BERTRAND

1807 - 1841

Gaspard de la nuit (posth. 1842)

ONDINE

Je croyais entendre
Une vague harmonie enchanter mon sommeil,
Et, près de moi, s'épandre un murmure pareil
Aux chants entrecoupés d'une voix triste et tendre.
Ch. BRUGNOT (*Les Deux Génies*)

« Écoute ! Écoute ! C'est moi, c'est Ondine qui frôle de ces gouttes d'eau les losanges sonores de ta fenêtre illuminée par les mornes rayons de la lune ; et voici, en robe de moire, la dame châtelaine qui contemple à son balcon la belle nuit étoilée et le beau lac endormi.

Chaque flot est un ondin qui nage dans le courant, chaque courant est un sentier qui serpente vers mon palais, et mon palais est bâti fluide, au fond du lac, dans le triangle du feu, de la terre et de l'air.

Écoute ! Écoute ! Mon père bat l'eau coassante d'une branche d'aulne verte, et mes sœurs caressent de leurs bras d'écume les fraîches îles d'herbes, de nénuphars et de glaïeuls, ou se moquent du saule caduc et barbu qui pêche à la ligne. »

Sa chanson murmurée, elle me supplia de recevoir son anneau à mon doigt, pour être l'époux d'une Ondine, et de visiter avec elle son palais, pour être le roi des lacs.

Et comme je lui répondais que j'aimais une mortelle, boudeuse et dépitée, elle pleura quelques larmes, poussa un éclat de rire, et s'évanouit en giboulées qui ruisselèrent blanches le long de mes vitraux bleus.

« Ondine », *Gaspard de la nuit.*

- Quels procédés Ondine utilise-t-elle pour convaincre celui qu'elle aime ?
- En quoi ce texte relève-t-il du merveilleux ?
- Dans quelle mesure peut-on parler de poème en prose à propos de ce texte ?

➢ **Groupement de textes : voir 134-137-150.**

LAUTRÉAMONT

1846 - 1870

Les Chants de Maldoror (1869)

L'homme et moi[1], claquemurés dans les limites de notre intelligence, comme souvent un lac dans une ceinture d'îles de corail, au lieu d'unir nos forces respectives pour nous défendre contre le hasard et l'infortune, nous nous écartons, avec le tremblement de la haine, en prenant deux routes opposées, comme si nous nous étions réciproquement blessés avec la pointe d'une dague ! On dirait que l'un comprend le mépris qu'il inspire à l'autre ; poussés par le mobile d'une dignité relative, nous nous empressons de ne pas induire en erreur notre adversaire ; chacun reste de son côté et n'ignore pas que la paix proclamée serait impossible à conserver. Eh bien, soit ! que ma guerre contre l'homme s'éternise, puisque chacun reconnaît dans l'autre sa propre dégradation… puisque les deux sont ennemis mortels. Que je doive remporter une victoire désastreuse ou succomber, le combat sera beau : moi, seul, contre l'humanité. Je ne me servirai pas d'armes construites avec le bois ou le fer ; je repousserai du pied les couches de minéraux extraites de la terre : la sonorité puissante et séraphique de la harpe deviendra, sous mes doigts, un talisman redoutable. Dans plus d'une embuscade, l'homme, ce singe sublime, a déjà percé ma poitrine de sa lance de porphyre : un soldat ne montre pas ses blessures, pour si glorieuses qu'elles soient. Cette guerre terrible jettera la douleur dans les deux partis : deux amis qui cherchent obstinément à se détruire, quel drame !

1. Il s'agit de Maldoror, le narrateur, qui incarne la figure maudite du héros du mal et qui puise, dans cette révolte contre l'Homme, une nouvelle inspiration poétique.

- Précisez dans quelle mesure le combat possède une dimension épique.
- Qu'est-ce qui rapproche les deux ennemis que sont l'Homme et Maldoror ?
- Soulignez le rôle que joue la Beauté dans ce combat.

➢ **Groupement de textes : voir 152-153.**

Jules LAFORGUE

1860 - 1887

Moralités légendaires (1887)

HAMLET

De sa fenêtre préférée, si chevrotante à s'ouvrir avec ses grêles vitres jaunes losangées de mailles de plomb, Hamlet[1], personnage étrange, pouvait, quand ça le prenait, faire des ronds dans l'eau, dans l'eau, autant dire dans le ciel. Voilà quel fut le point de départ de ses méditations et de ses aberrations.

La tour où, depuis l'irrégulier décès de son père[2], le jeune prince s'est décidément arrangé pour vivre, se dresse en lépreuse sentinelle oubliée, au bout du parc royal, au bord de la mer qui est à tous. Ce coin de parc est le cloaque où l'on jette les détritus des serres, les décatis bouquets des galas éphémères. La mer est le Sund, aux flots sur qui on ne peut faire fonds, avec la côte de Norwège en vue ou la ville d'Helsingborg, ce nid de l'indigent et positif prince Fortimbras.

L'assise de la tour où le jeune et infortuné prince s'est décidément arrangé pour vivre, croupit au bord d'une anse stagnante où le Sund s'arrange aussi pour envoyer moisir le moins clair de l'écume d'épaves de ses quotidiens et impersonnels travaux.

Ô pauvre anse stagnante !

(extrait)

1. Hamlet est un Prince danois, héros d'une pièce de Shakespeare (vers 1600). – 2. Son père a été assassiné et Hamlet, dans la pièce de Shakespeare, le vengera.

- Quelle est l'importance de la description ?
- En quoi ce personnage d'Hamlet ne correspond-il pas au héros de la légende (comparez avec celui de Shakespeare) ?
- Étudiez la dimension parodique dans ce texte.

➢ **Groupement de textes : voir 148-151-154.**

José-Maria de HEREDIA
1842 - 1905
Les Trophées (1893)

L'OUBLI

Le temple est en ruine au haut du promontoire.
Et la Mort a mêlé, dans ce fauve terrain,
Les Déesses de marbre et les Héros d'airain
Dont l'herbe solitaire ensevelit la gloire.

Seul, parfois, un bouvier menant ses buffles boire,
De sa conque[1] où soupire un antique refrain
Emplissant le ciel calme et l'horizon marin,
Sur l'azur infini dresse sa forme noire.

La Terre maternelle et douce aux anciens Dieux
Fait à chaque printemps, vainement éloquente,
Au chapiteau brisé verdir une autre acanthe[2],

Mais l'Homme indifférent au rêve des aïeux
Écoute sans frémir, du fond des nuits sereines,
La Mer qui se lamente en pleurant les Sirènes.

....
1. Grande coquille utilisée comme instrument de musique. – 2. Plante ornementale mais aussi motif ornemental en architecture.

- Définissez le cadre où se déroule la scène.
- Comment sont utilisés les éléments de la mythologie ?
- Identifiez le ton du poème ; justifiez votre réponse.

➢ **Groupement de textes : voir 149.**

André MAUROIS

1885 - 1967

Les Silences du colonel Bramble (1918)

Au quartier général britannique, on fête l'arrivée du colonel Bramble et de sa brigade de soldats écossais. Nous sommes en 1914, à l'arrière du front.

« C'est un si horrible changement ! dit Gibbons. Hier matin j'étais encore dans mon jardin, au milieu d'une vraie vallée anglaise coupée de haies et d'arbres. Tout était propre, frais, soigné, heureux. Mes jolies belles-sœurs jouaient au tennis. Nous étions tous vêtus de blanc. Et me voici brusquement transporté dans votre affreux bois déchiqueté et au milieu de votre bande d'assassins.

Ah ! Quand croyez-vous que cette damnée guerre sera finie ? Je suis un homme si paisible ! Je préfère le son des cloches à celui du canon et le piano à la mitrailleuse. Ma seule ambition est d'habiter la campagne avec ma grasse petite femme et beaucoup de petits enfants gras. »

Et levant son verre :

« Je bois à la fin de ces folies, conclut-il, et à l'enfer pour les Boches qui nous ont amenés ici. »

Mais l'ardent Warburton entonna aussitôt l'antiphrase :

« Moi, j'aime la guerre, dit-il ; la guerre seule nous fait une vie normale. Que faites-vous en temps de paix ? Vous restez à la maison, vous ne savez que faire de votre temps : vous vous disputez avec vos parents et avec votre femme si vous en avez une. Tous pensent que vous êtes un insupportable égoïste et vous l'êtes.

Arrive la guerre : vous ne rentrez plus chez vous que tous les cinq ou six mois. Vous êtes un héros, et, ce que les femmes apprécient bien davantage, vous êtes un changement. Vous savez des histoires inédites, vous avez vu des hommes étranges et des choses terribles. Votre père, au lieu de dire à ses amis que vous empoisonnez la fin de sa vie, vous présente à eux comme un oracle. Ces vieillards vous consultent sur la politique étrangère. Si vous êtes marié, votre femme est plus jolie qu'autrefois ; si vous ne l'êtes pas, toutes les *girls* vous assiègent.

Vous aimez la campagne ? Mais vous vivez ici dans les bois ! Vous aimez votre femme ? Mais qui donc a dit qu'il est plus facile de mourir pour la femme qu'on aime que de vivre avec elle? Et je préfère, moi, la mitrailleuse au piano et le bavardage de mes hommes à celui des vieilles dames qui viennent prendre le thé chez mes parents. Non, Gibbons, la guerre est une époque merveilleuse. »

Et levant son verre :

« Je bois au gentil Hun qui nous procure ces plaisirs ! »

Les Silences du colonel Bramble, 1918, Éd. Hachette 1935.

- Relevez des mots ou expressions appartenant à des niveaux de langue différents. Expliquez leur emploi.
- Montrez que l'argumentation de Warburton est l'antithèse de celle de Gibbons. Quel est l'effet produit ?
- À quoi tient l'humour de ce passage ?
- Imaginez la réponse de Gibbons aux arguments avancés par Warburton.

➢ **Groupement de textes : voir 135.**

ALAIN

1868 - 1951

Propos (1921)

Il y a longtemps que je suis las d'entendre dire que l'un est intelligent et l'autre non.

Je suis effrayé, comme de la pire sottise, de cette légèreté à juger les esprits. Quel est l'homme, aussi médiocre qu'on le juge, qui ne se rendra maître de la géométrie, s'il va par ordre et s'il ne se rebute point? De la géométrie aux plus hautes recherches et aux plus ardues, le passage est le même que de l'imagination errante à la géométrie; les difficultés sont les mêmes; insurmontables pour l'impatient, nulles pour qui a patience et n'en considère qu'une à la fois. De l'invention en ces sciences, et de ce qu'on nomme le génie, il me suffit de dire qu'on n'en voit les effets qu'après de longs travaux; et si un homme n'a rien inventé, je ne puis donc savoir si c'est seulement qu'il ne l'a pas voulu.

Ce même homme qui a reculé devant le froid visage de la géométrie, je le retrouve vingt ans après, en un métier qu'il a choisi et suivi, et je le vois assez intelligent en ce qu'il a pratiqué; et d'autres, qui veulent improviser avant un travail suffisant, disent des sottises en cela, quoiqu'ils soient raisonnables et maîtres en d'autres choses. Tous, je les vois sots surabondamment en des questions de bon sens, parce qu'ils ne veulent point regarder avant de prononcer. D'où m'est venue cette idée que chacun est juste aussi intelligent qu'il veut. Le langage aurait pu m'en instruire assez; car imbécile veut exactement dire faible; ainsi l'instinct populaire me montre en quelque sorte du doigt ce qui fait la différence de l'homme de jugement au sot. Volonté, et j'aimerais encore mieux dire travail, voilà ce qui manque.

Aussi ai-je pris l'habitude de considérer les hommes, lorsqu'il me plaît de les mesurer, non point au front, mais au menton. Non point la partie qui combine et calcule, car elle suffit toujours; mais la partie qui happe et ne lâche plus. Ce qui revient à dire avec d'autres mots qu'un bon esprit est un esprit ferme. La langue commune dit bien aussi un faible d'esprit pour désigner l'homme qui juge selon la coutume et l'exemple. Descartes, dont la grande ombre nous précède encore de loin, a mis au commencement de son célèbre *Discours* une parole plus souvent citée que comprise: « Le bon sens est la chose du monde la mieux partagée. » Mais il a éclairé plus directement cette idée en disant en ses *Méditations* que le Jugement est affaire de volonté et non point d'entendement, venant ainsi à nommer générosité ce que l'on veut communément appeler intelligence.

On n'arrive jamais à trouver des degrés dans l'intelligence. Les problèmes, réduits au simple, comme de faire quatre avec deux et deux, sont si aisés à résoudre que l'esprit le plus obtus s'en tirerait sans peine, s'il n'était pas empêtré de difficultés imaginaires. Je dirais que rien n'est difficile, mais que c'est l'homme qui est difficile à lui-même.

28 avril 1921.

Extrait de « Épreuves pour le caractère », in *Propos*, t. 1, Bibliothèque de la Pléiade,

- En évitant un montage de citations, énoncez brièvement la thèse défendue ici par Alain.
- Analysez la stratégie argumentative de l'auteur dans les trois premiers paragraphes.
- Repérez les figures de style, lignes 25 à 28, et appréciez-en la valeur.

➢ **Groupement de textes : voir 147-154.**

François MAURIAC

1885 - 1970

L'Éducation des filles (1933)

Il y a quelque chose d'infiniment plus beau que de dépasser les hommes dans tous les domaines : c'est de créer des hommes, de les porter, de les nourrir, de les élever au sens profond du mot, et, après les avoir enfantés à la vie de la chair, de les enfanter à la vie de l'esprit.

Si, pendant des siècles, la femme a subi la dure condition dont j'ai fait une peinture peut-être trop noire, c'est que, sans doute, c'était sa loi de préférer à tout l'attente anxieuse, la douleur, la mise au monde dans les larmes d'un petit enfant ; qu'elle préférait à tout de lui donner sa vie chaque jour jusqu'à ce qu'il fût devenu un homme et encore au delà, car nos mères nous portent jusqu'à leur mort, et, quand elles nous ont quittés, à quelque âge que nous soyons, nous avons la sensation atroce de marcher seuls pour la première fois.

Aussi belle que puisse être la carrière d'une femme, il y aura toujours à la base une erreur, un manque. Mettons à part l'enseignement et, sans distinction de religion et de caste [1], tout ce qui ressemble à une maternité spirituelle. Mettons à part l'état religieux, où une jeune fille renonce à la maternité selon la chair, pour une maternité spirituelle ; où elle se fait la mère des enfants des autres, et de ces grands enfants malheureux que sont les malades ; où elle substitue aux angoisses de la mère de famille une immolation plus désintéressée, et dont le monde moderne ignore la valeur infinie. Mais, dans toute autre profession, aussi glorieusement que la femme occupe sa place, ce ne sera jamais tout à fait sa place. Il y aura toujours un moment où elle aura l'air d'être ailleurs que là où elle devrait être. Il n'y a pas d'uniforme possible pour les femmes : la toge ne leur va pas plus que ne leur irait l'habit vert ou la tenue militaire. En dehors des vêtements de charité, en dehors de la blouse d'infirmière ou des saints habits des servantes de Dieu et des pauvres, la femme, sous un vêtement officiel, aura toujours l'air déguisée. Ça ne lui va pas, ça ne lui ira jamais.

N'empêche que les nécessités de la vie moderne la condamneront de plus en plus à ces déguisements. De gré ou de force, il faut que la femme d'aujourd'hui se prépare à tenir une place qui ne lui était pas destinée. Mais, je le répète, le plus redoutable pour elles, c'est cette opinion qu'on leur inculque, cet article de foi, que la nécessité où elles se trouvent est une victoire remportée sur le sexe fort. Tout se passe comme si, dans une nuit du 4 Août[2], les privilèges des mâles avaient été abolis et que les femmes eussent conquis le droit d'être considérées comme des hommes.

Les hommes les ont prises terriblement au mot. Elles connaissent aujourd'hui les délices de l'égalité. Il est entendu qu'il n'y a plus de faiblesse dans la femme, plus même, grâce aux sports, de faiblesse physique. Elle a maintenant le privilège de demeurer debout dans les voitures publiques ; on peut lui souffler la fumée d'un cigare dans la figure, lui demander de danser d'un clin d'œil et d'un mouvement d'épaules. Mais, surtout, on peut l'attaquer de front, même si elle est une jeune fille ; on suppose qu'elle a de la défense ; elle est libre d'accepter ou de refuser ; elle sait ce qu'elle a à faire ; aucun des deux partenaires n'engage plus que l'autre. Que l'éducateur pense bien à cela : ces enfants, ces petites filles, sont destinées à vivre dans un monde où, si elles ont le malheur de ne pas trouver un époux qui les protège et qui les garde, leur faiblesse ne les défendra plus ; un monde où l'égalité des chiens et des biches a été proclamée.

L'Éducation des filles, 1933, Éd. Buchet-Chastel 1984.

....
1. Classe sociale fermée. – 2. 4 août 1789, abolition des privilèges de la noblesse et du clergé.

- Quels arguments Mauriac avance-t-il pour refuser aux femmes un statut d'égalité avec les hommes ?
- Comment s'y prend-t-il pour discréditer la thèse adverse ?
- Quels indices permettent de dater le texte ?

➢ **Groupement de textes : voir 147-154.**

Jean COCTEAU

1889 - 1963

La Machine infernale (1934)

Œdipe, à qui l'on avait caché ses origines depuis sa naissance, découvre ici son identité. Créon, frère de Jocaste, est le nouvel homme au pouvoir.

CRÉON

L'homme qui t'a porté blessé et lié sur la montagne d'après les ordres de ta mère. Qu'il avoue.

LE BERGER

Parler m'aurait valu la mort. Princes, que ne suis-je mort afin de ne pas vivre cette minute.

ŒDIPE

De qui suis-je le fils, bonhomme ? Frappe, frappe vite.

LE BERGER

Hélas !

ŒDIPE

Je suis près d'une chose impossible à entendre.

LE BERGER

Et moi… d'une chose impossible à dire.

CRÉON

Il faut la dire. Je le veux.

LE BERGER

Tu es le fils de Jocaste, ta femme, et de Laïus tué par toi au carrefour des trois routes. Inceste et parricide, les Dieux te pardonnent.

ŒDIPE

J'ai tué celui qu'il ne fallait pas. J'ai épousé celle qu'il ne fallait pas. J'ai perpétué ce qu'il ne fallait pas. Lumière est faite… (*Il sort.*)

(*Créon chasse le berger*).

La Machine infernale, Éd. Bernard Grasset.

- Montrez l'unité du passage et sa progression dramatique.
- Quel est le sens de l'expression finale : « Lumière est faite » ?
- En quoi le texte relève-t-il de l'esthétique tragique ?

➢ **Groupement de textes : voir 135-151.**

Jean GIRAUDOUX

1882 - 1944

Supplément au voyage de Cook (1935)

Mr. Banks, avec l'aide de trois pasteurs, est chargé par le capitaine Cook de prévenir « l'accueil trop empressé » des femmes d'Otahiti envers les marins anglais. C'est pour convertir les indigènes à la morale anglaise qu'il rencontre le chef de l'île Outourou.

MR. BANKS. – Ils[1] vous apprendront les trois devoirs de l'homme, dont je voulais justement te donner cette nuit quelques notions sommaires, à savoir : le travail, la propriété et la moralité. Commençons par le plus pressé, dans ce pays de mollesse, par le travail. Il est, en premier lieu, nécessaire que tous tes camarades donnent à nos marins, non pas l'exemple d'une épidémique et scandaleuse paresse, mais le spectacle d'honnêtes travailleurs.

OUTOUROU. – En quoi consiste le travail, Mr. Banks ?

MR. BANKS. – À ne pas s'étendre mollement sur le gazon, mais à prendre des outils et à bêcher le sol jusqu'au soir.

OUTOUROU. – Ce serait notre mort, Mr. Banks ! dès que nous bêchons ici, ou labourons le sol, il devient stérile.

MR. BANKS. – À se lever dès minuit et à malaxer la farine jusqu'au lever du jour à grands coups de reins et de bras, pour qu'elle devienne notre pain.

OUTOUROU. – Mais nous avons l'arbre à pain[2] ! Si nous y touchons, fût-ce pour l'élaguer, il meurt… Mr. Banks, nous avons eu autrefois, dans l'île, un travailleur. Il allait chercher ses coquillages au large, alors que la côte en est tapissée. Il creusait des puits, alors que tout ruisselle ici de sources. Il détournait les cochons de notre herbe pour les engraisser avec une bouillie spéciale, et les faisait éclater. Tout dépérissait autour de lui. Nous avons été obligés de le tuer. Il n'y a pas de place ici pour le travail.

MR. BANKS. – La grandeur de l'homme est justement qu'il peut trouver à peiner là où une fourmi se reposerait.

OUTOUROU. – Et ils restent beaux, ceux qui travaillent ? Ce qui importe dans la vie, c'est d'être beau. Notre travailleur était devenu bossu à labourer, bancal à bêcher, rhumatisant à arroser. Il était le plus laid de l'île. Et il ne sentait pas bon. Un liquide sortait de sa peau, que jamais nous n'avions vu couler d'aucun de nous.

MR. BANKS. – C'était la sueur, mon cher Outourou, c'était une sécrétion sacrée. Le plus grand mérite de l'homme, c'est la sueur de son front.

OUTOUROU. – Il en sortait de partout, Mr. Banks.

MR. BANKS. – Outourou, il est un spectacle émouvant qui s'impose dans ma mémoire à la vue de vos corps oisifs, dormant dans les fleurs ou flottant entre les eaux, et dont je veux que nos marins retrouvent demain ici l'équivalent. C'est la sortie de la mine de nos mineurs. Ils ne sont pas vêtus de vos étoffes éclatantes. Un droguet[3] les couvre, puant et taché. Ils n'ont pas aux bras des chapelets de perles, mais une mauvaise montre-bracelet qui leur a donné chaque minute et chaque seconde de leur journée d'enfer. Ils ne connaissent pas le soleil. Il pleut toujours quand ils sortent, leur sueur n'est lavée que par la pluie, et elle coule d'eux, toute noire, et noir aussi le sang de leurs égratignures. Ils n'ont pas dans les cheveux d'insectes qui brillent. Ils n'éteignent la chandelle de la mine que pour allumer la chandelle de la soupe. Ils marchent, hébétés, butant contre le brouillard même, la lèvre amère, et non point seulement parce qu'il leur a fallu ramasser leurs frères asphyxiés ou pousser le wagonnet dont le cheval s'est rompu la jambe, mais parce qu'ils ont mangé trop de charbon. Ils ignorent qu'ils ont de la chance, que le charbon anglais est d'une qualité hors de pair, qu'il est encore au monde le meilleur charbon à manger. Ils semblent atteints de nausées. Mais ils personnifient le travail à tel point que tous ceux qui croisent leur cortège, les armateurs et les banquiers, les poètes et les pastellistes, se dirigent plus allègres vers les grands feux de houille clairs et purs qui rendent dans chaque club un hommage au minerai et à la sueur anglaise, et y consomment leur roastbeef arrosé de porto d'un cœur plus éclatant d'orgueil. Voilà ce que c'est que le travail, Outourou, c'est magnifique !

Supplément au voyage de Cook, 1935, Éd. Bernard Grasset 1937.

....

1. Les pasteurs. – 2. Arbre tropical fournissant des fruits comestibles. – 3. Étoffe de laine, bon marché.

- Mr Banks et Outourou exposent deux conceptions de vie opposées. Précisez les caractéristiques de chacune d'elles.
- Quelles raisons précises Outourou avance-t-il pour rejeter le travail sur son île ?
- Quelle utilisation Giraudoux fait-il ici de l'humour et de l'ironie ? Cette manière de présenter la confrontation en atténue-t-elle la portée ? Justifiez votre réponse.
- Rédigez la suite de l'entretien entre Mr Banks et Outourou.

➢ **Groupement de textes : voir 144.**

Jean GIRAUDOUX

1882 - 1944

Électre (1937)

ÉLECTRE : Le jour de son retour[1], sur l'escalier du palais, vous l'avez attendu tous deux une minute de trop, n'est-ce pas ?

CLYTEMNESTRE : Comment le sais-tu, tu n'étais pas là ?

ÉLECTRE : C'est moi qui l'ai retenu. J'étais dans ses bras.

ÉGISTHE : Écoute-moi, Électre.

ÉLECTRE : J'avais attendu dans la foule, mère. Je me suis précipitée vers lui. Le cortège était pris de panique. On croyait à un attentat. Mais lui m'a devinée, il m'a souri. Il a compris que c'était l'attentat d'Électre. Père courageux, il s'est offert tout entier ! Et je l'ai touché.

CLYTEMNESTRE : Tu as touché ses jambières, son cheval ! Du cuir et du poil !

ÉLECTRE : Il est descendu, mère. Je l'ai touché aux mains avec ces doigts, je l'ai touché aux lèvres avec ces lèvres. J'ai touché une peau que toi tu n'as pas touchée, épurée de toi par dix ans d'absence.

ÉGISTHE : Il suffit ! Elle te croit !

ÉLECTRE : De ma joue contre sa joue, j'ai appris la chaleur de mon père. Parfois, l'été, le monde entier a juste la tiédeur de mon père. J'en défaille. Et je l'ai étreint de ces bras. Je croyais prendre la mesure de mon amour, c'était aussi celle de ma vengeance. Puis il s'est dégagé ; il est remonté à cheval, plus souple encore, plus étincelant. L'attentat d'Électre était fini ! Il en était plus vivant, plus doré ! Et j'ai couru vers le palais pour le revoir, mais déjà je ne courais plus vers lui, je courais vers vous, vers ses assassins !

Électre, Éd. Bernard Grasset.

....

1. Électre parle d'Agamemnon son père, assassiné jadis par sa femme et Égisthe, amant de cette dernière.

- Comment s'exprime l'affrontement entre Électre et les assassins de son père ?
- Quel est le sens de l'expression : « l'attentat d'Électre » ?
- Montrez le caractère poétique du récit d'Électre.

➢ **Groupement de textes : voir 135-141-146-151-154.**

Roger CAILLOIS

1913 - 1978

L'Homme et le Sacré (1939)

Les forces qui vivifient l'être du village[1] et qui en exaltent la gloire prennent donc appui en son centre, passent par la grande place pour lui parvenir, pour l'irriguer d'une sève bénéfique. Leur mode d'action est centrifuge : elles rayonnent de ce vide idéal si plein de sainteté, où les dieux demeurent, où monte la fumée des sacrifices, d'où viennent éventuellement les ordres d'un prince. Peu à peu, leur influence est remplacée par celle des présences malfaisantes et mystérieuses de la brousse, dont la pression convergente risque de tout envahir. On s'engage insensiblement dans leur domaine à mesure qu'on s'éloigne de la grande place et, avant de se trouver complètement exposé à leur puissance sinistre, il a déjà fallu laisser derrière soi la hutte redoutée où l'on confine les femmes indisposées, les accouchées, ou encore les guerriers au retour des expéditions, jusqu'à ce qu'ils se soient purifiés du sang qu'ils ont versé, en un mot tous les êtres souillés qu'il importe de tenir à l'écart du centre radieux et vivifiant de la vie collective.

Ces données spatiales sont loin d'être adventices[2]. On les rencontre à tous les degrés de la civilisation. R. Hertz a remarqué avec raison que l'opposition du droit et du gauche s'articule avec celle du dedans et du dehors. La communauté se regarde comme enfermée dans une manière d'enceinte imaginaire. À l'intérieur du cercle, tout est lumière, légalité et harmonie, espace repéré, réglé, distribué ; au milieu l'arche d'alliance[3] ou l'autel[4] figure le foyer matériel et actif de la sainteté qui rayonne jusqu'à la circonférence. Au-delà, s'étendent les ténèbres extérieures, le monde des embûches et des pièges, qui ne connaît ni autorité ni loi, et d'où souffle une constante menace de souillure, de maladie et de perdition. Dans leur circuit autour du feu sacré, les fidèles se déplacent en tournant l'épaule droite vers ce centre, dont émanent les félicités, et en présentant à l'extérieur sombre, hostile et anarchique, le côté gauche de leurs corps, la partie défensive et inférieure de leur être, le bras qui porte le bouclier. Cette circumambulation[5] enferme les énergies bienfaisantes du dedans et, en même temps, forme barrière contre les assauts redoutables du dehors.

La configuration des villes modernes rend encore perceptible, sur un certain plan, la valeur en partie mythique, en partie objective, de cette disposition : au centre, l'église ou la cathédrale (siège du divin), l'hôtel de ville, les bâtiments officiels, le palais de justice (symboles et temples du pouvoir et des autorités), les théâtres, les musées, le monument aux morts, les statues des grands hommes (aspects divers du patrimoine sacré de la cité), bénéficient des larges places, des vastes artères, des jardins fleuris ; la nuit, un éclairage éblouissant apporte à ces quartiers privilégiés l'éclat et la sécurité. Autour de ce noyau rassurant, chaud, officiel, les grandes agglomérations développent une ceinture d'ombre et de misère où les rues sont étroites, mal éclairées, peu sûres, où l'on situe les hôtels borgnes, les bouges et les diverses sortes d'établissements clandestins, où l'on imagine rassemblés les rôdeurs, les prostituées, les hors-la-loi de toute espèce. Quand les cimetières n'ont pas été absorbés dans la croissance de la ville, c'est là qu'on les longe et, la nuit tombée, cela ne va pas pour beaucoup sans un léger frisson. Ainsi l'opposition du pur et de l'impur, passée du domaine religieux au domaine laïc, devenue celle de la loi et du crime, de la vie honorable et de l'existence crapuleuse, a gardé l'ancienne topographie des principes mystiques : le bien au centre, le mal à la périphérie.

L'Homme et le Sacré, © Éd. Gallimard.

....

1. Il s'agit d'une tribu archaïque. – 2. Accessoires, négligeables. – 3. Dans la religion juive. – 4. Dans la religion chrétienne. – 5. Mouvement décrivant un cercle.

- Quels critères ordonnent la localisation géographique des individus dans la tribu archaïque ?
- Identifiez deux réseaux lexicaux antithétiques, lignes 20 à 32. Précisez leur valeur argumentative.
- Quelle analogie l'auteur établit-il dans le dernier paragraphe ?

➢ **Groupement de textes : voir 142-153.**

Marguerite YOURCENAR

1903 - 1987

La Petite Sirène (1942)

La Petite Sirène est irrésistiblement attirée par les humains. Un jour, elle tombe amoureuse du Prince.

LA PETITE SIRÈNE : [...] Hier, par une tranquille nuit sans lune, je me suis aventurée dans un fjord. Les lumières du château royal tremblaient à peine sur l'eau lisse et noire. Je flottais, entourée d'un vol de courlis[1] ; prise au piège par le son des musiques humaines. Leurs voix sont moins belles que les nôtres, mais ils possèdent des instruments que nous ne connaissons pas. Et, tout à coup, j'ai vu le Prince sur la terrasse illuminée par les torches. Le vent de la nuit gonflait son manteau. Son visage était aussi beau que celui-ci, et presque aussi blanc[2]. Il rêvait, le poing appuyé à la balustrade, et regardait la mer. Et, tout de suite, je l'ai aimé.

LA SORCIÈRE DES EAUX : Plus d'une Sirène a désiré un fils des hommes. Tu ne lui as pas montré ta gorge ? Tu n'as pas chanté ?

La Petite Sirène frissonne.

LA PETITE SIRÈNE : Non. J'ai vu des noyés aux yeux ternes, au gros ventre, aux pieds rigides. Je ne veux pas l'entraîner dans un élément qui n'est pas le sien, séduit, assassiné par la voix des eaux.

LA SORCIÈRE DES EAUX : C'est pourtant bon, la chair d'un homme qu'on aime ! Hélas, j'en parle par ouï-dire, moi qui n'ai pour appas ni gorge d'or, ni voix d'argent.

LA PETITE SIRÈNE : C'est lui que j'aime, et non sa seule chair, lui entier, lui vivant. Tout ce qui est lui m'emplit d'une curiosité avide comme la soif et la faim...

La Petite Sirène, 1942, in *Théâtre*, t. 1, © Éd. Gallimard.

1. Oiseau échassier. – 2. Il s'agit du visage d'une statue faisant partie de la cargaison d'un vaisseau éventré.

- Comment est soulignée l'attirance de la Petite Sirène pour le monde humain ?
- Comment s'exprime la force de l'amour de la Petite Sirène pour le Prince ?
- En quoi ce passage relève-t-il du merveilleux ?

➢ **Groupement de textes : voir 134-137-139.**

Jean-Paul SARTRE
1905 - 1980
Les Mouches (1943)

Oreste, sous le nom de Philèbe, revient à Argos. Sa sœur Électre se refuse d'abord à le reconnaître. Mais bientôt Oreste exprime son besoin de vengeance contre les assassins de son père.

ÉLECTRE. – Tu es trop jeune, trop faible…

ORESTRE. – Vas-tu reculer, à présent ? Cache-moi dans le palais, conduis-moi ce soir jusqu'à la couche royale, et tu verras si je suis trop faible.

ÉLECTRE. – Oreste !

ORESTE. – Électre ! Tu m'as appelé Oreste pour la première fois.

ÉLECTRE. – Oui. C'est bien toi. Tu es Oreste. Je ne te reconnais pas, car ce n'est pas ainsi que je t'attendais. Mais ce goût amer dans ma bouche, ce goût de fièvre, mille fois je l'ai senti dans mes songes et je le reconnais. Tu es donc venu, Oreste, et ta décision est prise, et me voilà, comme dans mes songes, au seuil d'un acte irréparable, et j'ai peur – comme en songe. Ô moment tant attendu et tant redouté ! À présent, les instants vont s'enchaîner comme les rouages d'une mécanique, et nous n'aurons plus de répit jusqu'à ce qu'ils soient couchés tous les deux sur le dos, avec des visages pareils aux mûres écrasées. Tout ce sang ! Et c'est toi qui vas le verser, toi qui avais des yeux si doux. Hélas, jamais je ne reverrai cette douceur, jamais plus je ne reverrai Philèbe[1]. Oreste, tu es mon frère aîné et le chef de notre famille, prends-moi dans tes bras, protège-moi, car nous allons au-devant de très grandes souffrances.

Oreste la prend dans ses bras.

Les Mouches, 1943, © Gallimard, 1947.

1. Rappelons qu'Oreste s'est d'abord présenté sous le nom de Philèbe.

- Montrez la dualité du personnage d'Oreste.
- Quel est le statut du songe dans ce passage ?
- Comment s'exprime la dimension tragique ?

➢ **Groupement de textes : voir 135-138-141-146-148.**

Claude MAURIAC
1914 - 1996
L'Amour du cinéma (1954)

La traditionnelle compromission de la police et de la pègre trouve dans la mythologie du cinéma américain une inquiétante consécration. Le flic y apparaît aussi sanguinaire que le tueur professionnel, à cela près que le public peut, sans mauvaise conscience, se laisser aller ouvertement à admirer et à aimer en lui ce qu'il aimait et admirait sans oser se l'avouer chez le criminel : une totale absence de scrupule, le goût du sang et, plus encore, de la trahison. Ah ! le bon policier qui a su capter la confiance du mauvais garçon pour le perdre plus sûrement, et qui le perd par ce qu'il a de meilleur en lui : une pureté d'homme miraculeusement préservée et les dons exaltants de la fraternité virile… Cette apologie du mouchard est un des thèmes les plus constants des films de gangsters actuels.

En ce qui nous concerne, nous n'avons pas à faire la différence entre les gendarmes et les voleurs, le dépaysement que j'ai dit nous mettant à l'abri des compromissions morales trop gênantes. Mais ce glissement de la sympathie du bandit qu'on ne peut pas ne pas condamner (même lorsqu'il lui arrive de se conduire en homme d'honneur) au policier qu'on ne peut pas ne pas absoudre (même lorsqu'il agit en salaud) rétablit à l'intérieur des États-Unis l'indispensable séparation. Grâce à quoi chaque spectateur américain franchit, en restant chez lui, cette frontière du bien et du mal qu'il est si rassurant de pouvoir localiser.

Il faudrait maintenant chercher à élucider les raisons de ce goût des Américains pour la délation et le sang. Sans doute y a-t-il là un autre aspect (le plus élémentaire, mais aussi le plus refoulé) de la volonté de libération d'un peuple jeune et fort dont les instincts, impitoyablement étouffés, doivent trouver des moyens détournés pour s'affirmer. L'automobile est un rêve de puissance que réalisent la majorité des Américains. Maigre consolation. La mitraillette étendrait de façon autrement satisfaisante le pouvoir de l'homme sur l'homme. C'est une Vitesse absolue et qui s'anéantit dans sa perfection même que celle de la mort. Songe défendu (le plus défendu de tous) comme la plupart des tentations érotiques de ce peuple, mais qui a tendance à se substituer dans le subconscient des masses à tous les autres, en raison de son caractère spectaculaire. Le cinéma est là qui lui permet de s'assouvir sans danger sous la forme d'une sorte d'onanisme collectif où l'image de la mort a remplacé celle de l'amour. De quel surhomme rêver, lorsqu'on n'a d'autre imagination que primitive? Le héros des temps modernes, pour l'Américain moyen, reste le gangster, ou son image à peine sublimée qui est le flic; celui qui a eu le courage de nier tous les impératifs sociaux, ou celui qui, étant chargé de les faire respecter, ne peut les défendre qu'après les avoir lui-même bafoués. Et leurs savants ne sont peut-être si chers aux Américains que parce qu'ils disposent, eux aussi, et à un degré infiniment accru, du pouvoir de tuer.

L'Amour du cinéma, Éd. Albin Michel.

- Comment l'auteur analyse-t-il le pouvoir du cinéma sur le public américain ?
- Pourquoi parle-t-il de « mythologie » (l. 2) pour expliquer son rôle ?
- À quel vocabulaire l'auteur a-t-il recours dans le troisième paragraphe ? Quel caractère donne-t-il ainsi à son analyse ?
- Dans un développement organisé et argumenté, en vous appuyant sur des exemples précis, vous direz quelles sont les raisons et les conséquences de la fascination exercée par des héros de film.

➢ **Groupement de textes : voir 140-146-149.**

Georges BATAILLE
1897 - 1962
La Littérature et le Mal (1957)

Le développement populaire des *sabbats*[1] répondit peut-être, à la fin du Moyen Âge, au déclin d'une Église dont il est, si l'on veut, la lueur mourante. Les innombrables bûchers, les supplices de toute nature qu'opposa à ce mouvement l'angoisse des prêtres, en accusent le sens. Ce caractère exceptionnel est encore souligné par le fait que les peuples ont perdu depuis lors le pouvoir de répondre à leurs rêves au moyen de rites. Ainsi le *sabbat* peut-il être tenu pour un dernier mot. L'homme mythique[2] est mort, nous laissant ce dernier message – somme toute un rire noir.

C'est l'honneur de Michelet d'avoir accordé à ces fêtes du non-sens la valeur qui leur est due. Il en restitua la chaleur humaine, qui est moins celle des corps que des cœurs. Il n'est pas sûr qu'il ait raison de lier les sabbats aux « grandes et terribles révoltes », aux jacqueries du Moyen Âge. Mais les rites de sorcellerie sont ceux d'opprimés. Une religion de peuple conquis est souvent devenue la magie de sociétés formées des suites de la conquête. Les rites des nuits du Moyen Âge prolongent sans doute en quelque sens ceux de la religion des Anciens (en gardant les côtés suspects : Satan est en un sens un *Dionysos redivivus*[3]) : ce sont des rites de *pagani*[4], de paysans, de serfs, de victimes d'un ordre des choses dominant et de l'autorité d'une religion dominante. Rien n'est clair de ce qui touche ce monde d'en bas : Michelet n'en doit pas moins être honoré d'en avoir parlé comme de *notre* monde – qu'anime le tremblement de notre cœur – portant en lui l'espoir et le désespoir qui sont notre lot, auxquels nous nous reconnaissons.

Les accents que trouva Michelet pour affirmer l'éminence des femmes dans ces œuvres maudites semblent également des plus vrais. Le caprice, la douceur féminine éclairaient l'empire des ténèbres ; quelque chose de la sorcière, en contrepartie, se lie à l'idée que nous nous sommes faite de la séduction. Cette exaltation de la Femme et de l'Amour, qui fonde aujourd'hui nos richesses morales, ne tire pas seulement ses origines des légendes chevaleresques, mais du rôle que la femme eut dans la magie : « Pour un sorcier, dix mille sorcières… » et la torture, les tenailles, le feu les attendaient.

La Littérature et le Mal, © Éd. Gallimard.

....

1. Assemblée nocturne de sorciers qui se tenait le samedi à minuit sous la présidence de Satan. – 2. Pour qui les mythes se confondaient avec la réalité. – 3. Latin : Dionysos ressuscité. Dieu grec de l'exubérance de la nature, et tout spécialement de la vigne, il provoque l'ivresse, l'inspiration débridée et le délire mystique. – 4. Latin : paysans.

- Quel rôle jouaient les rites chez les Anciens ?
- Quelle filiation l'auteur établit-il entre les rites païens et les sabbats du Moyen Âge ?
- Analysez la dualité du caractère de la femme selon Georges Bataille.

➢ **Groupement de textes : voir 138-140-149.**

Eugène IONESCO

1912 - 1994

Notes et Contre-Notes (1962)

Regardez les gens courir affairés, dans les rues. Ils ne regardent ni à droite, ni à gauche, l'air préoccupé, les yeux fixés à terre, comme des chiens. Ils foncent tout droit, mais toujours sans regarder devant eux, car ils font le trajet, connu à l'avance, machinalement. Dans toutes les grandes villes du monde c'est pareil. L'homme moderne, universel, c'est l'homme pressé, il n'a pas le temps, il est prisonnier de la nécessité, il ne comprend pas qu'une chose puisse ne pas être utile ; il ne comprend pas non plus que, dans le fond, c'est l'utile qui peut être un poids inutile, accablant. Si on ne comprend pas l'utilité de l'inutile, l'inutilité de l'utile, on ne comprend pas l'art ; et un pays où on ne comprend pas l'art est un pays d'esclaves ou de robots, un pays de gens malheureux, de gens qui ne rient pas ni ne sourient, un pays sans esprit ; où il n'y a pas l'humour, où il n'y a pas le rire, il y a la colère et la haine. Car ces gens affairés, anxieux, courant vers un but qui n'est pas un but humain ou qui n'est qu'un mirage, peuvent tout à coup, aux sons de je ne sais quels clairons, à l'appel de n'importe quel fou ou démon se laisser gagner par un fanatisme délirant, une rage collective quelconque, une hystérie populaire. Les rhinocérites[1], à droite, à gauche, les plus diverses, constituent les menaces qui pèsent sur l'humanité qui n'a pas le temps de réfléchir, de reprendre ses esprits ou son esprit, elles guettent les hommes d'aujourd'hui qui ont perdu le sens et le goût de la solitude.

Car la solitude n'est pas séparation mais recueillement, alors que les groupements, les sociétés ne sont, le plus souvent, comme on l'a déjà dit, que des solitaires réunis. On n'a jamais parlé « d'incommunicabilité » du temps où les hommes pouvaient s'isoler ; l'incommunicabilité, l'isolement sont, paradoxalement, les thèmes tragiques du monde moderne où tout se fait en commun, où l'on nationalise ou socialise sans arrêt, où l'homme ne peut plus être seul – car même dans les pays « individualistes » la conscience individuelle est, en fait, envahie, détruite par la pression du monde accablant et impersonnel des slogans : supérieurs ou inférieurs, politiques ou publicitaires, c'est l'odieuse propagande, la maladie de notre temps. L'intelligence est à tel point corrompue que l'on ne comprend pas qu'un auteur refuse de s'engager sous la bannière de telle ou telle idéologie courante – c'est-à-dire de se soumettre.

Cependant, si les spectateurs disent qu'ils voient dans une pièce une leçon, cela sera encore la chose la moins importante qu'ils auront pu y voir. Et qu'est-ce qu'il y a de plus important à voir qu'une leçon dans une pièce ? C'est simple : des événements, des choses qui se passent, se nouent, se dénouent et passent.

Ce n'est pas la sagesse, la morale des fables de La Fontaine qui peut encore nous intéresser, – car cette sagesse est la sagesse élémentaire et permanente du bon sens, – mais bien la façon dont elle devient vivante, matière d'un langage, source d'une merveilleuse mythologie. C'est cela l'art : du merveilleux vivant. Et c'est cela surtout que doit être le théâtre.

....

1. Maladies imaginaires, inventées par l'auteur, transformant les hommes en bêtes.

- Indiquez les étapes de l'argumentation.
- Quel regard l'auteur porte-t-il sur l'homme et la société modernes ?
- À quels procédés stylistiques a-t-il recours pour appuyer son argumentation ? Quelle tonalité ces procédés confèrent-ils au texte ?

➢ **Groupement de textes : voir 135-144-146-148-151.**

Jean BERNARD

né en 1907

Le Sang et l'Histoire (1983)

Il est un mythe du sang. Ce mythe appartient, depuis plusieurs millénaires, aux religions, aux magies. Il persiste, intermittent mais vigoureux, à l'époque contemporaine. Le sang est la vie. Il est symbole de pureté, ou parfois d'impureté (les mythes sont assez souvent contradictoires). Le sang définit l'homme. Il exprime la force, le courage. Les héros mêlent leurs sangs. Il est le témoin de la transmission héréditaire des vertus. Les héros refusent de mêler leur sang par des mariages imprudents au sang de filles inférieures.

L'analyse du mythe du sang reconnaît trois thèmes différents.

Premier thème simple et vrai : la vie dépend du sang ; la perte de grandes quantités de sang entraîne la mort. Sur le mur d'une grotte d'Altamira, un Aurignacien, en des temps lointains, a figuré un mammouth que tue une hémorragie très abondante.

Deuxième thème moins simple mais également vrai. Le sang est le témoin fidèle de l'hérédité. Bon ou mauvais, le sang ne saurait mentir. Les découvertes moléculaires récentes, la biochimie des hémoglobines, des enzymes, des groupes sanguins ont confirmé de très fortes, très antiques croyances.

Le troisième thème est celui de l'inégalité des sangs, de la valeur inégale des sangs d'hommes différents. Une relation est admise, postulée, entre la valeur du sang d'une part, et d'autre part la valeur de l'homme, son intelligence, sa force, son courage, ses vertus physiques et morales. Ce thème est très ancien. Il a connu une grande faveur au XIXe siècle et au XXe siècle de Galton, cousin de Darwin, à Hitler en passant par Vacher de Lapouge et Gobineau. Il inspire encore récemment certains des tenants des nouvelles socio-biologies[1]. Et, tout au long de cette dangereuse histoire, caractères du sang et qualités de l'intelligence ne cessent de s'entrelacer, l'accent étant mis tantôt sur les unes, tantôt sur les autres.

Ces affirmations fallacieuses et périlleuses ne reposent sur rien. Aucun fait, aucune donnée ne peuvent être ici apportés. Tant que le sang restait un mythe, ce thème pouvait nourrir les rêveries des mystiques ou des tyrans ; la science du sang, l'hématologie l'a définitivement ruiné. Depuis 1915. Tout a commencé aux Dardanelles et à Salonique. Pendant les campagnes d'Orient de la Première Guerre mondiale, sont faites les premières transfusions aux blessés du champ de bataille. Blessés et donneurs sont très divers, Français, Anglais, Turcs, Cipayes, Annamites, Sénégalais. À chaque race, son groupe sanguin, pensent les tenants du mythe, et bien entendu aux races supérieures les bons groupes. En fait, dans les régiments d'Afrique, d'Asie, d'Europe tous les groupes sanguins alors connus sont trouvés.

Les barrières que certains pays ont établies, interdisant les transfusions entre populations différentes, sont sociales, économiques, religieuses, racistes. Elles ne sont jamais immunologiques, elles ne sont jamais construites en fonction des groupes sanguins.

L'étude plus récente de populations étendues confirme ces premiers résultats. Elle a montré (et nous y reviendrons) qu'entre les hommes existaient, du côté de l'hématologie, du sang, non pas des inégalités mais des différences. Ce ne sont pas des mythes, ce sont des données rigoureuses que nous nous efforcerons d'apporter aux historiens.

Le Sang et l'Histoire, Éd. Buchet-Chastel.

1. Qui appliquent aux sociétés humaines les comportements des sociétés animales.

- En vous appuyant sur les données du texte, établissez ce qui différencie un mythe d'une vérité scientifique.
- Par quels moyens l'auteur attaque-t-il la thèse adverse, lignes 30 à 45 ?
- Quelles conséquences sociales, économiques et politiques Jean Bernard nous invite-t-il à tirer des acquis de la biologie ?
- Dites en un développement structuré pourquoi, dans notre société scientifique et technique, certains restent prisonniers, malgré tout, de croyances archaïques ou de mythes.

➢ **Groupement de textes : voir 135-146-148-151.**

Pierre de RONSARD

1524 - 1585

Nouvelle Continuation des Amours (1556 et 1587)

« À SON LIVRE »

Mon fils, si tu savais ce qu'on dira de toi,
Tu ne voudrais jamais déloger de chez moi,
Enclos en mon étude, et ne voudrais te faire
Salir ni feuilleter aux mains du populaire.
Quand tu seras parti sans jamais retourner,
Étranger loin de moi te faudra séjourner;
Car, ainsi que le vent sans retourner s'envole,
Sans espoir de retour s'échappe la parole.
Or tu es ma parole, à qui de nuit et jour
J'ai conté les propos que me contait Amour
Pour les mettre en ces vers qu'en lumière tu portes,
Crochetant malgré moi de ma chambre les portes,
Pauvret! qui ne sais pas que nos citoyens sont
Plus subtils par le nez que le rhinocéront[1].
Donc, avant que tenter la mer et le naufrage,
Vois du port la tempête, et demeure au rivage:
Tard est le repentir de tôt s'être embarqué.
Tu seras tous les jours des médisants moqué
D'yeux et de hausse-becs[2], et d'un branler de teste.
Sage est celui qui croit à qui bien l'admoneste[3].

Nouvelle Continuation des Amours, 1556, posth. (texte revu) 1587.

1. Rhinocéros. – 2. Par une moue méprisante. – 3. Avertit.

- Comment le livre est-il personnifié dans ce passage ?
- Étudiez le système des images.
- Quel statut du poète et de la poésie est défini dans ce texte ?

➢ **Groupement de textes : voir 175.**

Pierre CORNEILLE

1606 - 1684

La Suivante. Préface (1637)

Je vous présente une comédie qui n'a pas été également aimée de toutes sortes d'esprits, beaucoup et de fort bons n'en ont pas fait grand état, et beaucoup d'autres l'ont mise au-dessus du reste des miennes. Pour moi, je laisse dire tout le monde et fais mon profit des bons avis, de quelque part que je les reçoive. Je traite toujours mon sujet le moins mal qu'il m'est possible, et, après y avoir corrigé ce qu'on m'y fait connaître d'inexcusable, je l'abandonne au public. Si je ne fais bien, qu'un autre fasse mieux ; je ferai des vers à sa louange au lieu de le censurer. Chacun a sa méthode ; je ne blâme point celle des autres, et me tiens à la mienne. Jusques à présent je m'en suis trouvé fort bien ; j'en chercherai une meilleure quand je commencerai à m'en trouver mal. Ceux qui se font presser à la représentation de mes ouvrages m'obligent infiniment ; ceux qui ne les approuvent pas peuvent se dispenser d'y venir gagner la migraine. Ils épargneront de l'argent et me feront plaisir. Les jugements sont libres en ces matières, et les goûts divers. J'ai vu des personnes de fort bon sens admirer des endroits sur qui j'aurois passé l'éponge, et j'en connais dont les poèmes réussissent au théâtre avec éclat, et qui pour principaux ornements y emploient des choses que j'évite dans les miens. Ils pensent avoir raison, et moi aussi : qui d'eux ou de moi se trompe, c'est ce qui n'est pas aisé à juger… Je vous laisse à penser si notre présomption ne serait pas ridicule de prétendre qu'une exacte censure ne pût mordre sur nos ouvrages, puisque ceux de ces grands génies de l'Antiquité ne se peuvent pas soutenir contre un rigoureux examen. Je ne me suis jamais imaginé avoir mis au monde rien de parfait, je n'espère pas même y pouvoir jamais arriver ; je fais néanmoins mon possible pour en approcher, et les plus beaux succès des autres ne produisent en moi qu'une vertueuse émulation qui me fait redoubler mes efforts afin d'en avoir de pareils…

J'aime à suivre les règles ; mais, loin de me rendre leur esclave, je les élargis et resserre selon le besoin qu'en a mon sujet… Savoir les règles et entendre le secret de les apprivoiser adroitement avec notre théâtre, ce sont deux sciences bien différentes, et peut-être que, pour faire maintenant réussir une pièce, ce n'est pas assez d'avoir étudié dans les livres d'Aristote[1] et d'Horace[2]...

Mon avis est celui de Térence[3] : puisque nous faisons des poèmes pour être représentés, notre premier but doit être de plaire à la cour et au peuple, et d'attirer un grand monde à leurs représentations. Il faut, s'il se peut, y ajouter les règles afin de ne déplaire pas aux savants, et recevoir un applaudissement universel ; mais surtout gagnons la voix publique ; autrement, notre pièce aura beau être régulière, si elle est sifflée au théâtre, les savants n'oseront se déclarer en notre faveur, et aimeront mieux dire que nous aurons mal entendu les règles que de nous donner des louanges, quand nous serons décriés par le consentement général de ceux qui ne voient la comédie que pour se divertir.

....

1. Philosophe grec (384-322 av. J.-C.), auteur d'une « Poétique ». – 2. Poète latin (65-8 av. J.-C.), modèle des classiques. – 3. Auteur de comédies latin (vers 190-159 av. J.-C.).

- À quel public Corneille cherche-t-il avant tout à plaire ? Quels indices permettent de le déceler ?
- Définissez l'attitude de Corneille à l'égard des règles. Quelle phrase caractérise le mieux cette attitude ?
- Quelle est la tonalité générale du texte ? Quelle orientation donne-t-elle à l'argumentation ?
- Dites, en un développement organisé, si le rôle de tout créateur artistique est avant tout de plaire.

➢ **Groupement de textes : voir 159.**

MOLIÈRE

1622 - 1673

Le Tartuffe. Préface (1664)

Dans la Préface du Tartuffe, *Molière répond aux censeurs de sa pièce.*

Si l'emploi de la comédie[1] est de corriger les vices des hommes, je ne vois pas par quelle raison il y en aura de privilégiés. Celui-ci[2] est, dans l'État, d'une conséquence bien plus dangereuse que tous les autres, et nous avons vu que le théâtre a une grande vertu pour la correction. Les plus beaux traits d'une sérieuse morale sont moins puissants, le plus souvent, que ceux de la satire ; et rien ne reprend mieux la plupart des hommes que la peinture de leurs défauts. C'est une grande atteinte aux vices que de les exposer à la risée de tout le monde. On souffre[3] aisément des répréhensions ; mais on ne souffre point la raillerie. On veut bien être méchant ; mais on ne veut point être ridicule.

On me reproche d'avoir mis des termes de piété dans la bouche de mon imposteur. Hé ! pouvais-je m'en empêcher, pour bien représenter le caractère d'un hypocrite ? Il suffit, ce me semble, que je fasse connaître les motifs criminels qui lui font dire les choses, et que j'en aie retranché les termes consacrés, dont on aurait eu peine à lui entendre faire un mauvais usage. – Mais il débite au quatrième acte une morale pernicieuse. – Mais cette morale est-elle quelque chose dont tout le monde n'eût les oreilles rebattues ? Dit-elle rien de nouveau dans ma comédie ? Et peut-on craindre que des choses si généralement détestées fassent quelque impression dans les esprits, que je les rende dangereuses en les faisant monter sur le théâtre, qu'elles reçoivent quelque autorité de la bouche d'un scélérat ? Il n'y a nulle apparence à cela ; et l'on doit approuver la comédie du *Tartuffe* ou condamner généralement toutes les comédies.

C'est à quoi l'on s'attache furieusement depuis un temps, et jamais on ne s'était si fort déchaîné contre le théâtre. Je ne puis pas nier qu'il n'y ait eu des Pères de l'Église[4] qui ont condamné la comédie ; mais on ne peut pas me nier aussi qu'il n'y en ait eu quelques-uns qui l'ont traitée un peu plus doucement. Ainsi, l'autorité, dont on prétend appuyer la censure, est détruite par ce partage ; et toute la conséquence qu'on peut tirer de cette diversité d'opinions en des esprits éclairés des mêmes lumières, c'est qu'ils ont pris la comédie différemment, et que les uns l'ont considérée dans sa pureté, lorsque les autres l'ont regardée dans sa corruption et confondue avec tous ces vilains spectacles qu'on a eu raison de nommer des spectacles de turpitude.

Et, en effet, puisqu'on doit discourir des choses et non pas des mots, et que la plupart des contrariétés viennent de ne se pas entendre et d'envelopper dans un même mot des choses opposées, il ne faut qu'ôter le voile de l'équivoque et regarder ce qu'est la comédie en soi, pour voir si elle est condamnable. On connaîtra, sans doute, que, n'étant autre chose qu'un poème ingénieux, qui, par des leçons agréables, reprend les défauts des hommes, on ne saurait la censurer sans injustice [...].

1. Le mot désigne ici toute pièce de théâtre. – 2. C'est-à-dire l'hypocrisie, vice dont Molière est en train de parler. – 3. On supporte. – 4. Ceux qui ont enseigné les dogmes du christianisme (Ier-VIe s.).

- Identifiez le schéma argumentatif auquel Molière a recours dans le premier paragraphe.
- Comment peint-il ses détracteurs ?
- Quel est l'intérêt de citer les Pères de l'Église (l. 28) ?
- Dites, en un développement structuré et illustré d'exemples, si l'on peut combattre par le rire les vices de notre temps.

➢ **Groupement de textes : voir 168-174.**

Jean RACINE

1639 - 1699

Bérénice. Préface (1670)

Ce n'est point une nécessité qu'il y ait du sang et des morts dans une tragédie : il suffit que l'action en soit grande, que les acteurs en soient héroïques, que les passions y soient excitées, et que tout s'y ressente de cette tristesse majestueuse qui fait tout le plaisir de la tragédie.

Je crus que je pourrais rencontrer toutes ces parties dans mon sujet ; mais ce qui m'en plut davantage, c'est que je le trouvai extrêmement simple. Il y avait longtemps que je voulais essayer si je pourrais faire une tragédie avec cette simplicité d'action qui a été si fort du goût des anciens ; car c'est un des premiers préceptes qu'ils nous ont laissés : « Que ce que vous ferez, dit Horace[1], soit toujours simple et ne soit qu'un. » Ils ont admiré l'*Ajax* de Sophocle[2], qui n'est autre chose qu'Ajax qui se tue de regret, à cause de la fureur où il était tombé après le refus qu'on lui avait fait des armes d'Achille. Ils ont admiré le *Philoctète*, dont tout le sujet est Ulysse qui vient pour surprendre les flèches d'Hercule. L'*Œdipe* même, quoique tout plein de reconnaissances, est moins chargé de matière que la plus simple tragédie de nos jours. Nous voyons enfin que les partisans de Térence[3], qui l'élèvent avec raison au-dessus de tous les poètes comiques, pour l'élégance de sa diction et pour la vraisemblance de ses mœurs, ne laissent pas de confesser que Plaute[4] a un grand avantage sur lui par la simplicité qui est dans la plupart des sujets de Plaute. Et c'est sans doute cette simplicité merveilleuse qui a attiré à ce dernier toutes les louanges que les anciens lui ont données. Combien Ménandre[5] était-il encore plus simple, puisque Térence est obligé de prendre deux comédies de ce poète pour en faire une des siennes !

Et il ne faut point croire que cette règle ne soit fondée que sur la fantaisie de ceux qui l'ont faite : il n'y a que le vraisemblable qui touche dans la tragédie ; et quelle vraisemblance y a-t-il qu'il arrive en un jour une multitude de choses qui pourraient à peine arriver en plusieurs semaines ? Il y en a qui pensent que cette simplicité est une marque de peu d'invention. Ils ne songent pas qu'au contraire toute l'invention consiste à faire quelque chose de rien, et que tout ce grand nombre d'incidents a toujours été le refuge des poètes qui ne sentaient dans leur génie ni assez d'abondance ni assez de force pour attacher durant cinq actes leurs spectateurs par une action simple, soutenue de la violence des passions, de la beauté des sentiments, et de l'élégance de l'expression. Je suis bien éloigné de croire que toutes ces choses se rencontrent dans mon ouvrage; mais aussi je ne puis croire que le public me sache mauvais gré de lui avoir donné une tragédie qui a été honorée de tant de larmes, et dont la trentième représentation a été aussi suivie que la première.

Ce n'est pas que quelques personnes ne m'aient reproché cette même simplicité que j'avais recherchée avec tant de soin. Ils ont cru qu'une tragédie qui était si peu chargée d'intrigues ne pouvait être selon les règles du théâtre. Je m'informai s'ils se plaignaient qu'elle les eût ennuyés. On me dit qu'ils avouaient tous qu'elle n'ennuyait point, qu'elle les touchait même en plusieurs endroits, et qu'ils la verraient encore avec plaisir. Que veulent-ils davantage? Je les conjure d'avoir assez bonne opinion d'eux-mêmes pour ne pas croire qu'une pièce qui les touche, et qui leur donne du plaisir, puisse être absolument contre les règles. La principale règle est de plaire et de toucher: toutes les autres ne sont faites que pour parvenir à cette première [...].

....

1. Poète latin (65-8 av. J.-C.). – 2. Poète grec (v. 496-v. 406 av. J.-C.), auteur de tragédies dont *Ajax*, *Philoctète* et *Œdipe*. – 3. Auteur de comédies latin (v. 190-v. 159 av. J.-C.). – 4. Auteur de comédies latin (v. 254- v. 184 av. J.-C.). – 5. Auteur de comédies grec (v. 342-v. 292 av. J.-C.

- Définissez les caractères de la tragédie selon Racine.
- Établissez la progression de l'argumentation.
- Comment Racine s'y prend-t-il pour discréditer la thèse de certains critiques?

➢ **Groupement de textes: voir 157.**

SAINT-SIMON

1675 - 1755

Mémoires (1694-1752)

Il s'agit de l'avant-propos qui précède les Mémoires.

Écrire l'histoire de son pays et de son temps, c'est repasser dans son esprit avec beaucoup de réflexion tout ce qu'on a vu, manié, ou su d'original sans reproche[1], qui s'est passé sur le théâtre du monde, les diverses machines[2], souvent les riens apparents qui ont mû les ressorts des événements qui ont eu le plus de suite, et qui en ont enfanté d'autres; c'est se montrer à soi-même pied à pied le néant du monde, de ses craintes, de ses désirs, de ses espérances, de ses disgrâces, de ses fortunes, de ses travaux; c'est se convaincre du rien de tout par la courte et rapide durée de toutes ces choses, et de la vie des hommes; c'est se rappeler un vif souvenir que nul des heureux du monde ne l'a été, et que la félicité ni même la tranquillité ne peut se trouver ici-bas[3]; c'est mettre en évidence que, s'il était possible que cette multitude de gens de qui on fait une nécessaire mention avait pu lire dans l'avenir le succès[4] de leurs peines, de leurs sueurs, de leurs soins, de leurs intrigues, tous, à une douzaine près tout au plus, se seraient arrêtés tout court dès l'entrée de leur vie, et auraient abandonné leurs vues et leurs plus chères prétentions; et que, de cette douzaine encore, leur mort, qui termine le bonheur qu'ils s'étaient proposé, n'a fait qu'augmenter leurs regrets par le redoublement de leurs attaches, et rend pour eux comme non avenu tout ce à quoi ils étaient parvenus.

....

1. De source sûre. – 2. Pour Saint-Simon le monde était une espèce de théâtre, on y découvre des machines, une « mécanique », à l'œuvre. – 3. Sur cette terre; opposé à: dans les cieux. – 4. Résultat (bon ou mauvais).

- Quelle vision du monde propose Saint-Simon?
- Quel rôle doit jouer l'écriture des *Mémoires*?
- Quels éléments signalent qu'il s'agit d'un avant-propos ou d'une préface?

➢ **Groupement de textes: voir 170-174.**

Denis DIDEROT

1713 - 1784

Essai sur le beau (1765)

[...] C'est la perception des rapports qui a donné lieu à l'invention du terme *beau*; et selon que les rapports et l'esprit des hommes ont varié, on a fait les noms *joli, beau, charmant, grand, sublime, divin*, et une infinité d'autres, tant relatifs au physique qu'au moral. Voilà les nuances du *beau*; mais j'étends cette pensée, et je dis:

Quand on exige que la notion générale de *beau* convienne à tous les êtres *beaux*, parle-t-on seulement de ceux qui portent cette épithète ici et aujourd'hui, ou de ceux qu'on a nommés *beaux* à la naissance du monde, qu'on appelait *beaux* il y a cinq mille ans, à trois mille lieues et qu'on appellera tels dans les siècles à venir; de ceux que nous avons regardés comme tels dans l'enfance, dans l'âge mûr, et dans la vieillesse; de ceux qui font l'admiration des peuples policés, et de ceux qui charment[1] les sauvages? La vérité de cette définition sera-t-elle locale, particulière et momentanée? ou s'étendra-t-elle à tous les êtres, à tous les temps, à tous les hommes et à tous les lieux? Si l'on prend le dernier parti, on se rapprochera beaucoup de mon principe, et l'on ne trouvera guère d'autre moyen de concilier entre eux les jugements de l'enfant et de l'homme fait: de l'enfant, à qui il ne faut qu'un vestige de symétrie et d'imitation pour admirer et pour être recréé; de l'homme fait, à qui il faut des palais et des ouvrages d'une étendue immense pour être frappé; du sauvage et de l'homme policé: du sauvage, qui est enchanté[2] à la vue d'une pendeloque de verre, d'une bague de laiton, ou d'un bracelet de quincaille; et de l'homme policé, qui n'accorde son attention qu'aux ouvrages les plus parfaits; des premiers hommes, qui prodiguaient les noms de *beaux*, de *magnifiques*, etc., à des cabanes, des chaumières et des granges; et des hommes d'aujourd'hui, qui ont restreint ces dénominations aux derniers efforts de la capacité de l'homme.

Placez la *beauté* dans la perception des rapports, et vous aurez l'histoire de ses progrès depuis la naissance du monde jusqu'aujourd'hui; choisissez pour caractère différentiel du *beau* en général, telle autre qualité qu'il vous plaira, et votre notion se trouvera tout à coup concentrée dans un point de l'espace et du temps.

La perception des rapports est donc le fondement du *beau*; c'est donc la perception des rapports qu'on a désignée dans les langues sous une infinité de noms différents, qui tous n'indiquent que différentes sortes de *beau* [...].

Quoi qu'il en soit de toutes ces causes de diversité dans nos jugements, ce n'est point une raison de penser que le *beau* réel, celui qui consiste dans la perception des rapports, soit une chimère; l'application de ce principe peut varier à l'infini, et ses modifications accidentelles occasionner des dissertations et des guerres littéraires: mais le principe n'en est pas moins constant. Il n'y a peut-être pas deux hommes sur la terre qui aperçoivent exactement les mêmes rapports dans un même objet, et qui le jugent *beau* au même degré: mais s'il y en avait un seul qui ne fût affecté des rapports dans aucun genre, ce serait un stupide parfait [...].

....

1. Qui exercent un charme, c'est-à-dire une action magique. – 2. Soumis à l'effet d'une action magique.

- Indiquez les différents facteurs qui influent, selon Diderot, sur notre conception du beau.
- À quels moyens rhétoriques Diderot a-t-il recours pour convaincre ?
- Quelle idée ce texte invite-t-il à se faire sur Diderot et la critique littéraire, picturale ?
- Le beau est-il universel ou correspond-il à une époque, une culture ? Développez votre argumentation.

➢ **Groupement de textes: voir 163-167.**

BEAUMARCHAIS

1732 - 1799

Essai sur le genre dramatique sérieux (1767)

La gaieté légère nous distrait, elle tire, en quelque façon, notre âme hors d'elle-même, et la répand autour de nous : on ne rit bien qu'en compagnie. Mais, si le tableau gai du ridicule amuse un moment l'esprit au spectacle, l'expérience nous apprend que le rire qu'excite en nous un trait lancé meurt absolument sur sa victime, sans jamais réfléchir jusqu'à notre cœur. L'amour-propre, soigneux de se soustraire à l'application, se sauve à la faveur des éclats de l'assemblée, et profite du tumulte général pour écarter tout ce qui pourrait nous convenir dans l'Épigramme[1]. Jusque-là le mal n'est pas grand, pourvu qu'on n'ait livré à la risée publique qu'un pédant, un fat[2], une coquette, un extravagant, un imbécile, une bamboche[3], en un mot tous les ridicules de la société. Mais la moquerie qui les punit est-elle l'arme avec laquelle on doit attaquer le vice ? Est-ce en plaisantant qu'on croit l'atterrer ? Non seulement on manquerait son but, mais on ferait précisément le contraire de ce qu'on s'était proposé. Nous le voyons arriver dans la plupart des Pièces comiques ; à la honte de la Morale, le Spectateur se surprend trop souvent à s'intéresser pour le fripon contre l'honnête homme, parce que celui-ci est toujours le moins plaisant des deux. Mais si la gaieté des Scènes a pu m'entraîner un moment, bientôt, humilié de m'être laissé prendre au piège des bons mots ou du jeu théâtral, je me retire mécontent de l'Auteur, de l'Ouvrage et de moi-même. La moralité du genre plaisant est donc ou peu profonde, ou nulle, ou même inverse de ce qu'elle devrait être au théâtre.

Il n'en est pas ainsi de l'effet d'un Drame touchant, puisé dans nos mœurs. Si le rire bruyant est ennemi de la réflexion, l'attendrissement, au contraire, est silencieux ; il nous recueille, il nous isole de tout. Celui qui pleure au Spectacle est seul ; et plus il le sent, plus il pleure avec délices, et surtout dans les pièces du genre honnête et sérieux, qui remuent le cœur par des moyens si vrais, si naturels. Souvent, au milieu d'une scène agréable, une émotion charmante fait tomber des yeux des larmes abondantes et faciles, qui se mêlent aux traces du sourire et peignent sur le visage l'attendrissement et la joie. Un conflit si touchant n'est-il pas le plus beau triomphe de l'Art, et l'état le plus doux pour l'âme sensible qui l'éprouve ?

L'attendrissement a de plus cet avantage moral sur le rire, qu'il ne se porte sur aucun objet, sans agir en même temps sur nous par une réaction puissante.

Le tableau du malheur d'un honnête homme frappe au cœur, l'ouvre doucement, s'en empare, et le force bientôt à s'examiner soi-même. Lorsque je vois la vertu persécutée, victime de la méchanceté, mais toujours belle, toujours glorieuse, et préférable à tout, même au sein du malheur, l'effet du Drame n'est point équivoque, c'est à elle seule que je m'intéresse ; et alors, si je ne suis pas heureux moi-même, si la basse envie fait ses efforts pour me noircir, si elle m'attaque dans ma personne, mon honneur ou ma fortune, combien je me plais à ce genre de spectacle ! et quel beau sens moral je puis en tirer ! Le sujet m'y porte naturellement ; comme je ne m'intéresse qu'au malheureux qui souffre injustement, j'examine si par légèreté du caractère, défaut de conduite, ambition démesurée, ou concurrence malhonnête, je me suis attiré la haine qui me poursuit, et ma conclusion est sûrement de chercher à me corriger. Ainsi je sors du Spectacle meilleur que je n'y suis entré, par cela seul que j'ai été attendri.

1. Petite pièce de vers de genre satirique. – 2. Vaniteux. – 3. Partie de plaisir ; personne aimant la fête (cf. « bambochard »).

- Quel est l'effet du rire pour Beaumarchais ? Pourquoi ne convient-il pas au drame ?
- Identifiez le champ lexical auquel l'auteur a recours, lignes 9 à 13. Quelle est sa fonction ?
- Définissez l'esthétique du genre dramatique sérieux. En quoi y retrouve-t-on l'esprit du XVIIIe siècle ?

➢ **Groupement de textes : voir 164-170.**

STENDHAL

1783 - 1842

Racine et Shakespeare (1823)

Le *romanticisme*[1] est l'art de présenter aux peuples les œuvres littéraires qui, dans l'état actuel de leurs habitudes et de leurs croyances, sont susceptibles de leur donner le plus de plaisir possible.

Le *classicisme*, au contraire, leur présente la littérature qui donnait le plus grand plaisir possible à leurs arrière-grands-pères.

Sophocle et Euripide furent éminemment romantiques ; ils donnèrent, aux Grecs rassemblés au théâtre d'Athènes, les tragédies qui, d'après les habitudes morales de ce peuple, sa religion, ses préjugés sur ce qui fait la dignité de l'homme, devaient lui procurer le plus grand plaisir possible.

Imiter aujourd'hui Sophocle et Euripide, et prétendre que ces imitations ne feront pas bâiller le Français du XIXe siècle, c'est du classicisme.

Je n'hésite pas à avancer que Racine a été romantique ; il a donné, aux marquis de la cour de Louis XIV, une peinture des passions, tempérée par *l'extrême dignité* qui alors était de mode, et qui faisait qu'un duc de 1670, même dans les épanchements les plus tendres de l'amour paternel, ne manquait jamais d'appeler son fils *Monsieur*.

C'est pour cela que le Pylade d'*Andromaque* dit toujours à Oreste : *Seigneur*; et cependant quelle amitié que celle d'Oreste et de Pylade !

Cette dignité-là n'est nullement dans les Grecs, et c'est à cause de cette *dignité*, qui nous glace aujourd'hui, que Racine a été romantique.

Shakespeare fut romantique parce qu'il présenta aux Anglais de l'an 1590, d'abord les catastrophes sanglantes amenées par les guerres civiles, et, pour reposer de ces tristes spectacles, une foule de peintures fines des mouvements du cœur, et des nuances de passions les plus délicates. Cent ans de guerres civiles et de troubles presque continuels, une foule de trahisons, de supplices, de dévouements généreux, avaient préparé les sujets d'Élisabeth à ce genre de tragédie, qui ne reproduit presque rien de tout le *factice* de la vie des cours et de la civilisation des peuples tranquilles. Les Anglais de 1590, heureusement fort ignorants, aimèrent à contempler au théâtre l'image des malheurs que le caractère ferme de leur reine venait d'éloigner de la vie réelle. Ces mêmes détails naïfs, que nos vers alexandrins repousseraient avec dédain, et que l'on prise tant aujourd'hui dans *Ivanhoé* et dans *Rob-Roy*, eussent paru manquer de dignité aux yeux des fiers marquis de Louis XIV.

Ces détails eussent mortellement effrayé les poupées sentimentales et musquées qui, sous Louis XV, ne pouvaient voir une araignée sans s'évanouir. Voilà, je le sens bien, une phrase peu digne.

Il faut du courage pour être romantique, car il faut *hasarder*.

Le *classique* prudent, au contraire, ne s'avance jamais sans être soutenu, en cachette, par quelque vers d'Homère, ou par une remarque philosophique de Cicéron, dans son traité *De Senectute*.

Il me semble qu'il faut du courage à l'écrivain presque autant qu'au guerrier ; l'un ne doit pas plus songer aux journalistes que l'autre à l'hôpital.

....
1. C'est-à-dire le romantisme.

- En évitant un montage de citations, dites de manière concise ce qu'est le romantisme pour Stendhal.
- Pourquoi est-il absurde d'opposer « classiques » et « romantiques » ?
- Comment Stendhal s'y prend-il pour marquer ses préférences entre les deux courants littéraires ?

➢ **Groupement de textes : voir 161-165-167-170.**

Charles BAUDELAIRE

1821 - 1867

L'Art romantique (1851)

L'art est-il utile ? Oui. Pourquoi ? Parce qu'il est l'art. Y a-t-il un art pernicieux ? Oui. C'est celui qui dérange les conditions de la vie. Le vice est séduisant, il faut le peindre séduisant ; mais il traîne avec lui des maladies et des douleurs morales singulières ; il faut les décrire. Étudiez toutes les plaies comme un médecin qui fait son service dans un hôpital, et l'école du bon sens, l'école exclusivement morale, ne trouvera plus où mordre. Le crime est-il toujours châtié, la vertu gratifiée ? Non ; mais cependant, si votre roman, si votre drame est bien fait, il ne prendra envie à personne de violer les lois de la nature. La première condition nécessaire pour faire un art sain est la croyance à l'unité intégrale. Je défie qu'on me trouve un seul ouvrage d'imagination qui réunisse toutes les conditions du beau et qui soit un ouvrage pernicieux.

Un jeune écrivain qui a écrit de bonnes choses, mais qui fut emporté ce jour-là par le sophisme socialistique, se plaçant à un point de vue borné, attaqua Balzac dans la *Semaine*, à l'endroit[1] de la moralité. Balzac, que les amères récriminations des hypocrites faisaient beaucoup souffrir, et qui attribuait une grande importance à cette question, saisit l'occasion de se disculper aux yeux de vingt mille lecteurs. Je ne veux pas refaire ses deux articles ; ils sont merveilleux par la clarté et la bonne foi. Il traita la question à fond. Il commença par refaire avec une bonhomie naïve et comique le compte de ses personnages vertueux et de ses personnages criminels. L'avantage restait encore à la vertu, malgré la perversité de la société, *que je n'ai pas faite*, disait-il. Puis il montra qu'il est peu de grands coquins dont la vilaine âme n'ait un envers consolant. Après avoir énuméré tous les châtiments qui suivent incessamment les violateurs de la loi morale et les enveloppent déjà comme un enfer terrestre, il adresse aux cœurs défaillants et faciles à fasciner cette apostrophe qui ne manque ni de sinistre ni de comique : « Malheur à vous, messieurs, si le sort des Lousteau et des Lucien vous inspire de l'envie ! »

En effet, il faut peindre les vices tels qu'ils sont, ou ne pas les voir.

Et si le lecteur ne porte pas en lui un guide philosophique et religieux qui l'accompagne dans la lecture du livre, tant pis pour lui.

....

1. À propos.

- Établissez le plan du texte en mettant en évidence les idées importantes.
- Quels procédés stylistiques identifiez-vous lignes 2 à 12 ? Justifiez leur emploi.
- Quelle tonalité prend le texte dans le second paragraphe ? Quelle est sa fonction dans l'argumentation ?

➢ **Groupement de textes : voir 162-166-170.**

Charles BAUDELAIRE

1821 - 1867

Les Fleurs du mal (1857)

LE SOLEIL

Le long du vieux faubourg, où pendent aux masures
Les persiennes, abri des secrètes luxures,
Quand le soleil cruel frappe à traits redoublés
Sur la ville et les champs, sur les toits et les blés,
Je vais m'exercer seul à ma fantasque escrime,
Flairant dans tous les coins les hasards de la rime,
Trébuchant sur les mots comme sur les pavés,
Heurtant parfois des vers depuis longtemps rêvés.
Ce père nourricier, ennemi des chloroses[1],
Éveille dans les champs les vers comme les roses ;
Il fait s'évaporer les soucis vers le ciel,
Et remplit les cerveaux et les ruches de miel.
C'est lui qui rajeunit les porteurs de béquilles
Et les rend gais et doux comme des jeunes filles,
Et commande aux moissons de croître et de mûrir
Dans le cœur immortel qui toujours veut fleurir !

Quand, ainsi qu'un poète, il descend dans les villes,
Il ennoblit le sort des choses les plus viles,
Et s'introduit en roi, sans bruit et sans valets,
Dans tous les hôpitaux et dans tous les palais.

Les Fleurs du mal, « Tableaux parisiens », 1857.

1. Dépérissement marqué sur la peau par une couleur verdâtre.

- Étudiez la composition du poème.
- Comment s'exprime l'action positive du soleil dans le monde ?
- Quelle image du poète nous est proposée dans ce poème ?

➢ **Groupement de textes : voir 163-167.**

Edmond et Jules de GONCOURT

1822 - 1896 et 1830 - 1870

Journal (1862)

Une grande déception pour nous, *Les Misérables* d'Hugo. J'écarte la morale du livre : il n'y a point de morale en art ; le point de vue humanitaire de l'œuvre m'est absolument égal. D'ailleurs, à y bien réfléchir, je trouve assez amusant de gagner deux cent mille francs, – qui est le vrai chiffre de vente – à s'apitoyer sur les misères du peuple !

Passons et venons à l'œuvre. Elle grandit Balzac, elle grandit Eugène Sue[1], elle rapetisse Hugo. Titre injustifié : point la misère, pas d'hôpital, prostituée effleurée. Rien de vivant : les personnages sont en bronze, en albâtre, en tout, sauf en chair et en os. Le manque d'observation éclate et blesse partout. Situations et caractères, Hugo a bâti tout son livre avec du vraisemblable et non avec du vrai, avec ce vrai qui achève toutes choses et tout homme dans un roman par l'imprévu qui les complète. Là est le défaut et la misère profonde de l'œuvre.

Pour le style, il est enflé, tendu, court d'haleine, impropre à ce qu'il dit. C'est du Michelet[2] de Sinaï[3]. – Point d'ordre : des demi-volumes de hors-d'œuvre. Point de romancier : Hugo et toujours Hugo ! De la fanfare et point de musique. Rien de délicat. Une préméditation du grossier et de l'enluminé. Une flatterie, une caresse de toutes les grosses opinions, un saint évêque[4], un Polyeucte[4] bonapartiste et républicain ; des soins lâches du succès qui vont jusqu'à ménager l'honneur de MM. les aubergistes[5]. Les Thénardier.

Voilà ce livre ouvert pour nous comme un livre de révélation et fermé comme un livre de spéculation. En deux mots, un roman de cabinet de lecture[6] écrit par un homme de génie.

Journal (1851-1896), Avril 1862.

....

1. Romancier (1804-1857) qui peint avec réalisme les milieux ouvriers et les bas-fonds. – 2. Historien républicain, prosateur romantique (1798-1874). – 3. Moïse y reçut de Dieu les dix commandements. – 4. Allusion à Mgr Myriel et à Marius, personnages des *Misérables*. – 6. On y louait des livres.

- Sur quels plans les Goncourt font-ils porter leurs critiques ?
- Analysez l'art des formules ironiques.
- Pourquoi cette critique reste-t-elle partielle et partiale ?

➢ **Groupement de textes : voir 154-164-170.**

Charles BAUDELAIRE

1821 - 1867

Le Spleen de Paris (posth. 1869)

LE *CONFITEOR*[1] DE L'ARTISTE

Que les fins de journées d'automne sont pénétrantes ! Ah ! pénétrantes jusqu'à la douleur ! car il est de certaines sensations délicieuses dont le vague n'exclut pas l'intensité ; et il n'est pas de pointe plus acérée que celle de l'Infini.

Grand délice que celui de noyer son regard dans l'immensité du ciel et de la mer ! Solitude, silence, incomparable chasteté de l'azur ! une petite voile frissonnante à l'horizon, et qui par sa petitesse et son isolement imite mon irrémédiable existence, mélodie monotone de la houle, toutes ces choses pensent par moi, ou je pense par elles (car dans la grandeur de la rêverie, le *moi* se perd vite !) ; elles pensent, dis-je, mais musicalement et pittoresquement, sans arguties[2], sans syllogismes, sans déductions.

Toutefois, ces pensées, qu'elles sortent de moi ou s'élancent des choses, deviennent bientôt trop intenses. L'énergie dans la volupté crée un malaise et une souffrance positive. Mes nerfs trop tendus ne donnent plus que des vibrations criardes et douloureuses.

Et maintenant la profondeur du ciel me consterne ; sa limpidité m'exaspère. L'insensibilité de la mer, l'immuabilité du spectacle me révoltent... Ah ! faut-il éternellement souffrir, ou fuir éternellement le beau ? Nature, enchanteresse sans pitié, rivale toujours victorieuse, laisse-moi ! Cesse de tenter mes désirs et mon orgueil ! L'étude du beau est un duel où l'artiste crie de frayeur avant d'être vaincu.

Le Spleen de Paris (texte de 1862).

1. Prière chrétienne. Du latin : « je confesse... ». – 2. Raisonnement trop subtil.

- Quel est le statut de la nature et du monde dans ce poème ?
- Comment s'exprime l'état de souffrance du poète ?
- Définissez les caractéristiques du poème en prose.

➢ **Groupement de textes : voir 161-163-165.**

Henri BERGSON

1859 - 1941

Le Rire (1899)

La comédie peint des caractères que nous avons rencontrés, que nous rencontrerons encore sur notre chemin. Elle note des ressemblances. Elle vise à mettre sous nos yeux des types. Elle créera même, au besoin, des types nouveaux. Par là, elle tranche sur les autres arts.

Le titre même des grandes comédies est déjà significatif. *Le Misanthrope, L'Avare, Le Joueur, Le Distrait*, etc., voilà des noms de genres ; et là même où la comédie de caractère a pour titre un nom propre, ce nom propre est bien vite entraîné, par le poids de son contenu, dans le courant des noms communs. Nous disons « un Tartuffe », tandis que nous ne dirions pas « une Phèdre » ou « un Polyeucte ».

Surtout, l'idée ne viendra guère à un poète tragique de grouper autour de son personnage principal des personnages secondaires qui en soient, pour ainsi dire, des copies simplifiées. Le héros de tragédie est une individualité unique en son genre. On pourra l'imiter, mais on passera alors, consciemment ou non, du tragique au comique. Personne ne lui ressemble, parce qu'il ne ressemble à personne. Au contraire, un instinct remarquable porte le poète comique, quand il a composé son personnage central, à en faire graviter d'autres tout autour qui présentent les mêmes traits généraux. Beaucoup de comédies ont pour titre un nom au pluriel ou un terme collectif. Les *Femmes savantes*, Les *Précieuses ridicules*, Le Monde *où l'on s'ennuie*, etc., autant de rendez-vous pris sur la scène par des personnes diverses reproduisant un même type fondamental. Il serait intéressant d'analyser cette tendance de la comédie. On y trouverait d'abord, peut-être, le pressentiment d'un fait signalé par les médecins, à savoir que les déséquilibrés d'une même espèce sont portés par une secrète attraction à se rechercher les uns les autres. Sans précisément relever de la médecine, le personnage comique est d'ordinaire, comme nous l'avons montré, un *distrait*, et de cette distraction à une rupture complète d'équilibre le passage se ferait insensiblement. Mais il y a une autre raison encore. Si l'objet du poète comique est de nous présenter des types, c'est-à-dire des caractères capables de se répéter, comment s'y prendrait-il mieux qu'en nous montrant du même type plusieurs exemplaires différents? Le naturaliste ne procède pas autrement quand il traite d'une espèce. Il en énumère et il en décrit les principales variétés.

- Qu'est-ce qui, selon l'auteur, différencie le personnage de comédie du héros tragique ?
- Comment est marquée la progression de l'argumentation à partir de la ligne 24 ?
- Comment Bergson rend-t-il sa thèse convaincante ?

➢ **Groupement de textes : voir 158-162.**

Louis ARAGON
1897 - 1982
Le Paysan de Paris (1926)

À ce moment apparaît l'imagination, *tel que l'intelligence l'a décrit: c'est un vieillard grand et maigre, avec des moustaches à la Habsbourg*[1], *une longue redingote fourrée, et un bonnet à poils; sa figure est animée de tics nerveux; quand il parle, il fait le geste de saisir le parement imaginaire d'un interlocuteur invisible; il tient sous son bras* Au 125, Boulevard Saint-Germain, *par Benjamin Péret*[2]. *Une seule chose paraît vraiment bizarre en lui: c'est qu'il marche avec un patin à roulettes au pied gauche, le droit posant directement à terre. Il s'avance vers l'homme et lui dit:*

DISCOURS DE L'IMAGINATION

À la guerre comme à la guerre: vous tous avec votre façon de faire contre fortune bon cœur, vous aviez compté sans moi. D'une illusion à l'autre, vous retombez sans cesse à la merci de l'illusion Réalité. Je vous ai tout donné pourtant: la couleur bleue du ciel, les Pyramides, les automobiles. Qu'avez-vous à désespérer de ma lanterne magique? Je vous réserve une infinité de surprises infinies. Le pouvoir de l'esprit, je l'ai dit en 1819 aux étudiants d'Allemagne, on en peut tout attendre. Voyez comme déjà de pures créations chimériques vous ont rendus maîtres de vous-mêmes. J'ai inventé la mémoire, l'écriture, le calcul infinitésimal. Il y a encore des découvertes premières qu'on n'a pas soupçonnées, qui feront l'homme différent de son image comme la parole le distingue à sa grande ivresse des créatures muettes qui l'entourent. Que marmonnez-vous ainsi? Il ne s'agit pas de progrès: je ne suis qu'un marchand de coco, et ma neige à moi, votre manne, du souvenir à la méthode expérimentale, reconnaissez la griserie en elle du mirage. Tout relève de l'imagination et de l'imagination tout relève. Il paraît que le téléphone est *utile*: n'en croyez rien, voyez plutôt l'homme à ses écouteurs se convulsant, qui crie *Allô!* Qu'est-il, qu'un toxicomane du son, ivre-mort de l'espace vaincu et de la voix transmise? Mes poisons sont les vôtres: voici l'amour, la force, la vitesse. Voulez-vous des douleurs, la mort ou des chansons?

Aujourd'hui je vous apporte un stupéfiant venu des limites de la conscience, des frontières de l'abîme. Qu'avez-vous cherché jusqu'ici dans les drogues sinon un sentiment de puissance, une mégalomanie menteuse et le libre exercice de vos facultés dans le vide ? Le produit que j'ai l'honneur de vous présenter procure tout cela, procure aussi d'immenses avantages inespérés, dépasse vos désirs, les suscite, vous fait accéder à des désirs nouveaux, insensés ; n'en doutez pas, ce sont les ennemis de l'ordre qui mettent en circulation ce philtre d'absolu. Ils le passent secrètement sous les yeux des gardiens, sous la forme de livres, de poèmes. Le prétexte anodin de la littérature leur permet de vous donner à un prix défiant toute concurrence ce ferment mortel duquel il est grand temps de généraliser l'usage. C'est le génie en bouteille, la poésie en barre. Achetez, achetez la damnation de votre âme, vous allez enfin vous perdre, voici la machine à chavirer l'esprit. J'annonce au monde ce fait divers de première grandeur : un nouveau vice vient de naître, un vertige de plus est donné à l'homme : le *Surréalisme*, fils de la frénésie et de l'ombre. Entrez entrez, c'est ici que commencent les royaumes de l'instantané.

Le Paysan de Paris,

....

1. Dynastie autrichienne. – 2. Poète surréaliste (1899-1959).

- Relevez des mots ou des expressions détournés de leur sens habituel. Quels sont ici leur effet et leur fonction ?
- À quels procédés rhétoriques l'imagination a-t-elle recours pour convaincre, dans le second paragraphe ?
- Définissez en trois ou quatre lignes ce qu'est le surréalisme d'après ce texte.
- Chargé par une maison d'édition de promouvoir la vente d'un ouvrage, vous rédigerez sur celui-ci, à la manière d'Aragon, une publicité dithyrambique.

➢ **Groupement de textes : voir 172.**

Charles PLISNIER

1896 - 1952

Papiers d'un romancier (posth. 1954)

S'il fallait en croire certaines gens, la littérature serait, pour une grande part, responsable de l'anarchie morale dans laquelle la guerre a surpris l'Europe.

Je crois que la littérature ne mérite « ni cet excès d'honneur, ni cette indignité ».

Je dis qu'elle ne mérite pas cet excès d'honneur, car c'est se méprendre singulièrement que de lui prêter un pouvoir si grand sur l'évolution des sociétés. Elle exprime celles-ci, elle ne les commande point. Se fût-il trouvé, sous Louis-Philippe, moins d'arrivistes et de spéculateurs, de criminels et de paillards si Balzac n'eût peint Rubempré et Nucingen, Vautrin et Hulot ?

Je dis qu'elle ne mérite pas cette indignité, car il s'en faut de beaucoup que les œuvres qui reçurent l'audience du public dans les années 1920 à 1940 n'aient fait que du mal. Je vois, au contraire, nombre d'écrivains d'hier – et parmi ceux qu'on accusait assez témérairement de détruire – qui ont fait quelque bien.

Ce qui frappe le plus dans le débat qui s'est institué, c'est l'importance donnée aux « sujets » traités. « Changez de sujet ! dit-on aux romanciers. Nous en avons assez de ces histoires qui ne montrent des hommes que leurs hontes, leurs fautes et leurs faillites. »

Ce qui étonne le plus, c'est la candeur dont témoigne une telle invitation. Oublie-t-on que toute œuvre littéraire valable plonge ses racines dans la chair et le sang ? On ne semble pas se douter en tout cas qu'on touche à l'un des domaines les moins « commandables » qui soient, celui de la vision du créateur. [...] Pas plus qu'il n'appartient à personne de demander à une femme un enfant qui soit sain, qui soit blond ou qui soit pur, il n'appartient à personne de demander à l'écrivain une œuvre à la mesure des besoins ou des goûts du temps. Car son œuvre sera le fruit imprévisible et pour ainsi dire fatal de son « accolement » avec la vie.

L'alternative est celle-ci : la liberté totale ou le silence.

Que les réformateurs trop zélés qui prétendent régenter les choses de l'esprit prennent bien garde à ce silence ! Quelles balances ont-ils pour peser ce qui sert et ce qui nuit ? Que de livres condamnés par leur temps comme inopportuns ou pernicieux qui forment aujourd'hui le meilleur de notre patrimoine spirituel et servent de bréviaires aux hommes ! La postérité, seule, juge sans erreur. Les générations font leur profit et leur trésor de richesses méprisées par ceux qui assistèrent à leur naissance. Un roman peut paraître abominable à l'échelle du jour, qui « sert » à l'échelle des siècles.

Malheureusement, ces silences ne sont point perçus. Ceux-là les couvrent de leur bruit qui peuvent tout imaginer parce que aucune vision ne s'impose à eux, qui peuvent tout dire parce qu'ils ne pensent rien, qui peuvent exalter n'importe quoi parce qu'ils méprisent tout – et eux-mêmes. Il s'agit de ne pas étouffer les voix noires et impérieuses, pour donner audience aux marchands d'optimisme, aux jongleurs et aux baladins.

Je crains que cette manière de poser le problème ne choque beaucoup de bons esprits. Ils y verront peut-être une sorte de chantage emphatique et ridicule. « Quoi ! diront-ils. Le message de ces “créateurs authentiques” est-il nécessairement de ceux qu'il vaudrait mieux faire taire aujourd'hui ? Ne se peut-il donc que ces gens apportent des visions de pureté, de courage et d'héroïsme ? » Et tout aussitôt ils évoqueront Corneille.

Je ne dis pas qu'aucun des géants qui ont fait le patrimoine spirituel de l'humanité n'ait apporté un message exaltant. Il faut reconnaître pourtant que la plupart d'entre eux furent des génies noirs, qu'ils semblaient avoir le vertige des gouffres : ainsi Eschyle et Shakespeare, Dante et Balzac, Racine et Dostoïevsky. S'ils vivaient aujourd'hui, faudrait-il éteindre leurs voix et, à la manière dont l'entendait Platon, chasser ces « corrupteurs » de la République ?

Qu'on y songe, pourtant : s'ils donnèrent à leurs contemporains une vue désolante du monde, il n'y eut pas, à l'échelle des siècles, hormis les saints, de plus grands purificateurs d'hommes. Les œuvres d'art survivent aux empires ; elles luisent sur leurs poussières.

Papiers d'un romancier, Éd. Bernard Grasset.

- Énoncez la thèse de l'auteur. Quelle est celle qu'il combat ?
- Quels arguments Charles Plisnier évoque-t-il pour défendre les écrivains ?
- Étudiez la tonalité polémique et ironique du texte ?

➢ **Groupement de textes : voir 158-162-164-166-174.**

Philippe JACCOTTET

né en 1925

L'Ignorant (1958)

LE TRAVAIL DU POÈTE

Ainsi, contre le mur éclairé par l'été
(mais ne serait-ce pas plutôt par sa mémoire),
dans la tranquillité du jour je vous regarde,
vous qui vous éloignez toujours plus, qui fuyez,
je vous appelle, qui brillez dans l'herbe obscure
comme autrefois dans le jardin, voix ou lueurs
(nul ne le sait) liant les défunts à l'enfance…
(Est-elle morte, telle dame sous le buis,
sa lampe éteinte, son bagage dispersé?
Ou bien va-t-elle revenir de sous la terre
et moi j'irais au-devant d'elle et je dirais:
« Qu'avez-vous fait de tout ce temps qu'on n'entendait
ni votre rire ni vos pas dans la ruelle?
Fallait-il s'absenter sans personne avertir?
Ô dame! revenez maintenant parmi nous… »)
Dans l'ombre et l'heure d'aujourd'hui se tient cachée,
ne disant mot, cette ombre d'hier. Tel est le monde.
Nous ne le voyons pas très longtemps: juste assez
pour en garder ce qui scintille et va s'éteindre,
pour appeler encore et encore, et trembler
de ne plus voir. Ainsi s'applique l'appauvri,
comme un homme à genoux qu'on verrait s'efforcer
contre le vent de rassembler son maigre feu…

« Le travail du poète » (extrait), in *L'Ignorant*, © Éd. Gallimard, 1971.

- En quoi consiste le « travail poétique » selon le poète?
- Relevez et étudiez le champ lexical de l'ombre et de la lumière.
- Comment s'expriment les différentes « voix » que l'on entend dans ce poème?

➢ **Groupement de textes: voir 172-173.**

Alain BOSQUET

né en 1919

Préface à *Saint-John Perse* (1961)

Alain Bosquet poursuit ici une réflexion sur la poésie.

D'une portée morale ou philosophique, elle constitue sinon une manière de penser, du moins une manière de sentir et de capter. Habitée du doute, elle se réserve le retour sur elle-même, assez sûre de soi pour éprouver sa grandeur et sa précarité, son altitude et son abîme. Synthétique, elle n'*est* que si elle se veut une expérience totale, fruit de l'instinct et du calcul, du génie et de l'application. Mais si elle résume et amplifie mille sensations, elle ne doit en fin de compte que s'occuper d'elle-même, se servant de tout, ne servant rien ni personne.

On a tôt fait de lui découvrir trois éléments distincts : 1) la sensation indéfinissable de beauté, signe d'un *équilibre* et d'un confort *attendus*; 2) la musique ; 3) la surprise, née d'une confrontation de mots rarement rapprochés, d'une innovation rythmique heureuse, ou d'un *accord* résolu par la rencontre inattendue de ces deux phénomènes formant image.

On a tôt fait aussi d'exiger du grand poète : 1) la perfection formelle dans l'expression : la prosodie régulière (Mallarmé), le verset (Claudel) ou l'avalanche d'images (Maïakovski) ; 2) une rigueur et une permanence sans compromission dans la pensée créatrice. À la fois philosophe et savant – mais philosophe ébloui qui n'a pas besoin de démonstration, et savant sans cyclotron – il doit fournir une réponse intime – non point circonstanciée, non point technique – aux angoisses éternelles de l'homme. Recréant et repensant le monde, il le récrit selon un mode personnel ; 3) un domaine propre – et non seulement littéraire – où il est inattaquable, quelqu'argument qu'on puisse employer contre lui. Le « grand poète » peut prendre une position sociale, asociale ou anti-sociale (dans la cité, en dehors d'elle ou contre elle) ; il apparaît toujours comme un exemple et un symbole. Villon a laissé une image du siècle vu à travers le remords ; Baudelaire symbolise la souffrance dans l'insatisfaction, Rimbaud la révolte, Mallarmé le mépris dans une recherche exacerbée de perfection intellectuelle qui sera portée jusqu'aux limites du doute et de l'abdication. Au XXe siècle, Valéry, Benn, Lorca, Pessoa, Kavafis, Maïakovski – en dehors de toute contingence et de toute position doctrinale, sur le seul plan poétique de la condition humaine – ont témoigné ainsi d'une attitude exemplaire ; 4) l'interdépendance de *2* et de *3*. Il ne faut pas, en effet, que la poésie serve à justifier une position sociale, ni que cette dernière excuse la poésie. Les preuves par la poésie et les arguments en faveur d'elle sont mortels. Chez le grand poète, un équilibre naturel s'établit entre ce qu'il écrit et ce qu'il est. Tout se passe comme si le poème *était* le poète, et qu'ensemble ils poursuivaient une seule carrière indissociable. Ainsi Rimbaud devient littéralement le « Bateau ivre » et Villon un pendu de sa ballade. À ce niveau, la forme est si parfaite qu'elle semble la seule possible, absolument nécessaire et indiscutablement essentielle. Les mêmes impératifs régissent le mystère poétique, qui est *mûr*, c'est-à-dire à la fois impénétrable et juste ; nouveau, et à ce point communicable qu'on y succombe tout de suite, conscient de son pouvoir et de l'inutilité qu'il y aurait à le vouloir analyser. La fusion de la forme et du mystère est cependant si complète qu'il n'y a ni prépondérance de la première sur le second (comme chez Péguy), ni dictature de celui-ci (comme chez les surréalistes). La poésie acquiert ainsi un accent de vérité métaphysique et cosmique, bien au-dessus de sa perfection verbale et rythmique.

Préface de Alain Bosquet in *Saint-John Perse*,
coll. « Poètes d'aujourd'hui », Éd. Seghers.

- Comment Alain Bosquet associe-t-il arguments et exemples, lignes 16 à 32 ?
- Pourquoi, selon l'auteur, la distinction entre le « fond » et la « forme » est-elle, chez le grand poète, un non-sens ?
- Dites à quoi tient la force de l'argumentation d'Alain Bosquet.
- De quel secours peuvent être l'art et la poésie dans la civilisation technicienne moderne ? Vous répondrez à cette question dans un développement structuré.

➢ **Groupement de textes : voir 169.**

Jean-Marie G. LE CLÉZIO

né en 1940

L'Extase matérielle (1967)

Écrire, ça doit sûrement servir à quelque chose. Mais à quoi ? Ces petits signes tarabiscotés qui avancent tout seuls, presque tout seuls, qui couvrent le papier blanc, qui gravent sur les surfaces planes, qui dessinent l'avancée de la pensée. Ils rognent. Ils ajustent. Ils caricaturent. Je les aime bien, ces armées de boucles et de pointillés. Quelque chose de moi vit en eux. Même s'ils n'ont pas de perfection, même s'ils ne communiquent pas vraiment, je les sens qui tirent vers moi la force de la réalité. Avec eux, tout se transforme en histoires, tout avance vers sa fin. Je ne sais pas quand ils s'arrêteront. Leurs contes sont vrais, ou faux. Ça m'est égal. Ce n'est pas pour ça que je les écoute. Ils me plaisent, et c'est avec plaisir que je me laisse tromper par le rythme de leur marche, que j'abandonne tout espoir de les comprendre un jour.

Écrire, si ça sert à quelque chose, ce doit être à ça : à témoigner. À laisser ses souvenirs inscrits, à déposer doucement, sans en avoir l'air, sa grappe d'œufs qui fermenteront. Non pas à expliquer, parce qu'il n'y a peut-être rien à expliquer ; mais à dérouler parallèlement. L'écrivain est un faiseur de paraboles[1]. Son univers ne naît pas de l'illusion de la réalité, mais de la réalité de la fiction.

L'Extase matérielle, © Éd. Gallimard.

1. Récits allégoriques qui dissimulent un enseignement.

- Identifiez le registre de langue adopté par l'écrivain.
- Montrez en quoi sa vision de l'écriture est d'ordre poétique.
- Quelle image de l'écrivain nous est proposée dans ce texte ?

➢ **Groupement de textes : voir 171-174.**

Claude ROY
1915 - 1997
Défense de la littérature (1968)

Quand l'écrivain à sa table regarde par la fenêtre le couvreur qui répare un toit et le vitrier qui remet un carreau, ces métiers des hommes dont on sait exactement *à quoi ils servent*, il se dit : « Écrivain, pour quoi faire ? » Car nous avons besoin pour vivre, comme le rappelait prudhommesquement Sully Prudhomme dans un poème célèbre, de tous les corps de métier, sauf du métier de ces drôles de corps, les parleurs, les artistes. Mais en fin de compte, quand le médecin et le boulanger se demandent pourquoi ils exercent leur métier, et que la réponse immédiate est « Pour faire vivre, et pour vivre », il y a toujours un petit démon narquois qui reprend à son compte, et dans un autre sens, la réplique de ce monstrueux égoïste d'une pièce de l'ancienne Russie, répondant à un pauvre diable qui disait : « Il faut bien vivre » : « *Je n'en vois pas la nécessité.* »

Mais c'est peut-être justement dans la mesure où la création est la plus contingente qu'elle exerce sur le public un effet tonique. Il y a beaucoup d'écrivains dont ce qui nous frappe en eux, d'abord, c'est la *suffisance.* Mais quand Eschyle ou Hugo, Shakespeare ou Balzac prennent la parole, et même ceux-là dont c'est surtout la souffrance et la faiblesse qui nous sautent aux yeux, Leopardi ou Proust, Rousseau ou Malcolm Lowry, c'est d'abord un sentiment de force, et de contagion d'être, qui s'empare de nous. L'Ecclésiaste et Tolstoï ont beau nous dire que la terre est une vallée de larmes, ils le disent avec une énergie et une autorité vitale qui nous rendent énergiques et vivants. Pascal dit avec tant de force que l'homme est un roseau, qu'on sort de chez lui content comme un chêne. La Rochefoucauld et Chamfort démontrent que l'homme est méchant avec tant d'intrépidité qu'on revient de chez eux presque bon, et certainement allégé. Qu'une œuvre agisse par la persuasion ou la révulsion, que ce soit Tchékhov qui nous persuade par son exemple et sa voix d'être bienveillants, ou le marquis de Sade dont la fureur logique, en autorisant tout, nous oblige, quand on a suivi la rigueur de ses raisonnements, à réinventer une morale et à nous interdire beaucoup de ce qu'il autorisait, la littérature est toujours, même quand les écrivains expliquent comment ils se sentent mal ou pourquoi il faut se sentir mal, une façon de se sentir mieux. Une façon, aussi, de sentir mieux.

Défense de la littérature, © Éd. Gallimard.

- Remplacez « mais » par un mot de sens équivalent dans les phrases « mais c'est peut-être… (l. 14) et « mais quand … (l. 17). Qu'en déduisez-vous sur les valeurs de « mais » ?
- Quel rôle argumentatif joue le procédé de l'antithèse, lignes 23 à 34 ?
- Ce texte s'adresse-t-il seulement aux écrivains ? Justifiez votre réponse.

➢ **Groupement de textes : voir 158.**

Jean TARDIEU

né en 1903

Formeries (1976)

OUTILS POSÉS SUR UNE TABLE

Mes outils d'artisan
sont vieux comme le monde
vous les connaissez
Je les prends devant vous :
verbes adverbes participes
pronoms substantifs adjectifs.

Ils ont su ils savent toujours
peser sur les choses
sur les volontés
éloigner ou rapprocher
réunir séparer
fondre ce qui est pour qu'en transparence
dans cette épaisseur
soient espérés ou redoutés
ce qui n'est pas, ce qui n'est pas encore,
ce qui est tout, ce qui n'est rien,
ce qui n'est plus.

Je les pose sur la table
Ils parlent tout seuls je m'en vais.

« Poèmes pour la main droite », in *Formeries*,

- Quels éléments signalent que nous avons affaire à un poème ?
- Soulignez la dimension ludique de ce texte.
- Comment s'exprime le parti pris de simplicité du poète ?

➢ **Groupement de textes : voir 156-173.**

Joachim du BELLAY

1522 - 1560

Les Regrets (1558)

Je ne veux feuilleter les exemplaires Grecs,
Je ne veux retracer les beaux traits d'un Horace[1],
Et moins veux-je imiter d'un Pétrarque[2] la grâce,
Ou la voix d'un Ronsard, pour chanter mes Regrets.

Ceux qui sont de Phœbus[3] vrais poètes sacrés
Animeront leurs vers d'une plus grande audace[4].
Moi, qui suis agité d'une fureur[5] plus basse,
Je n'entre si avant en si profonds secrets.

Je me contenterai de simplement écrire
Ce que la passion seulement me fait dire,
Sans rechercher ailleurs plus graves arguments.

Aussi n'ai-je entrepris d'imiter en ce livre
Ceux qui par leurs écrits se vantent de revivre
Et se tirer tout vifs dehors des[6] monuments[7].

....

1. Poète latin, Ier s. av. J.-C. – 2. Poète humaniste italien (XIVe s.). – 3. Autre nom d'Apollon considéré comme un dieu solaire. – 4. Hardiesse, éclat. – 5. Inspiration. – 6. Hors des. – 7. Tombeaux.

- Quel rôle joue la référence à l'Antiquité ?
- Identifiez le ton du poème et justifiez votre réponse.
- Quelle image du poète est proposée dans ce poème ?

➢ **Groupement de textes : voir 177.**

Michel de MONTAIGNE

1533 - 1592

Essais (1580-1588)

Je suis né et nourri aux champs et parmi le labourage ; j'ai des affaires et du ménage[1] en main, depuis que ceux qui me devançaient en la possession des biens que je jouis m'ont quitté[2] leur place. Or je ne sais compter ni à jet, ni à plume[3] ; la plupart de nos monnaies, je ne les connais pas ; ni ne sais la différence de l'un grain à l'autre, ni en la terre, ni au grenier, si elle n'est pas trop apparente ; ni à peine celle d'entre les choux et les laitues de mon jardin. Je n'entends[4] pas seulement les noms des premiers outils[5] du ménage, ni les plus grossiers principes de l'agriculture, et que les enfants savent ; moins aux arts mécaniques, en le trafic et en la connaissance des marchandises, diversité et nature des fruits, de vins, de viandes ; ni à dresser un oiseau, ni à médeciner un cheval ou un chien. Et, puisqu'il me faut faire la honte tout entière, il n'y a pas un mois qu'on me surprit ignorant de quoi le levain servait à faire du pain, et que c'était que faire cuver du vin. On conjectura anciennement à Athènes une aptitude à la mathématique en celui à qui on voyait ingénieusement agencer et fagoter une charge de broussailles. Vraiment on tirerait de moi une bien contraire conclusion : car, qu'on me donne tout l'apprêt[6] d'une cuisine, me voilà à la faim[7].

Par ces traits de ma confession, on en peut imaginer d'autres à mes dépens. Mais, quel que je me fasse connaître, pourvu que je me fasse connaître tel que je suis, je fais mon effet[8]. Et si[9], ne m'excuse pas d'oser mettre par écrit des propos si bas et frivoles que ceux-ci. La bassesse[10] du sujet m'y contraint. Qu'on accuse, si on veut, mon projet ; mais mon progrès[11], non.

Essais, II, 17.

1. L'administration d'une maison. – 2. Cédé. – 3. Ni au moyen de jetons, comme les paysans, ni en écrivant. – 4. Comprends. – 5. Ustensiles. – 6. La préparation. – 7. Condamné à avoir faim. – 8. J'atteins mon objectif. – 9. Et aussi. – 10. La modestie. – 11. Ma manière de le traiter.

- Faites le portrait de l'auteur d'après ce texte.
- En quoi cette peinture répond-elle au « projet » (l. 24) conçu par Montaigne ?
- Définissez les caractéristiques du style de Montaigne à partir de ce texte.

➢ **Groupement de textes : voir 176-192.**

Paul SCARRON

1610 - 1660

Le Roman comique (1651-1657)

Une troupe de comédiens arrive dans la ville du Mans.

Le soleil avait achevé plus de la moitié de sa course et son char, ayant attrapé le penchant du monde, roulait plus vite qu'il ne voulait. Si ses chevaux eussent voulu profiter de la pente du chemin, ils eussent achevé ce qui restait du jour en moins d'un demi-quart d'heure ; mais, au lieu de tirer de toute leur force, ils ne s'amusaient qu'à faire des courbettes, respirant un air marin qui les faisait hennir et les avertissait que la mer était proche, où l'on dit que leur maître se couche toutes les nuits. Pour parler plus humainement et plus intelligiblement, il était entre cinq et six quand une charrette entra dans les halles du Mans. Cette charrette était attelée de quatre bœufs fort maigres, conduits par une jument poulinière dont le poulain allait et venait à l'entour de la charrette comme un petit fou qu'il était. La charrette était pleine de coffres, de malles et de gros paquets de toiles peintes[1] qui faisaient comme une pyramide au haut de laquelle paraissait une demoiselle habillée moitié ville, moitié campagne. Un jeune homme, aussi pauvre d'habits que riche de mine, marchait à côté de la charrette. Il avait un grand emplâtre sur le visage, qui lui couvrait un œil et la moitié de la joue, et portait un grand fusil sur son épaule, dont il avait assassiné plusieurs pies, geais et corneilles, qui lui faisaient comme une bandoulière, au bas de laquelle pendaient par les pieds une poule et un oison qui avaient bien la mine d'avoir été pris à la petite guerre[2].

....

1. Qui servent au décor. – 2. Maraudage.

- En quoi cette description est-elle réaliste ?
- Étudiez les procédés de la parodie.
- Dans quelle mesure ce texte établit-il une complicité avec son lecteur ?

➢ **Groupement de textes : voir 184-195.**

MOLIÈRE

1622 - 1673

L'Impromptu de Versailles (1663)

Brécourt répond ici à des personnes qui croient avoir été tournées en ridicule par Molière dans une de ses pièces. Il utilise les propos de Molière lui-même pour mieux le défendre.

BRÉCOURT. – [...] Il[1] disait que rien ne lui donnait du déplaisir comme d'être accusé de regarder[2] quelqu'un dans les portraits qu'il fait; que son dessein est de peindre les mœurs sans vouloir toucher aux personnes, et que tous les personnages qu'il représente sont des personnages en l'air, et des fantômes proprement, qu'il habille à sa fantaisie, pour réjouir les spectateurs; qu'il serait bien fâché d'y avoir jamais marqué[3] qui que ce soit; et que si quelque chose était capable de le dégoûter de faire des comédies, c'était les ressemblances qu'on y voulait toujours trouver, et dont ses ennemis tâchaient malicieusement d'appuyer la pensée, pour lui rendre de mauvais offices[4] auprès de certaines personnes à qui il n'a jamais pensé. Et en effet je trouve qu'il a raison; car pourquoi vouloir, je vous prie, appliquer tous ses gestes et toutes ses paroles, et chercher à lui faire des affaires[5] en disant hautement: «Il joue un tel», lorsque ce sont des choses qui peuvent convenir à cent personnes? Comme l'affaire de la comédie est de représenter en général tous les défauts des hommes, et principalement des hommes de notre siècle, il est impossible à Molière de faire aucun caractère qui ne rencontre quelqu'un[6] dans le monde; et s'il faut qu'on l'accuse d'avoir songé[7] toutes les personnes où l'on peut trouver les défauts qu'il peint, il faut sans doute qu'il ne fasse plus de comédies.

1. Molière. – 2. Penser à. – 3. Désigné. – 4. Services. – 5. Créer des ennuis. – 6. Qui ne s'applique par hasard à une personne. – 7. Songé à.

- En quoi ce texte relève-t-il du type argumentatif?
- Comment Molière utilise-t-il le théâtre pour se faire entendre en tant que créateur?
- Quelle vision du genre comique est ici exposée?

➢ **Groupement de textes: voir 189-200.**

Mme de SÉVIGNÉ
1626 - 1696
Lettres (1726)

Mme de Sévigné écrit à sa fille, Mme de Grignan.

À Paris, vendredi 6e février [1671]

Ma douleur serait bien médiocre si je pouvais vous la dépeindre; je ne l'entreprendrai pas aussi. J'ai beau chercher ma chère fille, je ne la trouve plus, et tous les pas qu'elle fait l'éloignent de moi. Je m'en allai donc à Sainte-Marie[1], toujours pleurant et toujours mourant: il me semblait qu'on m'arrachait le cœur et l'âme; et en effet, quelle rude séparation! Je demandai la liberté d'être seule; on me mena dans la chambre de Mme du Housset, on me fit du feu; Agnès me regardait sans me parler, c'était notre marché; j'y passai jusqu'à cinq heures sans cesser de sangloter: toutes mes pensées me faisaient mourir. J'écrivis à M. de Grignan, vous pouvez penser sur quel ton. J'allai ensuite chez Mme de La Fayette, qui redoubla mes douleurs par la part qu'elle y prit. Elle était seule, et malade, et triste de la mort d'une sœur religieuse: elle était comme je la pouvais désirer. M. de la Rochefoucault y vint; on ne parla que de vous, de la raison que j'avais d'être touchée, et du dessein de parler comme il faut à *Merlusine*[2]. Je vous réponds qu'elle sera bien relancée. D'Hacqueville vous rendra un bon compte de cette affaire. Je revins enfin à huit heures de chez Mme de La Fayette; mais en entrant ici, bon Dieu! comprenez-vous bien ce que je sentis en montant ce degré[3]. Cette chambre où j'entrais toujours, hélas! j'en trouvai les portes ouvertes; mais je vis tout démeublé, tout dérangé, et votre pauvre petite fille[4] qui me représentait la mienne. Comprenez-vous bien tout ce que je souffris?

Madame de Sévigné, *Lettres* (1726).

....

1. Couvent. – 2. Surnom de la comtesse de Marans dont Mme de Sévigné paraît mécontente. – 3. Escalier. – 4. Mme de Sévigné avait la garde de sa petite-fille.

- Quelles sont les caractéristiques du genre épistolaire à travers cet extrait de lettre?
- Comment s'exprime la douleur de la séparation?
- Dans quelle mesure peut-on dire que la lettre parvient à réunir la mère et sa fille?

➢ **Groupement de textes: voir 186.**

Honoré de BALZAC

1799 - 1850

Le Chef-d'œuvre inconnu (1831)

Porbus, peintre au sommet de sa gloire, et le jeune Poussin assistent à une démonstration du vieillard Frenhofer qui se propose de retoucher un tableau de Porbus et de donner en même temps une leçon au jeune homme.

Porbus et Poussin se tenaient immobiles chacun d'un côté de la toile, plongés dans la plus véhémente contemplation.

– Vois-tu, jeune homme, disait le vieillard sans se détourner, vois-tu comme au moyen de trois ou quatre touches et d'un petit glacis bleuâtre, on pouvait faire circuler l'air autour de la tête de cette pauvre sainte qui devait étouffer et se sentir prise dans cette atmosphère épaisse ! Regarde comme cette draperie voltige à présent et comme on comprend que la brise la soulève ! Auparavant elle avait l'air d'une toile empesée et soutenue par des épingles. Remarques-tu comme le luisant satiné que je viens de poser sur la poitrine rend bien la grasse souplesse d'une peau de jeune fille, et comme le ton mélangé de brun-rouge et d'ocre calciné réchauffe la grise froideur de cette grande ombre où le sang se figeait au lieu de courir. Jeune homme, jeune homme, ce que je te montre là, aucun maître ne pourrait te l'enseigner. Mabuse seul possédait le secret de donner de la vie aux figures. Mabuse n'a eu qu'un élève, qui est moi. Je n'en ai pas eu, et je suis vieux ! Tu as assez d'intelligence pour deviner le reste, par ce que je te laisse entrevoir.

Tout en parlant, l'étrange vieillard touchait à toutes les parties du tableau : ici deux coups de pinceau, là un seul, mais toujours si à propos qu'on aurait dit une nouvelle peinture, mais une peinture trempée de lumière.

- En quoi peut-on dire que le vieillard est un personnage fantastique ?
- Relevez et étudiez le champ lexical de la peinture.
- Par quels procédés le sujet du tableau devient-il vivant ?

➢ **Groupement de textes : voir 183-189-191.**

Charles LECONTE DE LISLE

1818 - 1894

Poèmes barbares (1862)

LES MONTREURS

Tel qu'un morne animal, meurtri, plein de poussière,
La chaîne au cou, hurlant au chaud soleil d'été,
Promène qui voudra son cœur ensanglanté
Sur ton pavé cynique, ô plèbe carnassière!

Pour mettre un feu stérile en ton œil hébété,
Pour mendier ton rire ou ta pitié grossière,
Déchire qui voudra la robe de lumière
De la pudeur divine et de la volupté.

Dans mon orgueil muet, dans ma tombe sans gloire,
Dussé-je m'engloutir pour l'éternité noire,
Je ne te vendrai pas mon ivresse ou mon mal.

Je ne livrerai pas ma vie à tes huées,
Je ne danserai pas sur ton tréteau banal
Avec tes histrions et tes prostituées.

- Comment sont présentés le public et les lecteurs ?
- Identifiez le ton du poème et analysez les procédés qui en rendent compte.
- Étudiez la métrique (rythme, rimes, mètre...) ainsi que les images du sonnet.

➢ **Groupement de textes : voir 184-187-194.**

Charles BAUDELAIRE

1821 - 1867

Curiosités esthétiques (1863)

La plupart des erreurs relatives au beau naissent de la fausse conception du dix-huitième siècle relative à la morale. La nature fut prise dans ce temps-là comme base, source et type de tout bien et de tout beau possibles. La négation du péché originel ne fut pas pour peu de chose dans l'aveuglement général de cette époque [1]. Si toutefois nous consentons à en référer simplement au fait visible, à l'expérience de tous les âges et à la *Gazette des Tribunaux* [2], nous verrons que la nature n'enseigne rien, ou presque rien, c'est-à-dire qu'elle *contraint* l'homme à dormir, à boire, à manger, et à se garantir, tant bien que mal, contre les hostilités de l'atmosphère. C'est elle aussi qui pousse l'homme à tuer son semblable, à le manger, à le séquestrer, à le torturer; car, sitôt que nous sortons de l'ordre des nécessités et des besoins pour entrer dans celui du luxe et des plaisirs, nous voyons que la nature ne peut conseiller que le crime. C'est cette infaillible nature qui a créé le parricide et l'anthropophagie, et mille autres abominations que la pudeur et la délicatesse nous empêchent de nommer. C'est la philosophie (je parle de la bonne), c'est la religion qui nous ordonne de nourrir des parents pauvres et infirmes. La nature (qui n'est pas autre chose que la voix de notre intérêt) nous commande de les assommer. Passez en revue, analysez tout ce qui est naturel, toutes les actions et les désirs du pur homme naturel, vous ne trouverez rien que d'affreux. Tout ce qui est beau et noble est le résultat de la raison et du calcul. Le crime, dont l'animal humain a puisé le goût dans le ventre de sa mère, est originellement naturel. La vertu, au contraire, est *artificielle*, surnaturelle, puisqu'il a fallu, dans tous les temps et chez toutes les nations, des dieux et des prophètes pour l'enseigner à l'humanité animalisée, et que l'homme, *seul*, eût été impuissant à la découvrir. Le mal se fait sans effort, *naturellement*, par fatalité; le bien est toujours le produit d'un art. Tout ce que je dis de la nature comme mauvaise conseillère en matière de morale, et de la raison comme véritable rédemptrice et réformatrice, peut être transporté dans l'ordre du beau. Je suis ainsi conduit à regarder la parure comme un des signes de la noblesse primitive de l'âme humaine. Les races que notre civilisation, confuse et pervertie, traite volontiers de sauvages, avec un orgueil et une fatuité tout à fait risibles, comprennent, aussi bien que l'enfant, la haute spiritualité de la toilette. Le sauvage et le baby[3] témoignent, par leur aspiration naïve vers le brillant, vers les plumages bariolés, les étoffes chatoyantes, vers la majesté superlative des formes artificielles, de leur dégoût pour le réel, et prouvent ainsi, à leur insu, l'immatérialité de leur âme. Malheur à celui qui, comme Louis XV (qui fut non le produit d'une vraie civilisation, mais d'une récurrence de barbarie) pousse la dépravation jusqu'à ne plus goûter que la *simple nature*!

....

1. Le XVIIIe siècle – 2. Journal relatant les affaires judiciaires. Stendhal y avait puisé le sujet de son roman *Le Rouge et le Noir*. – 3. L'enfant.

- D'après le contexte, précisez le sens que Baudelaire donne au mot « art ». Quel est son antonyme ?
- Comment Baudelaire réussit-il à transposer dans le domaine esthétique des comportements humains ?
- À quoi tient la virulence de ce texte ?

➢ **Groupement de textes : voir 197-198.**

Théophile GAUTIER

1811 - 1872

Le Capitaine Fracasse (1863)

Après la disparition de Matamore, le baron de Sigognac, désargenté, se propose de rejoindre définitivement la troupe des comédiens.

« Si ne n'ai pas le talent de ce pauvre Matamore, j'en ai presque la maigreur. Je prendrai son emploi et le remplacerai de mon mieux. Je suis votre camarade et veux l'être tout à fait. Aussi bien j'ai honte d'avoir profité de votre bonne fortune et de vous être inutile en l'adversité. D'ailleurs, qui se soucie des Sigognac au monde ? Mon manoir croule en ruine sur la tombe de mes aïeux. L'oubli recouvre mon nom jadis glorieux, et le lierre efface mon blason sur mon porche désert. Peut-être un jour les trois cigognes [1] secoueront-elles joyeusement leurs ailes argentées et la vie reviendra-t-elle avec le bonheur à cette triste masure où se consumait ma jeunesse sans espoir. En attendant, vous qui m'avez tendu la main pour sortir de ce caveau [2], acceptez-moi franchement pour l'un des vôtres. Je ne m'appelle plus Sigognac. »

Isabelle [3] posa sa main sur le bras du baron comme pour l'interrompre, mais Sigognac ne prit pas garde à l'air suppliant de la jeune fille et il continua.

« Je plie mon titre de baron et le mets au fond de mon porte-manteau, comme un vêtement qui n'est plus de mise. Ne me le donnez plus. Nous verrons si, déguisé de la sorte, je serai reconnu par le malheur. Donc je succède à Matamore et prends pour nom de guerre : le capitaine Fracasse !

– Vive le capitaine Fracasse ! s'écria toute la troupe en signe d'acceptation, que les applaudissements le suivent partout ! »

....

1. Emblème sur le blason familial de Sigognac. – 2. Sigognac fait allusion à sa misère et à son découragement lorsque les comédiens sont arrivés aux portes de son château. – 3. Isabelle et Sigognac éprouvent de tendres sentiments l'un pour l'autre.

- Étudiez le thème du théâtre dans ce passage.
- Identifiez le ton du texte et analysez les éléments qui le justifient.
- Dans quelle mesure cette annonce de Sigognac possède-t-elle un tour solennel ?

➢ **Groupement de textes : voir 178.**

Guy de MAUPASSANT

1850 - 1893

Article de journal (1881)

Le merveilleux! Jadis il couvrait la terre. C'est avec lui qu'on élevait l'enfant; l'homme s'agenouillait devant lui; le vieillard, au bord de la tombe, frissonnait éperdu devant les conceptions de l'ignorance humaine.

Mais les hommes sont venus, des philosophes d'abord, puis des savants, et ils sont entrés hardiment dans cette épaisse et redoutée forêt des superstitions: ils ont haché sans cesse, ouvrant des routes d'abord pour permettre à d'autres de venir; puis ils se sont mis à défricher avec rage, faisant le vide, la plaine, la lumière autour de ce bois terrible.

Chaque jour ils resserrent leurs lignes, élargissent les frontières de la science; et cette frontière de la science est la limite des deux camps. En deçà, le connu qui était hier l'inconnu: au-delà, l'inconnu qui sera le connu demain. Ce reste de forêt est le seul espace laissé encore aux poètes, aux rêveurs. Car nous avons toujours un invincible besoin de rêve; notre vieille race, accoutumée à ne pas comprendre, à ne pas chercher, à ne pas savoir, faite aux mystères environnants, se refuse à la simple et nette vérité.

L'explication mathématique de ses légendes séculaires, de ses poétiques religions, l'indigne comme un sacrilège! Elle se cramponne à ses fétiches, injurie les bûcherons, en appelle désespérément aux poètes.

Hâtez-vous, ô poètes, vous n'avez plus qu'un coin de forêt où nous conduire. Il est à vous encore; mais, ne vous y trompez pas, n'essayez point de revenir dans ce que nous avons exploré.

Les poètes répondent: « Le merveilleux est éternel. Qu'importe la science révélatrice, puisque nous avons la poésie créatrice! Nous sommes les inventeurs d'idées, les inventeurs d'idoles, les faiseurs de rêves. Nous conduirons toujours les hommes en des pays merveilleux, peuplés d'êtres étranges que notre imagination enfante. »

Eh bien, non. Les hommes ne vous suivront plus, ô poètes. Vous n'avez plus le droit de nous tromper. Nous n'avons plus la puissance de vous croire. Vos fables héroïques ne nous donnent plus d'illusions; vos esprits, bons ou méchants, nous font rire. Vos pauvres fantômes sont bien mesquins à côté d'une locomotive lancée, avec ses yeux énormes, sa voix stridente, et son suaire de vapeur blanche qui court autour d'elle dans la nuit froide. Vos misérables petits farfadets restent pendus aux fils du télégraphe! Toutes vos créations bizarres nous semblent enfantines et vieilles, si vieilles, si usées, si répétées! J'en lis chaque jour, de ces livres d'exaltés frénétiques, de bardes obstinés, de refaiseurs de mystérieux. C'est fini, fini. Les choses ne parlent plus, ne chantent plus, elles ont des lois! La source murmure simplement la quantité d'eau qu'elle débite!

Adieu, mystère, vieux mystère du vieux temps, vieilles croyances de nos pères, vieilles légendes enfantines, vieux décors du vieux monde!

Nous passons tranquilles maintenant, avec un sourire d'orgueil, devant l'antique foudre des dieux, la foudre de Jupiter et de Jéhova emprisonnée en des bouteilles!

Oui, vive la science, vive le génie humain! gloire au travail de cette petite bête pensante qui lève un à un les voiles de la création!

Le grand ciel étoilé ne nous étonne plus. Nous savons les phases de la vie des astres, les figures de leurs mouvements, le temps qu'ils mettent à nous jeter leur lumière.

La nuit ne nous épouvante plus, elle n'a point de fantômes ni d'esprits pour nous. Tout ce qu'on appelait phénomène est expliqué par une loi naturelle. Je ne crois plus aux grossières histoires de nos pères. J'appelle hystériques les miraculées. Je raisonne, j'approfondis, je me sens délivré des superstitions.

Eh bien, malgré moi, malgré mon vouloir et la joie de cette émancipation, tous ces voiles levés m'attristent. Il me semble qu'on a dépeuplé le monde. On a supprimé l'invisible. Et tout me paraît muet, vide, abandonné!

Le Gaulois, 8 nov. 1881.

- À quel procédé rhétorique l'auteur a-t-il recours lignes 4 à 13? Analysez sa valeur stylistique et argumentative.
- Dites à qui renvoient les pronoms personnels sujets suivants: « nous avons toujours » (l. 13); « vous n'avez » (l. 19); « nous avons exploré » (l. 21); « nous avons la poésie » (l. 23).
- Indiquez les différents sentiments éprouvés par Maupassant. À quels indices peut-on supposer vers qui vont ses sympathies?
- Expliquez le succès actuel de la littérature et du cinéma fantastiques ou de la science-fiction, dans un développement organisé et argumenté.

➢ **Groupement de textes: voir 197-198-200.**

Vincent VAN GOGH

1853 - 1890

Lettres à son frère Théo (1882)

Il faut comprendre comment je considère l'art. Pour arriver à la vérité, il faut travailler longtemps et beaucoup. Ce que je veux et ce à quoi je vise est bigrement difficile; et pourtant je ne crois pas viser trop haut.

Je veux faire des dessins qui *frappent* certaines gens. Sorrow est un petit début, il est possible qu'un petit paysage comme la Laan van Meerdervoort, les prairies de Rijswijk, le séchoir de limandes, sont [1] aussi un petit début. Au moins contiennent-ils directement quelque chose de mon propre cœur.

Soit dans la figure, soit dans le paysage, je voudrais exprimer non pas quelque chose de sentimentalement mélancolique, mais une profonde douleur.

Somme toute, je veux arriver au point qu'on dise de mon œuvre: cet homme sent profondément et cet homme sent délicatement. Malgré ma soi-disant grossièreté, comprends-tu, ou précisément à cause d'elle.

Que suis-je aux yeux de la plupart – une nullité ou un homme excentrique ou désagréable – quelqu'un qui n'a pas de situation dans la société ou qui n'en aura pas, enfin un peu moins que rien.

Bon, suppose qu'il en soit exactement ainsi, alors je voudrais montrer par mon œuvre ce qu'il y a dans le cœur d'un tel excentrique, d'une telle nullité.

C'est mon ambition qui est moins fondée sur la rancœur que sur l'amour « malgré tout », plus fondé sur un sentiment de sérénité que sur la passion. Encore que je sois souvent dans la misère, il y a pourtant en moi une harmonie et une musique calme et pure. Dans la plus pauvre maisonnette, dans le plus sordide petit coin, je vois des tableaux ou des dessins. Et mon esprit va dans cette direction par une poussée irrésistible.

De plus en plus d'autres choses me quittent, et plus elles me quittent, plus rapide devient mon regard pour voir le côté pictural. L'art demande un travail opiniâtre, un travail malgré tout et une observation toujours continue.

Par opiniâtre je veux dire un travail constant, mais également l'attachement à sa conception malgré les dires de l'un ou de l'autre.

J'espère bien, frère, que d'ici quelques années, et même maintenant déjà, tu verras petit à petit des choses de ma main qui te donneront quelque satisfaction des sacrifices que tu as consentis.

Lettres à son frère Théo, lettre 218.

1. À la place de *soient.*

- Comment procède Van Gogh pour montrer à son frère que ses tableaux expriment son moi profond ?
- À quels niveaux Van Gogh espère-t-il toucher le public ? Appuyez votre réponse sur des passages précis.
- Déduisez de cette lettre les possibilités que toute création artistique offre à son créateur.

➢ **Groupement de textes : voir 180-191-193-198.**

Paul VERLAINE

1844 - 1896

Jadis et Naguère (1884)

LE PITRE

Le tréteau qu'un orchestre emphatique secoue
Grince sous les grands pieds du maigre baladin
Qui harangue non sans finesse et sans dédain
Les badauds piétinant devant lui dans la boue.

Le plâtre de son front et le fard de sa joue
Font merveille. Il pérore et se tait tout soudain,
Reçoit des coups de pieds au derrière, badin,
Baise au cou sa commère énorme, et fait la roue.

Ses boniments, de cœur et d'âme approuvons-les.
Son court pourpoint de toile à fleurs et ses mollets
Tournants jusqu'à l'abus valent que l'on s'arrête.

Mais ce qu'il sied à tous d'admirer, c'est surtout
Cette perruque d'où se dresse sur la tête,
Preste, une queue avec un papillon au bout.

- Dans quelle mesure le pitre est-il un personnage ridicule ?
- Quel rôle tient le public ?
- Étudiez les aspects sonores et rythmiques du poème ?

➢ **Groupement de textes : voir 182.**

Stéphane MALLARMÉ

1842 - 1898

Poésies (1887)

SALUT

Rien, cette écume, vierge vers [1]
À ne désigner que la coupe;
Telle loin se noie une troupe
De sirènes mainte à l'envers.

Nous naviguons, ô mes divers
Amis, moi déjà sur la poupe
Vous l'avant fastueux qui coupe
Le flot de foudres et d'hivers;

Une ivresse belle m'engage
Sans craindre même son tangage
De porter debout ce salut

Solitude, récif, étoile
À n'importe ce qui valut
Le blanc souci de notre toile.

....
1. Liberté de construction.

- Quels éléments évoquent une fête entre amis ?
- À partir des images, identifiez un des thèmes essentiels de ce poème.
- Comment dans ce poème s'exprime la réflexion du poète sur la poésie ?

➢ **Groupement de textes : voir 187-194-199.**

Guillaume APOLLINAIRE

1880 - 1918

Les Peintres cubistes (1908)

Les grands poètes et les grands artistes ont pour fonction sociale de renouveler sans cesse l'apparence que revêt la nature aux yeux des hommes.

Sans les poètes, sans les artistes les hommes s'ennuieraient vite de la monotonie naturelle. L'idée sublime qu'ils ont de l'univers retomberait avec une vitesse vertigineuse. L'ordre qui paraît dans la nature et qui n'est qu'un effet de l'art s'évanouirait aussitôt. Tout se déferait dans le chaos. Plus de saisons, plus de civilisation, plus de pensée, plus d'humanité, plus de vie même et l'impuissante obscurité régnerait à jamais.

Les poètes et les artistes déterminent de concert la figure de leur époque et docilement l'avenir se range à leur avis.

La structure générale d'une momie égyptienne est conforme aux figures tracées par les artistes égyptiens et cependant les anciens Égyptiens étaient fort différents les uns des autres. Ils se sont conformés à l'art de leur époque.

C'est le propre de l'art, son rôle social, de créer cette illusion : le type. Dieu sait que l'on s'est moqué des tableaux de Manet, de Renoir ! Eh bien ! il suffit de jeter les yeux sur des photographies de l'époque pour s'apercevoir de la conformité des gens et des choses aux tableaux que ces grands peintres en ont peints.

Cette illusion me paraît toute naturelle, les œuvres d'art étant ce qu'une époque produit de plus énergique au point de vue de la plastique. Cette énergie s'impose aux hommes et elle est pour eux la mesure plastique d'une époque. Ainsi, ceux qui se moquent des nouveaux peintres, se moquent de leur propre figure, car l'humanité de l'avenir se représentera l'humanité d'aujourd'hui d'après les représentations que les artistes de l'art le plus vivant, c'est-à-dire le plus nouveau, en auront laissées. Ne me dites pas qu'il y a aujourd'hui d'autres peintres de telle façon que l'humanité puisse s'y reconnaître peinte à son image. Toutes les œuvres d'art d'une époque finissent par ressembler aux œuvres de l'art le plus énergique, le plus expressif, le plus typique. Les poupées sont issues d'un art populaire ; elles semblent toujours inspirées par les œuvres du grand art de la même époque. C'est une vérité qu'il est facile de contrôler. Et cependant qui oserait dire que les poupées que l'on vendait dans les bazars, vers 1880, ont été fabriquées avec un sentiment analogue à celui de Renoir quand il peignait ses portraits ? Personne alors ne s'en apercevait. Cela signifie cependant que l'art de Renoir était assez énergique, assez vivant pour s'imposer à nos sens tandis qu'au grand public de l'époque où il débutait, ses conceptions apparaissaient comme autant d'absurdités et de folies.

- En évitant un montage de citations, dites comment l'auteur conçoit la fonction de l'art.
- Quels procédés stylistiques viennent renforcer l'argumentation dans le deuxième paragraphe?
- Pourquoi y a-t-il toujours divorce entre l'artiste et le public contemporain ?

➢ **Groupement de textes : voir 190-198-200.**

Marcel PROUST

1871 - 1922

Du côté de chez Swann (1913)

Sur les conseils d'un professeur, le narrateur – alors très jeune – cherche le « secret de la vérité » dans la lecture d'un livre.

Après cette croyance centrale qui, pendant ma lecture, exécutait d'incessants mouvements du dedans au dehors, vers la découverte de la vérité, venaient les émotions que me donnait l'action à laquelle je prenais part, car ces après-midi-là étaient plus remplis d'événements dramatiques que ne l'est souvent toute une vie. C'était les événements qui survenaient dans le livre que je lisais; il est vrai que les personnages qu'ils affectaient n'étaient pas « réels », comme disait Françoise[1]. Mais tous les sentiments que nous font éprouver la joie ou l'infortune d'un personnage réel ne se produisent en nous que par l'intermédiaire d'une image de cette joie ou de cette infortune; l'ingéniosité du premier romancier consista à comprendre que dans l'appareil de nos émotions, l'image étant le seul élément essentiel, la simplification qui consisterait à supprimer purement et simplement les personnages réels serait un perfectionnement décisif. Un être réel, si profondément que nous sympathisions avec lui, pour une grande part est perçu par nos sens, c'est-à-dire nous reste opaque, offre un poids mort que notre sensibilité ne peut soulever. Qu'un malheur le frappe, ce n'est qu'en une petite partie de la notion totale que nous avons de lui que nous pourrons en être émus; bien plus, ce n'est qu'en une partie de la notion totale qu'il a de soi qu'il pourra l'être lui-même. La trouvaille du romancier a été d'avoir l'idée de remplacer ces parties impénétrables à l'âme par une quantité égale de parties immatérielles, c'est-à-dire que notre âme peut s'assimiler. Qu'importe dès lors que les actions, les émotions de ces êtres d'un nouveau genre nous apparaissent comme vraies, puisque nous les avons faites nôtres, puisque c'est en nous qu'elles se produisent, qu'elles tiennent sous leur dépendance, tandis que nous tournons fiévreusement les pages du livre, la rapidité de notre respiration et l'intensité de notre regard? Et une fois que le romancier nous a mis dans cet état, où comme dans tous les états purement intérieurs toute émotion est décuplée, où son livre va nous troubler à la façon d'un rêve mais d'un rêve plus clair que ceux que nous avons en dormant et dont le souvenir durera davantage, alors, voici qu'il déchaîne en nous pendant une heure tous les bonheurs et tous les malheurs possibles dont nous mettrions dans la vie des années à connaître quelques-uns, et dont les plus intenses ne nous seraient jamais révélés parce que la lenteur avec laquelle ils se produisent nous en ôte la perception (ainsi notre cœur change, dans la vie, et c'est la pire douleur ; mais nous ne la connaissons que dans la lecture, en imagination : dans la réalité il change, comme certains phénomènes de la nature se produisent, assez lentement pour que, si nous pouvons constater successivement chacun de ses états différents, en revanche, la sensation même du changement nous soit épargnée).

Du côté de chez Swann, in *À la recherche du temps perdu I,* © Éd. Gallimard.

....

1. Cuisinière dans la famille du narrateur.

- Énoncez de manière concise la thèse du narrateur.
- Pourquoi, selon Proust, connaissons-nous mieux un personnage de roman que des personnes réelles ?
- Quel paradoxe Proust soutient-il dans la dernière phrase ? Montrez que cette conclusion est, en fait, dans le droit fil de toute la démonstration.

➢ **Groupement de textes : voir 183-189-191-198.**

Marcel PROUST

1871 - 1922

Le Temps retrouvé (1927)

Le narrateur Marcel analyse son regard d'écrivain.

Il y avait en moi un personnage qui savait plus ou moins bien regarder, mais c'était un personnage intermittent, ne reprenant vie que quand se manifestait quelque essence générale [1], commune à plusieurs choses, qui faisait sa nourriture et sa joie. Alors le personnage regardait et écoutait, mais à une certaine profondeur seulement, de sorte que l'observation n'en profitait pas. Comme un géomètre qui, dépouillant les choses de leurs qualités sensibles, ne voit que leur substratum [2] linéaire, ce que racontaient les gens m'échappait, car ce qui m'intéressait, c'était non ce qu'ils voulaient dire, mais la manière dont ils le disaient, en tant qu'elle était révélatrice de leur caractère ou de leurs ridicules; ou plutôt c'était un objet qui avait toujours été plus particulièrement le but de ma recherche parce qu'il me donnait un plaisir spécifique, le point qui était commun à un être et à un autre. Ce n'était que quand je l'apercevais que mon esprit – jusque-là sommeillant, même derrière l'activité apparente de ma conversation, dont l'animation masquait pour les autres un total engourdissement spirituel – se mettait tout à coup joyeusement en chasse, mais ce qu'il poursuivait alors – par exemple l'identité du salon Verdurin [3] dans divers lieux et divers temps – était situé à mi-profondeur, au-delà de l'apparence elle-même, dans une zone un peu plus en retrait.

Le Temps retrouvé in *À la recherche du temps perdu*,

1. Nature profonde. – 2. Forme élémentaire. – 3. Salon de Mme Verdurin où se retrouvaient plusieurs personnages du roman.

- Montrez que la démarche du narrateur possède un aspect scientifique.
- Montrez que pour le narrateur l'apparence s'oppose à l'essence dans le processus de création.
- Étudiez la dualité du « Je » dans sa « chasse » romanesque.

➢ **Groupement de textes: voir 190-196-198.**

Michel LEIRIS

1901 - 1990

L'Âge d'homme (1939)

Dans la période de grande licence qui suivit les hostilités [1], le jazz fut un signe de ralliement, un étendard orgiaque, aux couleurs du moment. Il agissait magiquement et son mode d'influence peut être comparé à une possession. C'était le meilleur élément pour donner leur vrai sens à ces fêtes, un sens *religieux*, avec communion par la danse, l'érotisme latent ou manifesté, et la boisson, moyen le plus efficace de niveler le fossé qui sépare les individus les uns des autres dans toute espèce de réunion. Brassés dans les violentes bouffées d'air chaud issues des tropiques, il passait dans le jazz assez de relents de civilisation finie, d'humanité se soumettant aveuglément à la machine, pour exprimer aussi totalement qu'il est possible l'état d'esprit d'au moins quelques-uns d'entre nous : démoralisation plus ou moins consciente née de la guerre, ébahissement naïf devant le confort et les derniers cris du progrès, goût du décor contemporain dont nous devions cependant pressentir confusément l'inanité, abandon à la joie animale de subir l'influence du rythme moderne, aspiration sous-jacente à une vie neuve où une place plus large serait faite à toutes les candeurs sauvages dont le désir, bien que tout à fait informe encore, nous ravageait. Première manifestation des *nègres*, mythe des édens [2] de couleur qui devait me mener jusqu'en Afrique et, par-delà l'Afrique, jusqu'à l'ethnographie [3].

L'Âge d'homme, © Éd. Gallimard.

....

1. Il s'agit de la fin de la Première Guerre mondiale. – 2. Paradis. – 3. Étude des diverses ethnies, des divers groupes humains.

- En quoi cette évocation autobiographique a-t-elle valeur de document historique ?
- Quelle image de la musique de jazz est proposée ici ?
- Comment se manifeste pour l'auteur cette initiation à l'Afrique ?

➢ **Groupement de textes : voir 177.**

Antonin ARTAUD

1896 - 1948

Van Gogh le suicidé de la société (1947)

Un fou, van Gogh[1] ?

Que celui qui a su un jour regarder une face humaine regarde le portrait de van Gogh par lui-même, je pense à celui avec un chapeau mou.

Peinte par van Gogh extra-lucide, cette figure de boucher roux, qui nous inspecte et nous épie, qui nous scrute d'un œil torve aussi.

Je ne connais pas un seul psychiatre qui saurait scruter un visage d'homme avec une force aussi écrasante et en disséquer comme au tranchoir l'irréfragable[2] psychologie.

L'œil de van Gogh est d'un grand génie, mais à la façon dont je le vois me disséquer moi-même du fond de la toile où il a surgi, ce n'est plus le génie d'un peintre que je sens en ce moment vivre en lui, mais celui d'un certain philosophe par moi jamais rencontré dans la vie.

Non, Socrate n'avait pas cet œil, seul peut-être avant lui le malheureux Nietzsche eut ce regard à déshabiller l'âme, à délivrer le corps de l'âme, à mettre à nu le corps de l'homme, hors des subterfuges de l'esprit.

Le regard de van Gogh est pendu, vissé, il est vitré derrière ses paupières rares, ses sourcils maigres et sans un pli.

C'est un regard qui enfonce droit, il transperce dans cette figure taillée à la serpe comme un arbre bien équarri.

Mais van Gogh a saisi le moment où la prunelle va verser dans le vide,

où ce regard, parti contre nous comme la bombe d'un météore, prend la couleur atone[3] du vide et de l'inerte qui le remplit.

Mieux qu'aucun psychiatre au monde, c'est ainsi que le grand van Gogh a situé sa maladie.

Je perce, je reprends, j'inspecte, j'accroche, je descelle, ma vie morte ne recèle rien, et le néant au surplus n'a jamais fait de mal à personne, ce qui me force à revenir au-dedans, c'est cette absence désolante qui passe et me submerge par moments, mais j'y vois clair, très clair, même le néant je sais ce que c'est, et je pourrai dire ce qu'il y a dedans.

Et il avait raison van Gogh, on peut vivre pour l'infini, ne se satisfaire que d'infini, il y a assez d'infini sur la terre et dans les sphères pour rassasier mille grands génies, et si van Gogh n'a pas pu combler son désir d'en irradier sa vie entière, c'est que la société le lui a interdit.

Carrément et consciemment interdit.

Il y a eu un jour les exécuteurs de van Gogh, comme il y a eu ceux de Gérard de Nerval, de Baudelaire, d'Edgar Poe et de Lautréamont.

Ceux qui un jour ont dit :

Et maintenant, assez, van Gogh, à la tombe, nous en avons assez de ton génie, quant à l'infini, c'est pour nous l'infini.

Car ce n'est pas à force de chercher l'infini que van Gogh est mort,

qu'il s'est vu contraint d'étouffer de misère et d'asphyxie,

c'est à force de se le voir refuser par la tourbe de tous ceux qui, de son vivant même, croyaient détenir l'infini contre lui ;

et van Gogh aurait pu trouver assez d'infini pour vivre pendant toute sa vie si la conscience bestiale de la masse n'avait voulu se l'approprier pour nourrir ses partouses à elle, qui n'ont jamais rien eu à voir avec la peinture ou avec la poésie.

De plus, on ne se suicide pas tout seul.

Nul n'a jamais été seul pour naître.

Nul non plus n'est seul pour mourir.

Mais, dans le cas de suicide, il faut une armée de mauvais êtres pour décider le corps au geste contre nature de se priver de sa propre vie.

Et je crois qu'il y a toujours quelqu'un d'autre à la minute de la mort extrême pour nous dépouiller de notre propre vie.

Van Gogh le suicidé de la société,
in *Œuvres complètes*, t. 13, © Éd. Gallimard.

1. Graphie d'Artaud. – 2. Qu'on ne peut contredire. – 3. Sans vigueur.

- Montrez que ce texte est à la fois une plaidoirie et un réquisitoire.
- Quelles remarques la syntaxe des phrases et leur agencement appellent-elles ?
- Quel est l'effet produit ?

➢ **Groupement de textes : voir 186-187-194-200.**

René CHAR

1907 - 1988

La Fontaine narrative (1947)

TU AS BIEN FAIT DE PARTIR, ARTHUR RIMBAUD !

Tu as bien fait de partir [1], Arthur Rimbaud ! Tes dix-huit ans réfractaires à l'amitié, à la malveillance, à la sottise des poètes de Paris ainsi qu'au ronronnement d'abeille stérile de ta famille ardennaise un peu folle, tu as bien fait de les éparpiller aux vents du large, de les jeter sous le couteau de leur précoce guillotine. Tu as eu raison d'abandonner le boulevard des paresseux, les estaminets des pisse-lyres [2], pour l'enfer des bêtes, pour le commerce des rusés et le bonjour des simples.

Cet élan absurde du corps et de l'âme, ce boulet de canon qui atteint sa cible en la faisant éclater, oui, c'est bien là la vie d'un homme ! On ne peut pas, au sortir de l'enfance, indéfiniment étrangler son prochain. Si les volcans changent peu de place, leur lave parcourt le grand vide du monde et lui apporte des vertus qui chantent dans ses plaies.

Tu as bien fait de partir, Arthur Rimbaud ! Nous sommes quelques-uns à croire sans preuve le bonheur possible avec toi.

« Tu as bien fait de partir, Arthur Rimbaud ! », in « La Fontaine narrative », recueilli dans *Fureur et Mystère*,

....

1. Rimbaud (1854-1891), après avoir pratiquement cessé son activité poétique, voyagea puis s'installa en Afrique (Abyssinie) comme explorateur et trafiquant d'armes. Il retourna en France pour y mourir. – 2. Mauvais poètes.

- Identifiez le ton du texte et justifiez votre réponse.
- Quelle image de Rimbaud nous est proposée par René Char ?
- Définissez les caractéristiques de ce poème en prose.

➢ **Groupement de textes : voir 193-199.**

Jean GENET

1910 - 1986

Les Bonnes (1947)

Claire et Solange sont deux sœurs qui travaillent chez madame comme domestiques. Lorsque leur patronne est absente, elles organisent une mise en scène inquiétante.

SOLANGE

Pour vous servir, encore, madame ! Je retourne à ma cuisine. J'y retrouve mes gants et l'odeur de mes dents. Le rot silencieux de l'évier. Vous avez vos fleurs, j'ai mon évier. Je suis la bonne. Vous au moins vous ne pouvez pas me souiller. Mais vous ne l'emporterez pas en paradis. J'aimerais mieux vous y suivre que de lâcher ma haine à la porte. Riez un peu, riez et priez vite, très vite ! Vous êtes au bout du rouleau ma chère ! *(Elle tape sur les mains de Claire qui protège sa gorge.)* Bas les pattes et découvrez ce cou fragile. Allez, ne tremblez pas, ne frissonnez pas, j'opère vite et en silence. Oui, je vais retourner à ma cuisine, mais avant je termine ma besogne.

Elle semble sur le point d'étrangler Claire. Soudain un réveille-matin sonne. Solange s'arrête. Les deux actrices se rapprochent, émues, et écoutent, pressées l'une contre l'autre.

Déjà ?

CLAIRE

Dépêchons-nous. Madame va rentrer. *(Elle commence à dégrafer sa robe.)* Aide-moi. C'est déjà fini, et tu n'as pas pu aller jusqu'au bout.

SOLANGE, *l'aidant. D'un ton triste.*

C'est chaque fois pareil. Et par ta faute. Tu n'es jamais prête assez vite. Je ne peux pas t'achever.

- Comment s'exprime l'opposition entre le monde des serviteurs et celui des maîtres ?
- Quel rôle jouent les didascalies (informations pour la mise en scène) ?
- Dans quelle mesure peut-on parler de « théâtre dans le théâtre » dans ce passage ?

➢ **Groupement de textes : voir 179-183.**

Blaise CENDRARS

1887 - 1961

Le Lotissement du ciel (1949)

Écrire… descendre comme un mineur au fond de la mine avec une lampe grillagée au front, lumignon dont la clarté douteuse fausse tout, dont la flammèche est un danger permanent d'explosion, dont la lueur papillotante dans les poussières de charbon ronge et use les yeux au point que lorsque l'on remonte le mineur de la nuit au jour, la grande lumière du dehors lui fait mal et que l'aveuglé se met à se frotter les yeux sanguinolents et enflammés par les ténèbres profondes et balbutie et salive et parle comme un égaré des fantômes apparus entre les blocs d'anthracite, mais ne dira jamais rien de l'empreinte d'une main de femme ou d'un pied d'homme fossile dans les couches de charbon, traces plus consternantes que celles des pas au bord de la mer dans le sable éblouissant de guano de l'île de Robinson Crusoé, et l'ouvrier, le manœuvre reste plus stupide de cette révélation inattendue que ne l'est un commotionné, rescapé d'un coup de grisou, et y pense et y repense le dimanche en fumant silencieusement sa pipe entre les tournesols de son jardinet…

- Étudiez la composition du passage.
- Étudiez et commentez le champ lexical de la mine.
- Quelle vision de l'écriture nous est ici présentée ?

➢ **Groupement de textes : voir 191-193-197.**

André MALRAUX

1901 - 1976

Les Voix du silence (1951)

Mais l'homme est-il obsédé d'éternité, ou d'échapper à l'inexorable dépendance que lui ressasse la mort? Survie misérable qui n'a pas le temps de voir s'éteindre les étoiles déjà mortes! mais non moins misérable néant, si les millénaires accumulés par la glaise ne suffisent pas à étouffer dès le cercueil la voix d'un grand artiste... Il n'y a pas de mort invulnérable devant un dialogue à peine commencé, et la survie ne se mesure pas à la durée; elle est celle de la forme que prit la victoire d'un homme sur le destin, et cette forme, l'homme mort[1], commence sa vie imprévisible. La victoire qui lui donna l'existence, lui donnera une voix que son auteur ignorait en elle. Ces statues plus égyptiennes que les Égyptiens, plus chrétiennes que les chrétiens, plus Michel-Ange que Michel-Ange – plus humaines que le monde – et qui se voulurent une irréductible vérité, bruissent des mille voix de forêt que leur arracheront les âges. Les corps glorieux ne sont pas ceux du tombeau.

L'humanisme, ce n'est pas dire: «Ce que j'ai fait, aucun animal ne l'aurait fait»[2], c'est dire: «Nous avons refusé ce que voulait en nous la bête, et nous voulons retrouver l'homme partout où nous avons trouvé ce qui l'écrase.» Sans doute, pour un croyant, ce long dialogue des métamorphoses et des résurrections s'unit-il en une voix divine, car l'homme ne devient homme que dans la poursuite de sa part la plus haute; mais il est beau que l'animal qui sait qu'il doit mourir, arrache à l'ironie des nébuleuses le chant des constellations, et qu'il le lance au hasard des siècles, auxquels il imposera des paroles inconnues. Dans le soir où dessine encore Rembrandt, toutes les Ombres illustres, et celles des dessinateurs des cavernes, suivent du regard la main hésitante qui prépare leur nouvelle survie ou leur nouveau sommeil.

Et cette main, dont les millénaires accompagnent le tremblement dans le crépuscule, tremble d'une des formes secrètes, et les plus hautes, de la force et de l'honneur d'être homme.

Les Voix du silence,

1. C'est-à-dire une fois mort. – 2. Phrase de Saint-Exupéry dans *Terre des hommes.*

- Montrez que l'art, pour Malraux, a non seulement une fonction esthétique mais aussi métaphysique.
- Définissez la conception que Malraux se fait de la condition humaine.
- En quoi cette page est-elle à la fois lyrique et épique ?

➢ **Groupement de textes : voir 190-193-198-200.**

René HUYGHE

né en 1906

Dialogue avec le visible (1955)

Poussons la fenêtre du petit atelier dont Van Gogh disposait à l'asile de Saint-Rémy : elle s'ouvre sur un quelconque jardin où se cultive l'orge. La nature est là, offerte dans sa robuste neutralité : on dirait un potager de banlieue, un peu plus vaste ; un mur bas le sépare des bosquets de pins ou de cyprès qui conduisent la plaine jusqu'aux molles collines qui la ferment.

Van Gogh l'affronte : avec des prises de lutteur, il l'enserre, il la broie contre sa poitrine ; il y fait résonner à grands coups les battements de son cœur furieux ; il la désarticule jusqu'au moment où elle n'est plus entre ses mains avides qu'une proie pantelante, une matière malléable, prête à toutes les docilités.

Une vie jusque-là imperceptible et dont la photographie avait figé la trace, se lève comme le vent, comme la tempête, bouscule, emporte tout ; le site entier, oubliant la consistance de la terre, de la pierre et des arbres, n'est plus qu'un étendard tordu et déchiqueté, claquant au souffle qui le torture.

Une houle irrésistible bosselle, soulève le sol ainsi que des vagues ; la perspective ne se contente plus de mesurer la profondeur : elle s'y jette, elle y disparaît, engloutie par le point de fuite ainsi que par un vertige qui l'aspire ; le feuillage noir à son tour s'émeut ; il ondule ; il monte ; il se tord comme la flamme qui danse ; et les petites hauteurs du lointain s'animent d'une énorme reptation.

Le soleil, au centre de ses ondes lumineuses, fait du ciel un tourbillonnant maelstrom. Pourtant n'est-ce encore qu'un dessin, le choc préparatoire des deux réalités en présence, l'extérieure qui subit et l'intérieure qui se déchaîne.

Dans le tableau, dans les tableaux plutôt, que Van Gogh a tirés de ce spectacle, la touche picturale tournoyant à la manière dont la pluie d'un orage suit les souffles qui la happent, accentue la danse frénétique des éléments ; le vide du ciel devient le lieu d'une giration[1] effrénée, du brassement de l'éther par le feu de l'astre ; le soleil y ouvre le cratère de cette éruption cosmique. Et la couleur ! De tous ses cuivres elle s'associe à cette violence. «Au lieu de chercher à rendre exactement ce que j'ai devant les yeux, je me sers de la couleur plus arbitrairement, *pour m'exprimer plus fortement!*»

Van Gogh soulevé, déchiré par les puissances vitales, qui, en lui, s'enflamment, a perçu sous l'écorce impassible des choses cette même loi de la vie qui le laboure. Voit-il par-delà la façade du réel? ou bien y écoute-t-il l'écho renvoyé de la clameur qui gonfle sa poitrine et qu'il ne peut nous faire entendre autrement? «Mon grand désir est d'apprendre à faire de telles inexactitudes, de telles anomalies, de tels remaniements, de tels changements de la réalité, qu'il en sorte, mais oui, des mensonges si l'on veut, mais plus vrais que la vérité littérale» (à Théo, lettre 418).

Chaque artiste se saisira à son tour de l'univers; il en prendra le masque souple, il y introduira sa mimique, sa chaleur, ses cris; il nous le présentera, en apparence, plus ou moins intact; en réalité, vidé de sa substance à laquelle le peintre a substitué la sienne. Renouvelant le cas du Dr Jekyll et de Mr Hyde, la nature sent dans son corps naître une âme nouvelle, s'insinuer une personnalité étrangère, qui, de l'intérieur, la modèle, lui pétrit une face où se liront les expressions d'une conscience qu'elle n'avait pas.

Dialogue avec le visible,

1. Mouvement circulaire.

- À partir des indices de l'énonciation, précisez où est le locuteur, ce qu'il voit, ce qu'il interprète.
- Identifiez le champ lexical, lignes 17 à 22. Qu'en déduisez-vous sur les rapports entre l'artiste et la création?

➢ **Groupement de textes: voir 177-186-190-191-193.**

Edmond JABÈS

1912 - 1991

Petites incursions... (1956)

L'ÉTRANGER

Il vivait de désir et d'encre. Il détestait les phrases empruntées, les clichés autant que les réunions – celles de famille en particulier qui ont rougi les yeux de son enfance –, les livres d'or et les journaux. On ignorait son origine ; ce qui donnait lieu, de la part des curieux, à d'interminables spéculations sur son compte : à savoir s'il était un étranger – bien que son accent ne l'eût jamais trahi – ou un citoyen de ce pays-ci – auquel cas on lui aurait connu au moins un parent. Certains disaient qu'il se désintéressait de la condition des mots, qu'il était un incurable égoïste ; d'autres au contraire, soutenaient que, s'il gardait ses distances avec ses semblables, c'est parce qu'il était malheureux. On lui attribuait quelques liaisons, mais toutes avec de mystérieuses voyageuses débarquées pour un jour et qu'on ne revit plus. Les philosophes avouaient leur impuissance à l'associer à leurs traités. Il surgissait de la plume par surprise, attiré, on eût dit, par le visage ou la voix d'un vocable dont personne n'avait soupçonné le pouvoir de séduction, pour devenir une des énigmes de la poésie.

« L'Étranger », in *Petites incursions dans le monde des masques et des mots* in *Je bâtis ma demeure* © Éd. Gallimard.

- Comment s'exprime l'étrangeté du personnage ?
- Comment apparaît le monde qui entoure l'étranger ?
- Étudiez le champ lexical et les images de l'écriture.

➢ **Groupement de textes : voir 193-194.**

Albert CAMUS

1913 - 1960

Discours de Suède (1957)

Jusqu'à présent, et tant bien que mal, l'abstention a toujours été possible dans l'histoire. Celui qui n'approuvait pas, il pouvait souvent se taire ou parler d'autre chose. Aujourd'hui tout est changé, le silence même prend un sens redoutable. À partir du moment où l'abstention elle-même est considérée comme un choix, puni ou loué comme tel, l'artiste, qu'il le veuille ou non, est embarqué. Embarqué me paraît ici plus juste qu'engagé. Il ne s'agit pas en effet pour l'artiste d'un engagement volontaire, mais plutôt d'un service militaire obligatoire. Tout artiste est aujourd'hui embarqué dans la galère de son temps. Il doit s'y résigner, même s'il juge que cette galère sent le hareng, que les garde-chiourme y sont vraiment trop nombreux et que de surcroît, le cap est mal pris. Nous sommes en pleine mer. L'artiste, comme les autres, doit ramer à son tour, sans mourir s'il le peut, c'est-à-dire en continuant de vivre et de créer.

À vrai dire, ce n'est pas facile et je comprends que les artistes regrettent leur ancien confort. Le changement est un peu brutal. Certes, il y a toujours eu dans le cirque de l'histoire le martyr et le lion. Le premier se soutenait de consolations éternelles, le second de nourriture historique bien saignante. Mais l'artiste jusqu'ici était sur les gradins. Il chantait pour rien, pour lui-même, ou, dans le meilleur des cas, pour encourager le martyr et distraire un peu le lion de son appétit. Maintenant, au contraire, l'artiste se trouve dans le cirque. Sa voix forcément n'est plus la même ; elle est beaucoup moins assurée.

On voit bien tout ce que l'art peut perdre à cette constante obligation. L'aisance d'abord, et cette divine liberté qui respire dans l'œuvre de Mozart. On comprend mieux l'air hagard et buté de nos œuvres d'art, leur front soucieux et leurs débâcles soudaines. On s'explique que nous ayons ainsi plus de journalistes que d'écrivains, plus de boy-scouts de la peinture que de Cézanne, et qu'enfin la bibliothèque rose ou le roman noir aient pris la place de *La Guerre et la Paix* ou de *La Chartreuse de Parme*... Créer aujourd'hui, c'est créer dangereusement. Toute publication est un acte et cet acte expose aux passions d'un siècle qui ne pardonne rien. La question n'est donc pas de savoir si cela est ou n'est pas dommageable à l'art. La question, pour tous ceux qui ne peuvent vivre sans l'art et ce qu'il signifie, est seulement de savoir comment parmi les polices de tant d'idéologies (que d'églises, quelle solitude !), l'étrange liberté de la création reste possible.

Il ne suffit pas de dire à cet égard que l'art est menacé par les puissances d'État. Dans ce cas, en effet, le problème serait simple : l'artiste se bat ou capitule. Le problème est plus complexe, plus mortel aussi, dès l'instant que l'on s'aperçoit que le combat se livre au-dedans de l'artiste lui-même. La haine de l'art, dont notre société offre de si beaux exemples, n'a tant d'efficacité aujourd'hui que parce qu'elle est entretenue par les artistes eux-mêmes. Le doute des artistes qui nous ont précédés touchait à leur propre talent. Celui des artistes d'aujourd'hui touche à la nécessité de leur art, donc à leur existence même. Racine en 1957 s'excuserait d'écrire *Bérénice* au lieu de combattre pour la défense de l'Édit de Nantes.

Cette mise en question de l'art par l'artiste a beaucoup de raisons, dont il ne faut retenir que les plus hautes. Elle s'explique, dans le meilleur des cas, par l'impression que peut avoir l'artiste contemporain de mentir ou de parler pour rien, s'il ne tient compte des misères de l'histoire. Ce qui caractérise notre temps, en effet, c'est l'irruption des masses et de leur condition misérable devant la sensibilité contemporaine. On sait qu'elles existent, alors qu'on avait tendance à l'oublier. Et si on le sait, ce n'est pas que les élites, artistiques ou autres, soient devenues meilleures, non, rassurons-nous, c'est que les masses sont devenues plus fortes et empêchent qu'on les oublie.

Extrait de « Conférence du 14 décembre 1957 »,
in *Discours de Suède,* © Éd. Gallimard.

- En vous appuyant sur le lexique (l. 1 à 23), dites comment s'est transformée la situation de l'artiste.
- Analysez les conséquences de ce changement sur la création artistique.
- Donnez un titre à cet extrait du *Discours de Suède*.

➢ **Groupement de textes : voir 193-197.**

ÉTUDE D'UN TEXTE ARGUMENTATIF

Jacqueline de Romilly, *Nous autres professeurs*, p. 64.

1. Quelle utilisation l'auteur fait-il de la comparaison dans le premier paragraphe ? Quel en est l'intérêt ?

L'auteur, dans le premier paragraphe, compare la « culture de l'esprit » à la « culture des plantes ». Les outils de comparaison sont les termes synonymes ou qui se répondent et l'expression « on fait de même ». Il y a analogie entre les deux activités puisque l'une comme l'autre exigent des soins attentifs, de la « nourriture » et visent à l'épanouissement.
Le rôle de cette comparaison est d'illustrer la pensée de l'auteur, de rendre concret et plus compréhensible un processus abstrait en recourant à l'expérience personnelle et quotidienne du lecteur.

2. À quelles critiques implicites Jacqueline de Romilly répond-elle quand elle défend, dans le deuxième paragraphe, l'enseignement du grec ?

Dans le deuxième paragraphe, l'auteur écrit : « il ne faut pas être trop pressé ». Elle répond ainsi implicitement à ceux qui reprochent à l'étude des langues anciennes d'exiger beaucoup de temps sans déboucher sur une quelconque utilité pratique immédiate. Elle concède à ses détracteurs que son point de vue est « en soi injustifiable » ; cependant, elle reprend l'avantage en soulignant qu'une éducation ne doit pas se juger sur son efficacité du « moment », mais sur la durée d'une « vie » – terme répété deux fois.

3. Montrez que le choix des mots concourt à l'efficacité de l'argumentation dans le troisième paragraphe.

Pour gagner le lecteur à sa thèse, l'auteur emploie des termes connotés positivement ; en revanche, c'est à un vocabulaire connoté négativement qu'elle a recours pour déprécier la thèse adverse.
Ainsi le verbe « négliger », péjoratif, souligne le manque d'attention. C'est tout un aspect de la personne humaine qui est dédaigné, abandonné – « laissé en friche », si l'on poursuit la comparaison du premier paragraphe. Dans la même veine, l'auteur utilise un terme très fort, « refuser », impliquant ainsi une attitude délibérément négative et castratrice. Le mot est répété deux fois dans une gradation (« refuser », « refuser », « condamner ») qui se parachève, à la fin du paragraphe, par l'expression « vie de bête ».
Inversement, la méthode défendue par Jacqueline de Romilly apporte la « joie » parce qu'elle prend appui sur le « trésor des connaissances ».
Se plaçant ensuite sur le même plan que ses adversaires, celui de l'uti-

lité pratique, l'auteur leur emprunte leurs arguments, mais pour les retourner contre eux : « cela compte ».
Le terme « pouvoir » revient trois fois. Et ce « pouvoir » acquis grâce à la culture classique rend désormais l'adolescent prêt à participer au « grand dialogue humain où rayonnent les héros, les artistes, les penseurs... ».

4. Travail d'écriture.

Dans un développement structuré, dites comment notre époque est capable de rendre la culture accessible à tous.

Notre société moderne, scientifique et technologique, a pour mérite de rendre la culture accessible à tous, sur le plan pratique, sur le plan financier, mais surtout sur le plan intellectuel grâce à l'évolution des moyens de connaissance, d'une part, et à l'élévation du niveau culturel général, de l'autre.
Sur le plan pratique, la société moderne nous affranchit du problème de la distance géographique : écoles, collèges, lycées peuvent être rejoints par des moyens de transport rapides. Autre facilité offerte par notre société, la radio, la télévision nous relient, où que nous soyons, aux cultures du monde. Même les personnes handicapées peuvent suivre des programmes spécifiques. Quant aux multimédias, ils n'usurpent pas leur fonction d'« autoroutes de l'information » en reliant les hommes de la planète.
La prise en charge par l'État de l'éducation a démocratisé l'accès à la culture dans un certain nombre de pays. En France, l'école républicaine publique, gratuite et obligatoire instaurée par Jules Ferry permet aux enfants, quelle que soit leur origine sociale, de bénéficier de l'instruction : Charles Péguy, Albert Camus, issus de milieux défavorisés, en sont les plus illustres représentants.
Enfin, l'évolution des outils et des moyens de connaissance a permis une évolution du niveau culturel général. Le livre de poche et les éditions populaires ont mis « les trésors des connaissances accumulées depuis des siècles » à la portée de tous, et cette bibliothèque peu onéreuse peut-être relayée par celles de l'école, du lycée, de la commune. Les collectivités organisent de plus en plus de manifestations culturelles touchant un très large public.
La société contemporaine des pays occidentaux offre ainsi à tous les moyens de s'instruire. À chacun d'en tirer profit afin de construire sa personnalité et de l'enrichir sans cesse.

COMMENTAIRE COMPOSÉ

Jean de La Fontaine, « L'huître et les plaideurs », p. 108.

Dans sa fable intitulée « L'huître et les plaideurs » (*Fables*, Livre IX, 9), La Fontaine montre, par le biais d'une anecdote, pourquoi le système judiciaire est nécessaire dans nos sociétés. Mais s'il est vrai que le système judiciaire est légitime, il se pratique néanmoins aux dépens de ceux qui font appel à lui.

Ainsi, grâce à la fable qui plaît tout en proposant un enseignement, La Fontaine propose une satire de la justice (conforme en cela à l'esprit de son temps : voir Molière) et déploie cette esthétique ironique qui est sa marque distinctive.

La structure de la fable est ici traditionnelle : on est en présence d'un récit illustrant une moralité (v. 22 à 25) qui, à travers la généralisation de l'infinitif (« plaider aujourd'hui ») et le jeu des impératifs didactiques (« Mettez », « Comptez », « Vous verrez... »), fonctionne comme une leçon à retenir pour bien vivre dans le monde, et dont les étapes sont mises en relief au début de chaque vers.

Quant au récit (v. 1 à 21), il est marqué en son début par le circonstant « un jour » qui le situe dans une temporalité indéfinie ; néanmoins ce récit est conduit au présent, ce qui permet de donner à la scène une dimension très visuelle, où les protagonistes se détachent fort bien sur le fond de mer. Les étapes du récit sont aussi très clairement articulées : le premier moment (v. 1-4) présente les deux personnages unis sous le même regard lorsque l'objet du litige apparaît. Le second moment, plus ample, développe la contestation (v. 5-14) ; le dernier moment (v. 15-21) est marqué par l'arrivée de Perrin Dandin, qui fonctionne comme un dénouement solennel et met fin à la contestation aux dépens des deux pèlerins.

On notera enfin dans le cadre de la fable le rôle que jouent les discours qui dominent la partie centrale après que l'un des pèlerins a exercé sur l'autre une violence première (« L'autre le pousse ») pour prendre le premier la parole. L'anonymat des personnages est en outre maintenu (« l'un »/« l'autre », « son compagnon »/« l'autre ») pour montrer leur caractère interchangeable, mais le caractère irréductible de la dispute est bien souligné par la symétrie des pronoms nominaux (Je/vous ; vous/moi, v. 13-14).

Cette impasse entre les deux personnages appelle l'intervention d'un troisième larron. Depuis Rabelais, Perrin Dandin est le nom du magistrat qui apparaît dans le registre de la comédie et du burlesque (Racine l'utilise dans *Les Plaideurs*) ; La Fontaine se place plus précisément dans le registre de la satire avec ce nom (*Dan*din, inci*dent*, regar*dant*, prési*dent* et surtout *dent*) pour souligner la gloutonnerie du personnage et plus largement celle de la justice qui vit sur le dos des plaideurs.

Toutefois le statut de Dandin est plus subtil ici car, au départ, il n'est pas à proprement parler un juge dans la fable : il joue le rôle du juge ; ce sont les pèlerins qui « le prennent pour juge » (v. 16) ; de même il adopte « un ton de président » ; il utilise aussi des termes techniques de la justice qui en imposent et lui permettent de rendre son arrêt. À la fin il est donc reconnu comme un vrai juge. La fable nous montre comment a dû naître la justice, appelée par la sottise des hommes et le désordre dans les rapports humains.

La satire est aussi, naturellement, dirigée vers les plaideurs : le retour à l'ordre est de partager équitablement ce qui peut être partagé : non pas l'huître mais les « écailles » (v. 20). Ce retour à l'ordre supprime l'objet du litige qui opposait les deux pèlerins.

Voici « deux pèlerins » au départ, unis dans le même voyage. Après la sentence ils ont perdu leur statut et se retrouvent séparés : « qu'en paix chacun chez soi s'en aille » (v. 21), de sorte que la situation initiale se trouve totalement renversée. De même l'objet du litige (en apparence si impossible à résoudre) n'est qu'un simple coquillage (rien à voir avec l'huître somptueuse à savourer dans « Le rat et l'huître ») et l'on apprécie la disproportion ironique entre le coquillage et l'émerveillement expressif des deux pèlerins (« Ils l'avalent des yeux, du doigt ils se la montrent », v. 3). Enfin, le ton de l'ironie moqueuse est présent de manière diffuse : « Ce bel incident » (v. 15) est proche de l'antiphrase ; « nos deux messieurs » (v. 18) possède une tonalité familière et faussement apitoyée ; « gobeur », terme burlesque créé par La Fontaine, désigne le personnage solennel du juge. Enfin, si les « pèlerins » sont des chrétiens en pèlerinage, ils apparaissent bien peu charitables, ne veulent pas partager en frères, et commettent plutôt le péché de gourmandise.

La structure de la fable se trouve donc mise au service d'une intention satirique mais il restait à souligner le rôle essentiel tenu, chez La Fontaine, par l'esthétique ironique qui fait le charme dynamique de la fable.

INDEX DES AUTEURS

Les nombres renvoient aux numéros des textes.

INDEX THÉMATIQUE

Les nombres renvoient aux numéros des textes

Conception graphique : Studio FAVRE & LHAÏK
Couverture : Hélène LEMAIRE
Composition, photogravure et mise en pages : Compo 2000
Fabrication : Jacques LANNOY

N° de projet 10046028 (I) 10 OSBN 80° c.2000 Juillet 1998
Imprimé en France par I.M.E. 25110 Baume-les-Dames